PICCOLA BIBLIOTECA ADELPHI

277

Friedrich Nietzsche

LA FILOSOFIA NELL'EPOCA TRAGICA DEI GRECI

E SCRITTI 1870-1873

Nota introduttiva di Giorgio Colli e Mazzino Montinari
Traduzione di Giorgio Colli

ADELPHI EDIZIONI

TITOLO ORIGINALE

Die Philosophie im tragischem Zeitalter der Griechen
Nachgelassene Schriften 1870-1873

DALLE «OPERE DI FRIEDRICH NIETZSCHE», VOL. III, TOMO II
EDIZIONE ITALIANA DIRETTA DA GIORGIO COLLI E MAZZINO MONTINARI

Prima edizione: ottobre 1991
Terza edizione: aprile 2000

ISBN 88-459-0866-6

INDICE

NOTA INTRODUTTIVA

«LA FILOSOFIA NELL'EPOCA TRAGICA DEI GRECI» E GLI SCRITTI DAL 1870 AL 1873 NELL'OPERA DI NIETZSCHE

Attraverso questa serie di scritti degli anni 1870-1873 sorprendiamo Nietzsche nella tensione e nella fervida ricerca in cui si esprime il nascere della sua ambizione letteraria. C'è qui l'ansia giovanile di forzare una rapida maturazione stilistica, c'è un anticipo della crisi di fronte alla professione filologica, nel tentativo di trattare i problemi dell'antichità con un linguaggio non specialistico, e c'è infine, in questa ambizione, un grande livello che agisce da freno, un rifiuto dei risultati parziali, un'autocritica precocemente vigile. È naturale che in questa fase la stesura letteraria manchi ancora di sicurezza; mentre negli anni successivi egli passerà in modo continuo dai piani agli schizzi e agli abbozzi, ai frammenti, agli sviluppi provvisori, sino alle redazioni definitive per la stampa, e in caso di insuccesso creativo si arresterà allo stadio frammentario, ora invece vengono alla luce questi scritti, dove egli tenta di realizzare opere compiute, ma ne giudica poi inadeguate la forma o l'elaborazione. Tali scritti risultano così o redazioni unilaterali, parziali e primitive di future opere edite da Nietzsche, oppure tentativi di trattare temi diversi, che non furono più ripresi in seguito da lui per una pubblicazione.

I primi tre scritti contenuti nel presente volume appartengono alla travagliata formazione della Nascita della tragedia. *Soltanto nella* Visione dionisiaca del mondo, *scritta durante l'estate del 1870, vengono introdotte decisamente le categorie estetiche dell'apollineo e del dionisiaco. Nelle conferenze tenute all'inizio del 1870 si menzionavano i cortei dionisiaci, la vita naturale dionisiaca, ma il contesto era più concreto, più fluttuante; e per contro l'aggettivo apollineo compariva soltanto in un uso non estetico, dove si parlava curiosamente della «chiarezza apollinea» di Socrate, in riferimento alla dia-*

lettica e alla scienza. Per il resto, nel Dramma musicale greco *la preoccupazione per le tesi wagneriane è troppo forte e ostacola un'esposizione originale. Si insiste sulla critica dell'opera moderna e della tragedia classica francese: in antitesi a ciò il dramma antico è presentato come una pluralità unificata di parallele prestazioni artistiche, dove la stessa musica viene abbassata a mezzo per uno scopo. In* Socrate e la tragedia, *per contro, la critica rivolta a Socrate e a Euripide si muove piacevolmente sulla falsariga di Aristofane, con uno sviluppo di concretezza più accettabile e convincente che nella* Nascita della tragedia. *Qui Euripide non è tanto il corruttore della tragedia, quanto il riformatore infelice, che tenta invano di restituire alla tragedia, ormai estranea al pubblico ateniese, un nuovo vigore. Secondo questo scritto, la tragedia era in crisi da quando vi erano stati introdotti due personaggi (ossia dai tempi di Eschilo): da allora aveva preso piede il dialogo a scapito del coro, con le sue conseguenze dialettiche e agonistiche, in una direzione cioè antidionisiaca. Non è che tali elementi manchino nella* Nascita della tragedia, *ma vi compaiono compressi da una tesi rigida, sono attenuati dalla struttura architettonica dell'opera. Questa maggiore libertà di trattazione degli «scritti» si avverte soprattutto nella* Visione dionisiaca del mondo, *dove si è stimolati da un vivacissimo ondeggiamento dei concetti stessi di apollineo e dionisiaco. Questi anzitutto sono parificati come istinti «artistici» primordiali, e nel caso dell'apollineo si dice che l'artista «giuoca» con il sogno, mentre nel caso del dionisiaco «giuoca» con l'ebbrezza. Il «giuoco», cioè l'attività dell'attore, unifica dunque i due istinti. Tale prospettiva viene poi variata – e l'accentuazione risulterà più evidente nella* Nascita della tragedia *– nell'identificazione del sogno con il veicolo specifico della creazione artistica, cosicché la sfera dell'arte è tipicamente designata dall'apollineo; per contro la natura più profonda del dionisiaco rimarrebbe concentrata nell'interiorità pura, nell'intuizione del dolore del mondo, della volontà metafisica secon-*

do Schopenhauer, ossia in un elemento mistico. E la caratterizzazione storica dell'età pre-tragica è tracciata qui in modo più articolato e autonomo che nella Nascita della tragedia, *quasi vi fossero più possibilità di epoche apollinee. La* Visione dionisiaca del mondo *si chiude con un'interessante trattazione, tuttavia appena abbozzata, su vari temi estetici (il «sentimento», il «linguaggio gestuale», il «simbolismo del linguaggio musicale», il «grido», eccetera), in vista di un approfondimento teoretico dell'intero problema dell'arte, cui nella* Nascita della tragedia *si rinunzierà.*

Nelle conferenze Sull'avvenire delle nostre scuole,* *tenute nei primi mesi del 1872, l'interprete dei Greci cede il posto al moralista. L'importanza della classicità è anche qui centrale, ma non più come oggetto conoscitivo, bensì come strumento di educazione. Gli antichi sono fondamentali per la cultura, tuttavia non nel senso in cui li intende la scuola moderna (e Nietzsche allude particolarmente alla grande erudizione tedesca). Questa è indirizzata all'utile, alla più estesa istruzione per tutti, alla specializzazione scientifica, e inoltre, male peggiore di tutti, è subordinata nella sua essenza allo Stato.*

Alla fine di questo stesso anno 1872, Nietzsche invia a Cosima Wagner le Cinque prefazioni. *I temi sono ancora gli stessi, i Greci, la cultura, il filosofo, ma lo sguardo di Nietzsche si è fatto nel frattempo più ampio e si è approfondito. Un'interpretazione dell'arte non basta a esaurire la realtà greca: il giudizio sulla struttura politico-sociale e sulla filosofia viene ad arricchire la prospettiva. Così nel saggio sullo* Stato greco *(in origine destinato al piano della* Nascita della tragedia*) è affrontato di petto l'argomento scabroso dello sfondo crudele della civiltà greca. La schiavitù greca fu necessaria perché potessero realizzarsi quelle grandi creazioni individuali. Questa dura sentenza non era allora destinata alla pubblicità, ma per*

* Vedi, in questa edizione, il volume relativo.

l'estrema determinazione e coerenza con cui viene pronunciata costituisce la vera apertura delle ostilità, sia pure indiretta, contro il cristianesimo. E il curioso è che tale necessità della schiavitù viene motivata in base ai princìpi della filosofia di Schopenhauer (la potenza è sempre malvagia!). In un'altra di queste prefazioni ritorna il tema di un fondamento atroce del mondo greco, non come intuizione dionisiaca del dolore metafisico, ma come smodata dissennatezza, come ferocia orrenda dell'azione: qui Nietzsche indica come strumento di salvezza l'aspetto costruttivo dell'agonismo greco, la «buona Contesa» di Esiodo, il controllo dell'emulazione che sovrasta l'infuriare della naturalità. Infine viene ripresentato il rapporto vitale tra filosofo e cultura: quest'ultima appare come perpetuità, concatenazione delle grandezze passate. E mentre Schopenhauer continua ad agire quale modello del filosofo, la curiosità e l'attenzione si allargano e allontanano verso il mondo presocratico, per costruire più validamente l'immagine di una guida. Nel filosofo Nietzsche vuole ritrovare soprattutto il distacco dal presente, il modello più intangibile della grandezza. E la speranza nasce per lui dal fatto che questi modelli sono realmente vissuti. «L'autore non pretende di possedere null'altro che lo distingua dai rimanenti autori, se non un sentimento esasperato per l'elemento specifico della nostra attuale barbarie, di ciò che ci caratterizza come i barbari del XIX secolo, distinguendoci dagli altri barbari».
Nasce così un altro scritto, in cui all'ideale dell'arte che dominava la Nascita della tragedia *si sostituisce l'ideale della filosofia: Nietzsche lo elabora con grande impegno — è in fondo il tentativo centrale, fra gli scritti di questi anni — ma non riesce a portarlo a compimento, giudicando l'abbozzo inadeguato a una pubblicazione. In verità, nella* Filosofia nell'epoca tragica dei Greci *la grande ambizione del progetto si realizza solo parzialmente, imperfettamente. Ottima è l'impostazione: rinuncia alla completezza e all'erudizione, l'ele-*

mento personale in primo piano. Valida del pari è tutta la parte introduttiva, dove vengono massimamente distanziate dal presente quelle figure arcaiche, e si dice che il giudizio di quei filosofi sulla vita significa assai di più che un giudizio moderno, mentre oggi il filosofare non appartiene ormai a nessuno. Questo scritto documenta dunque un processo di maturazione, l'inizio di una conquista di autonomia da parte di Nietzsche: rispetto a Wagner, con il sostituirsi della filosofia all'arte, al vertice della cultura, e rispetto a Schopenhauer, con il sostituirsi a lui di Eraclito, come archetipo del filosofo. E infatti a Eraclito toccano le pagine più consistenti di questo scritto; del resto nel suo caso un approccio non discorsivo, una divinazione dell'elemento personale si presenta come un azzardo cui può arridere il successo. Nietzsche dice bene che sulla base di tre aneddoti è possibile cogliere la natura profonda di un pensatore, ma non considera che nel filosofo la personalità non si risolve nella risonanza emozionale, ma si fonde altresì con l'elemento dottrinale. E invece di fronte a quest'ultimo Nietzsche si mostra opaco, arrendevole alle opinioni altrui, privo di mordente. Sempre a proposito di Eraclito, per esempio, l'accentuazione del «divenire» non coglie nulla che appartenga intimamente, personalmente al filosofo; si tratta soltanto di una banalizzazione, del resto neppure originale, del suo pensiero. Il capitolo su Parmenide poi è totalmente da respingere. Qui non c'è neppure divinazione dell'elemento personale: si potrebbe anzi sospettare che la caratterizzazione dell'Eleata – freddezza, astrazione esangue, negazione della vita, tautologia conoscitiva – sia antitetica a quella autentica. Del resto anche tutta la trattazione di questi presocratici sotto il profilo di una nascente scienza della natura non si può dire che tenga fede all'assunto iniziale di Nietzsche, alla sua promessa di rompere le tradizioni fossilizzanti. Colpevole di questa disarmonia complessiva della Filosofia nell'epoca tragica dei Greci *è anche la tendenza viziosa di Nietzsche a fondare le sue informazioni sulla letteratura indiretta, di seconda e terza mano, antica e moderna. Si vede chiaramente che persino a proposito di Eraclito, le cui poche frasi autentiche erano facilmente rintracciabili (e le sole illuminanti), la suddetta inclinazione ha portato Nietzsche a preferire spesso le notizie della dossografia tarda ai frammenti originali del pensatore greco.*

Il saggio Su verità e menzogna in senso extramorale *estende l'ambizione filosofica di Nietzsche alla sfera teoretica: i tentativi in questa direzione si ripeteranno poi periodicamente, nel 1881, nel 1884, nel 1888, e risultano degni di grande attenzione, anche se Nietzsche non li includerà in nessuna delle opere da lui pubblicate. Qui viene attaccato il concetto di verità oggettiva. La verità è «un mobile esercito di metafore». L'intuizione è geniale, anche se la sua audacia è frutto di un approccio estemporaneo. La scelta della chiave interpretativa — la metafora — tradisce l'unilateralità della risoluzione, il punto di vista di chi è cresciuto come filologo. Il mondo che ci circonda si risolve idealisticamente nel «trasferimento» dell'enigmatico fondo delle cose in un linguaggio estraneo. Anche se la parola «apparenza» viene rifiutata, l'impostazione rimane qui schopenhaueriana; ma Nietzsche sceglie una forma circoscritta di manifestazione, di trasferimento, ancorata all'astrazione del linguaggio, per spiegare un fenomeno universale di cui il linguaggio è un aspetto particolare. In altre parole, Nietzsche pecca lui stesso di metafora mentre spiega tutto in termini di metafora, poiché il concetto di metafora da lui proposto è una «metafora» interpretativa di un processo vitale e universale che assomiglia alla metafora, la include, ma ha altri caratteri più complessi e inafferrabili. D'altro canto egli neppure dimostra che sia impossibile per un filosofo sfuggire alla metafora.*

In questo momento Nietzsche si rivela ardito, ma acerbo, sul piano del pensiero puro. Per convincersi della cosa, basta confrontare il passo di Verità e menzogna in senso extramorale, *dove Nietzsche intende il tempo come soggettivo (secondo Kant e Schopenhauer), perché ciò gli serve a concepire le leggi naturali come una riscoperta del numero, del tempo e dello spazio, che noi stessi abbiamo introdotto nelle cose, con il passo di* Filosofia nell'epoca tragica dei Greci, *dove Nietzsche – in odio all'«apparenza» – riporta una citazione di Afrikan Spir, approvandola, secondo cui la successione ha una realtà oggettiva e in cui la tesi kantiana sulla soggettività del tempo viene recisamente contestata. Tutto ciò sembra esprimere una fluttuazione e incertezza teoretica (che su altri piani continuerà anche in seguito), accoppiata alla sofistica e letteraria appropriazione di tesi filosofiche, secondo le necessità dell'argomentazione.*

GIORGIO COLLI E MAZZINO MONTINARI

SCRITTI DAL 1870 AL 1873

VERSIONE DI GIORGIO COLLI

IL DRAMMA MUSICALE GRECO

Nella nostra odierna vita teatrale non si ritrovano semplici ricordi ed echi delle *arti drammatiche della Grecia*: piuttosto, le sue *forme fondamentali* gettano le radici nel terreno *ellenico*, sia per una crescita *naturale*, sia in conseguenza di una derivazione *artificiosa*. Soltanto i *nomi* si sono in molti modi trasformati e spostati. Così la musica medioevale in realtà possedeva ancora le tonalità greche, con il loro nome greco, senonché, per esempio, ciò che i Greci chiamavano «*locrese*» era designato nella musica ecclesiastica come «*dorico*». Troviamo simili confusioni anche nel campo della terminologia drammatica: ciò che l'Ateniese intendeva per «*tragedia*», noi lo riportiamo tutt'al più sotto il concetto di «*grande opera*»; così almeno ha fatto Voltaire, in una lettera al Cardinale Quirini. Un Greco, per contro, non riconoscerebbe nella nostra tragedia quasi nulla di corrispondente alla sua tragedia; piuttosto penserebbe che l'intera struttura e il carattere fondamentale della tragedia di Shakespeare siano derivati dalla sua cosiddetta *commedia nuova*. È da *questa* che si sono difatti sviluppati, attraverso enormi distanze di tempo, il dramma romano, le rappresentazioni neolatine e germaniche di Moralità e di Misteri, e infine la tragedia di Shakespeare; allo stesso modo che nella forma esteriore del *palcoscenico* di Shakespeare non si può disconoscere una parentela *genealogica* con la commedia attica nuova. Mentre a questo proposito dobbiamo riconoscere uno sviluppo che progredisce naturalmente e continua per millenni, la vera tragedia dell'antichità invece, l'opera d'arte di Eschilo e di Sofocle, è stata inoculata arbitrariamente nell'arte moderna. Ciò che oggi chiamiamo *opera* – la caricatura dell'antico dramma musicale – è sorto da una diretta scimmiottatura dell'antichità: l'opera, priva della forza inconscia di un impulso naturale, formata secondo una teoria astratta, si comporta oggi come un *homunculus*, come il coboldo maligno dello sviluppo musicale moderno. Quei nobili, eruditi e cólti Fiorentini, che all'inizio del XVII secolo fecero sorgere l'opera, avevano l'intenzione, chiaramente espressa, di rinnovare *quegli* effetti della musica, che essa – secondo numerose ed eloquenti testimonianze – aveva avuto nell'antichità. Cosa degna di nota: già il primo pensiero dell'opera è stato una ricerca dell'effetto. Attraverso tali esperimenti, le radici di un'arte inconscia che emerge dalla vita popolare risultano tagliate o per lo meno malignamente mutilate. Così in Francia il dramma popolare fu soppiantato dalla cosiddetta tragedia classica, ossia da un genere – sorto completamente sul piano erudito – che doveva contenere, senza alcuna mescolanza, la quintessenza del tragico. Anche in Germania la radice naturale del dramma, ossia la commedia carnevalesca, è stata sepolta dopo la Riforma; dopo di allora scarsi sono stati i tentativi di creare nuovamente una forma nazionale; si pensò e si poetò per contro seguendo i modelli sussistenti di nazioni straniere. L'erudizione, il freddo sapere e la polimatia sono un vero e proprio freno per lo sviluppo delle arti moderne: ogni accrescimento e ogni divenire nel campo dell'arte deve procedere nella notte profonda. La storia della musica insegna che un sano sviluppo ulteriore della musica greca fu d'un tratto, nell'alto Medioevo, impedito e ostacolato nel modo più violento, quando in teoria e in pratica si ritornò all'antico, con l'aiuto dell'erudizione. Il risultato fu un'incredibile decadenza del gusto: attraverso continui contrasti fra la presunta tradizione e l'orecchio naturale si giunse al punto di comporre musica non più per l'orecchio, bensì per l'occhio. Gli occhi dovevano ammirare la destrezza contrappuntistica del compositore: gli occhi dovevano riconoscere la capacità espressiva della musica. Come si poté realizzare ciò? Si colorarono le note con il colore delle cose di cui si parlava nel testo, quindi di verde, quando si nominavano piante, campi, vigneti, e di rosso purpureo, quando si nominavano il sole e la luce. Si trattava di musica letteraria, musica da leggere. Ciò che ci si presenta ora come pura assurdità, poteva risultare senz'altro tale – nel campo che sto trattando soltanto a pochi. Io sostengo infatti che Eschilo e Sofocle ci sono noti soltanto come poeti di un testo, come librettisti, cioè asserisco che ci sono per l'appunto ignoti. In altre parole, mentre nel campo della musica è già da lungo tempo che noi abbiamo superato l'erudito giuoco di ombre di una musica destinata alla lettura, nel campo della poesia invece l'innaturalezza di una poesia libresca è così esclusivamente dominante, che si richiede una certa riflessione per dire a noi stessi in che senso dobbiamo essere ingiusti verso Pindaro, Eschilo e Sofocle, anzi per quale ragione propriamente non li conosciamo. Quando li designiamo come poeti, noi intendiamo appunto poeti libreschi: è proprio così, peraltro, che noi perdiamo ogni possibilità di penetrare nella loro essenza, la quale si rivela a noi solo quando ci riesca, in un momento pieno di vigore e ricco di fantasia, di portare dinnanzi alla nostra anima l'*opera* idealizzata a tal punto, che ci si schiuda allora l'intuizione dell'antico dramma musicale. In effetti, sebbene nella cosiddetta grande opera tutti i rapporti siano deformati, sebbene essa stessa sia un prodotto della dispersione e non del raccoglimento, ossia risulti schiava del peggiore verseggiare e di una musica indegna, sebbene infine tutto in questo campo sia menzogna e impudenza, non c'è tuttavia alcun altro mezzo, per chiarirci le idee su Sofocle, che sforzarci, partendo da questa caricatura, di indovinare il modello ed eliminare dal pensiero, in un momento di ispirazione, tutto ciò che è contorto e deformato. Quell'immagine della fantasia dovrà poi essere indagata accuratamente e collegata nelle sue singole parti alla tradizione dell'antichità, in modo tale che noi non stacchiamo dalla Grecia ciò che è ellenico e non escogitiamo un'opera d'arte che non trovi una patria da nessuna parte del mondo. È questo un pericolo non trascurabile. Sino a poco tempo fa si considerava come incondizionato assioma artistico, che ogni plastica ideale debba essere priva di colori, ossia che la scultura antica non permetta l'applicazione del colore. Molto lentamente – e contro la più violenta opposizione di quei falsificatori della Grecia – si è fatta strada la concezione policroma della scultura antica, secondo cui tale scultura non deve più essere pensata come nuda, bensì come rivestita di colori. Gode similmente di una grande popolarità il principio estetico, secondo cui la riunione di due o più arti non può elevare in alcun modo il godimento estetico e costituisce piuttosto un'aberrazione barbarica del gusto. Ma questo principio dimostra tutt'al più una dannosa assuefazione moderna, per cui noi non siamo più in grado di godere qualcosa come uomini completi: a causa delle arti assolute noi siamo ridotti in pezzi, e gustiamo qualcosa solo come uomini parziali, ora come uomini che dispongono soltanto dell'udito, ora come uomini che possiedono soltanto la vista eccetera. Confrontiamo con ciò quello che dice l'ingegnoso Anselm Feuerbach[1] a proposito di quel dramma antico, rappresentandolo come arte complessiva. «Non c'è da meravigliarsi» egli dice «che le singole arti, per un'affinità elettiva che ha profonde ragioni, si confondano infine in un tutto indivisibile, inteso come una nuova forma d'arte. I giuochi olimpici raccoglievano in un'unità politico-religiosa le stirpi divise dei Greci: la solenne rappresentazione drammatica assomiglia a una festa della riunificazione delle arti greche. Il modello in proposito era già fornito da quelle solennità intorno ai templi, dove la plastica apparizione del dio dinnanzi a una folla devota era festeggiata con danze e canti. Come in quel caso, così anche nella rappresentazione drammatica l'architettura fornisce il quadro e la base, mediante cui la superiore sfera poetica si separa in modo visibile dalla realtà. Vediamo così che il pittore si occupa dello scenario e che tutte le attrattive di un variopinto giuoco di colori si trovano diffuse nello splendore dei costumi. Dell'anima dell'insieme si è impadronita la poesia, intesa però a sua volta non già come singola forma poetica, per esempio come inno nel culto del tempio. Quei racconti – così essenziali nel dramma greco – dell'*angelos* e dell'*exangelos*, oppure degli stessi personaggi, ci riconducono alla poesia epica. La poesia lirica trova il suo posto nelle scene passionali e nel coro, e può manifestarsi in tutte le sue sfumature, dall'immediato erompere del sentimento in interiezioni, dal più delicato fiore del canto sino all'inno e al ditirambo. Nella recitazione, nel canto, nel suono del flauto e nel passo cadenzato della danza il cerchio non si è ancora completamente chiuso. Se infatti la poesia costituisce l'elemento più intimo e fondamentale del dramma, è vero però che a essa si fa incontro, in questa sua nuova forma, la plastica». Sin qui Feuerbach. Solo di fronte a una simile opera d'arte, senza alcun dubbio, noi dovremmo imparare com'è possibile gustare qualcosa come uomini completi; c'è da temere tuttavia che noi, anche se posti di fronte a una siffatta opera, ci spezzeremmo in semplici frammenti, per riuscire ad appropriarci di essa. Credo addirittura che chi di noi fosse improvvisamente trasportato a una rappresentazione solenne in Atene, avrebbe anzitutto l'impressione di uno spettacolo del tutto estraneo e barbarico. E ciò per molte ragioni. Nella più luminosa luce solare, senza nessun effetto misterioso della sera e delle luci artificiali, insomma nella realtà più cruda, egli vedrebbe un enorme spazio aperto, riempito di uomini, vedrebbe gli sguardi di tutti rivolti verso una schiera di uomini mascherati che si muovono in basso stranamente e verso un paio di fantocci di dimensioni sovrumane, che camminano avanti e indietro, secondo un ritmo lentissimo, su di un lungo e angusto palcoscenico. Non possiamo infatti chiamare altrimenti se non fantocci quegli esseri che – ritti sugli alti trampoli dei coturni, col volto coperto da maschere gigantesche, dipinte a colori violenti e sporgenti al di sopra del capo, imbottiti e rigonfi in modo innaturale sul petto e sul corpo, sulle braccia e sulle gambe – possono muoversi a stento, oppressi dal peso di un abito dal lungo strascico e di una complicata acconciatura del capo. Oltre a ciò, queste figure debbono parlare a voce altissima attraverso grandi fessure in corrispondenza della bocca, debbono parlare e cantare in modo da rendersi comprensibili a una massa di spettatori superiore ai ventimila uomini: si tratta, a dire il vero, di un compito eroico, degno di un combattente di Maratona. E la nostra ammirazione diventa ancora più grande, quando apprendiamo che ciascuno di questi attori-cantanti doveva recitare, nel suo sforzo che durava dieci ore, all'incirca 1600 versi, fra cui almeno sei pezzi cantati, più o meno estesi. E ciò di fronte a un pubblico che puniva spietatamente ogni eccesso di voce e ogni accento errato; e ciò ad Atene, dove – secondo l'espressione di Lessing – persino la plebe aveva un giudizio fine e delicato. Quale concentrazione e quale esercizio delle forze, quale tediosa preparazione, quale serietà e quale entusiasmo nell'assumere un compito artistico dovranno essere da noi presupposti in questo caso! In breve, quale vita ideale di attori! Questi erano compiti destinati ai più nobili cittadini, qui un combattente di Maratona non si degradava, neppure nel caso che non riuscisse nel suo compito, qui l'attore, allo stesso modo che rappresentava nel suo costume un elevarsi al di sopra della fisionomia quotidiana degli uomini, così sentiva anche in sé uno slancio, per cui le parole patetiche, dure e violente di Eschilo dovevano sembrargli un linguaggio naturale.

Con la stessa solennità dell'attore, anche lo *spettatore* stava ad ascoltare: lo stato d'animo di una festa, insolita e desiderata per lungo tempo, si diffondeva anche su di lui. Ciò che spingeva quegli uomini al teatro non era un'ansia di sfuggire alla noia, non era la volontà di liberarsi a ogni costo, per alcune ore, da se stessi e dalle proprie miserie. Il Greco fuggiva dalla vita pubblica, per lui così abituale e dispersiva, dalla vita nella piazza, nella strada e nel tribunale, trovando conforto nella solennità – che disponeva l'animo alla calma e invitava al raccoglimento – della rappresentazione teatrale. In ciò egli era ben diverso dal Tedesco antico, che desiderava distrazioni ogni volta che gli riusciva di spezzare il cerchio della sua esistenza interiore, e che trovava una vera e piacevole distrazione nelle repliche giudiziarie, le quali determinarono perciò la forma e l'atmosfera del suo dramma. Per contro l'anima dell'Ateniese, che veniva a vedere la tragedia nelle grandi feste dionisiache, aveva ancora in sé qualcosa dell'elemento onde era sorta la tragedia. Si tratta dell'impulso primaverile che sboccia prepotente, di un sentimento tumultuoso e al tempo stesso folle, noto a tutti i popoli ingenui e all'intera natura, quando si avvicina la primavera. Come si sa, anche le nostre rappresentazioni carnevalesche e le burle delle nostre maschere derivano in origine da tali feste della primavera, che sono tuttavia alquanto antidatate per ragioni ecclesiastiche. In questo campo tutto si riporta all'istinto più profondo: quegli straordinari cortei dionisiaci errabondi, nell'antica Grecia, trovano qualcosa di analogo nei danzatori medioevali di San Giovanni e di San Vito, i quali passavano di città in città cantando, saltando e trascinando con sé una moltitudine enorme e sempre crescente. E anche se l'odierna medicina parla di quel fenomeno come di un'epidemia del Medioevo, noi tuttavia siamo convinti che il dramma antico è fiorito da una tale epidemia e che la vera disgrazia delle arti moderne consiste proprio nel *non* essere sgorgate da una tale fonte misteriosa.

Non dobbiamo parlare di allegria smodata e di sfrenatezza licenziosa, quando vediamo correre nei campi e nelle foreste, ai primi inizi del dramma, turbe che si agitano selvaggiamente, mascherate da Satiri e da Sileni, con i volti coperti di fuliggine, di minio e di succhi vegetali, con il capo ornato di corone di fiori: l'azione violenta – che si manifesta all'improvviso – della primavera potenzia le forze vitali in una tale misura traboccante, che ovunque si rivelano estasi, visioni e la fede in un proprio incantesimo, mentre esseri animati dagli stessi sentimenti si aggirano a schiere attraverso le campagne. Questa è la culla del dramma. Esso non comincia per il fatto che qualcuno si camuffi e voglia suscitare in altri un'illusione: esso nasce piuttosto quando l'uomo è fuori di sé e crede di essersi trasformato per un incantesimo. Nello stato di «esser fuori di sé», di estasi, si richiede soltanto un passo ulteriore: non ritorniamo in noi stessi, ma piuttosto entriamo in un altro essere, comportandoci così come individui trasformati per incantesimo. In estrema analisi è di qui che proviene il profondo stupore, suscitato dalla vista del dramma: il terreno vacilla, vien meno la fede nell'indissolubilità e nella rigidità dell'individuo. E allo stesso modo che il fanatico di Dioniso crede nella propria metamorfosi, così il poeta drammatico crede nella realtà delle sue figure. Chi non ha questa fede, può certo rientrare fra i portatori di tirso, fra i dilettanti, ma non fra i veri seguaci di Dioniso, i bacchici.[2]

Nell'epoca culminante del dramma attico, c'era ancora nell'anima degli ascoltatori qualcosa di questa vita naturale dionisiaca. Non si trattava di un pubblico pigro e stanco, abbonato a tutti gli spettacoli, che viene a teatro con i sensi sfiniti e stracchi, per procurarsi qui delle emozioni. In antitesi a questo pubblico, che è la camicia di forza del nostro odierno teatro, lo spettatore ateniese aveva ancora i sensi freschi, mattutini, festosamente eccitati, quando si metteva a sedere sui gradini del teatro. Il semplice, per lui, ancora non era troppo semplice: la sua erudizione estetica consisteva nei ricordi di precedenti giornate teatrali felici e la sua fiducia nel genio drammatico del suo popolo era sconfinata. Ma il più importante è che egli sorbiva la bevanda della tragedia così raramente, da poterla gustare ogni volta come per la prima volta. In questo senso, voglio citare la parola del più importante architetto vivente, il quale è favorevole agli affreschi dei soffitti e delle cupole. «Per l'opera d'arte nulla è più vantaggioso» egli dichiara «che l'allontanarsi dal contatto volgare e immediato con ciò che ci circonda, e dall'ordinaria linea visiva dell'uomo. Attraverso l'abitudine del vedere comodamente il nervo ottico viene a ottundersi in tale misura, da riconoscere ormai lo stimolo e i rapporti dei colori e delle forme come dietro un velo». Sarà certo permesso sollevare pretese analoghe per il raro godimento del dramma: ciò va a vantaggio delle immagini e dei drammi, i cui spettatori si atteggiano e sentono in modo alquanto insolito (anche se con ciò non voglio raccomandare la consuetudine vigente nell'antica Roma, di stare in piedi a teatro).

Sinora abbiamo preso in considerazione soltanto l'attore e lo spettatore. In terzo luogo, pensiamo anche al poeta: questa parola è da me intesa qui nel suo senso più vasto, ossia come la intendevano i Greci. È vero che i tragici greci hanno esercitato il loro smisurato influsso sull'arte moderna solo come librettisti: ma se questo è vero, io sono profondamente convinto che una restituzione reale e completa di una trilogia eschilea, con attori, pubblico e poeti attici, dovrebbe esercitare su di noi un effetto addirittura sconvolgente, poiché ci rivelerebbe l'uomo artistico in una compiutezza e in un'armonia, in confronto alla quale i nostri grandi poeti dovrebbero apparire quasi come statue bene incominciate, ma non condotte a termine.

Nell'antichità greca il compito che doveva affrontare il drammaturgo era quanto mai difficile: una libertà quale godono i nostri poeti teatrali, nella scelta della materia, nel numero degli attori e in infinite altre cose, sarebbe sembrata al giudice del dramma attico una mancanza di disciplina. Tutta l'arte greca è attraversata dalla legge orgogliosa, che soltanto ciò che è massimamente difficile risulta un compito degno dell'uomo libero. Così l'autorità e la fama di un'opera di scultura dipendeva molto dalla difficoltà dell'elaborazione, dalla durezza della materia impiegata. Fra le difficoltà particolari, per cui la strada che portava alla celebrità drammatica non fu mai molto facile, bisogna ricordare il numero ristretto degli attori, l'impiego del coro, la cerchia limitata dei miti, e soprattutto la virtù di eccellere in cinque gare, ossia la necessità di essere dotati creativamente come poeti e come musicisti, nell'arte della danza e nella regia, e infine come attori. Ciò che costituisce pur sempre l'ancora di salvezza per i nostri poeti drammatici consiste nella novità e quindi nell'interesse della materia che hanno scelto per il loro dramma. Essi pensano allo stesso modo degli improvvisatori italiani, i quali raccontano una nuova storia sino al punto culminante, portandola sino al livello massimo di tensione, e sono allora convinti che nessuno se ne andrà più prima della fine. Il tenere avvinto lo spettatore sino alla fine con lo stimolo di una trama interessante sarebbe invece stato qualcosa di inaudito per i tragici greci: la materia dei loro capolavori era da gran tempo conosciuta e familiare agli ascoltatori sin dalla fanciullezza, in forma epica e lirica. Occorreva già una prestazione eroica, per risvegliare una sincera partecipazione alle sventure di un Oreste e di un Edipo; e i mezzi che potevano essere usati per suscitare questa partecipazione erano quanto mai limitati e ostinatamente ristretti. A questo proposito va preso in considerazione il coro, che per il poeta antico era tanto importante, quanto importanti per il poeta tragico francese erano i nobili che sedevano ai due lati della scena, trasformando in certo modo il palcoscenico in un'anticamera principesca. E allo stesso modo che il poeta tragico francese non poteva cambiare le decorazioni, per riguardo verso questo strano «coro», che non partecipava e al tempo stesso partecipava all'azione, allo stesso modo che in base a questo coro egli modellava la lingua e i gesti della scena, così il coro antico, in ogni dramma, pretendeva per l'intera rappresentazione una pubblicità dell'azione, e richiedeva una piazza aperta come luogo di azione della tragedia. Si tratta di una pretesa temeraria, poiché l'azione tragica e la sua preparazione di solito non si possono ritrovare certo nella strada, bensì si sviluppano nel modo migliore in luoghi nascosti. Tutto pubblicamente, tutto alla luce del giorno, tutto alla presenza del coro: tale era la crudele pretesa. Non già che tutto questo fosse stato enunciato come esigenza, in una qualche occasione, in base a una qualche sottigliezza estetica: piuttosto, nel lungo processo di sviluppo del dramma, si era raggiunto questo stadio e ci si era fermati a questo punto, con l'istinto che qui vi fosse da risolvere un problema poderoso, per un genio poderoso. È noto, anzi, che in origine la tragedia non era altro se non un grande canto del coro: questa conoscenza storica, peraltro, ci offre realmente la chiave di quello strano problema. L'effetto principale e complessivo della tragedia antica, ancora nella sua epoca migliore, si fondò sempre sul coro: questo era il fattore di cui si doveva sempre tener conto e che non poteva essere lasciato in disparte. Il gradino su cui si mantenne il dramma, all'incirca da Eschilo sino a Euripide, è quello in cui il coro era stato bensì ricacciato indietro, ma non tanto da impedirgli di fornire ancora il colorito complessivo. Un solo passo in avanti, e la scena ebbe il dominio sull'orchestra, la colonia sulla metropoli; la dialettica dei personaggi della scena e i loro canti individuali vennero in luce, e vinsero l'impressione complessiva, corale e musicale, che si era mostrata valida sino allora. Questo passo fu compiuto, e chi vi assisteva, Aristotele, lo ha fissato nella sua celebre definizione, che crea molte confusioni e non coglie l'essenza del dramma eschileo.

Nel progettare una poesia drammatica, il primo pensiero fu di escogitare un gruppo di uomini o di donne, strettamente connesso con i personaggi dell'azione; in seguito si dovettero cercare degli spunti, per far erompere certi stati d'animo collettivi, lirico-musicali. In certo modo il poeta guardava i personaggi della scena dal punto di vista del coro, e assieme a questo guardava il pubblico ateniese: noi, che abbiamo soltanto il libretto, guardiamo il coro dalla prospettiva della scena. Il significato del coro non può essere esaurito con un'immagine. Quando Schlegel lo designa come lo «spettatore ideale», ciò vuol dire soltanto che il poeta, attraverso il modo in cui il coro considera gli avvenimenti, accenna al tempo stesso al modo in cui, secondo il suo desiderio, lo spettatore dovrebbe considerarli. Con ciò tuttavia si pone in esatto rilievo un solo aspetto: è soprattutto importante che l'eroe sulla scena, servendosi del coro come di un megafono, gridi allo spettatore i suoi sentimenti, con voce enormemente amplificata. Sebbene il coro sia formato da una pluralità di persone, esso tuttavia non rappresenta musicalmente una massa, bensì soltanto un enorme individuo, dotato di polmoni soprannaturali. Non è qui il luogo opportuno per indicare quale pensiero etico si ritrovi nella musica corale unisona dei Greci: essa costituisce la più netta antitesi allo sviluppo musicale cristiano, dove l'armonia, ossia il vero simbolo della pluralità, dominò così a lungo, che la melodia ne risultò totalmente soffocata e dovette essere nuovamente scoperta. È il coro che ha fissato i confini della fantasia poetica, la quale si rivela nella tragedia: la danza religiosa corale, con il suo solenne *andante*, circoscriveva lo spirito inventivo – altrimenti così tracotante – dei poeti. Per contro la tragedia inglese, priva di siffatte barriere, si atteggia, con il suo realismo fantastico, in modo assai più focoso, più dionisiaco, ma in fondo più melanconico, all'incirca come un *allegro* di Beethoven. Che il coro avesse parecchie occasioni importanti per aprirsi a manifestazioni lirico-patetiche, è propriamente il principio capitale nell'economia del dramma antico. Ma tutto ciò si può facilmente raggiungere anche attraverso il più breve frammento della leggenda: manca perciò assolutamente ogni complicazione, ogni elemento di intrigo, ogni combinazione sottile e artificiosa, in breve tutto ciò che costituisce appunto il carattere della tragedia moderna. Nel dramma musicale antico non c'era nulla che si dovesse accertare per via di calcolo: in esso anche la scaltrezza di singoli eroi del mito ha in sé qualcosa di semplice e di onesto. Mai, neppure in Euripide, l'essenza del dramma è stata trasformata in una specie di giuoco degli scacchi: la somiglianza con il giuoco degli scacchi, per contro, è senza dubbio diventata un carattere fondamentale della cosiddetta commedia nuova. Perciò i vari drammi degli antichi, nella loro semplice struttura, assomigliano a un *solo* atto delle nostre tragedie, per lo più al quinto atto, che con brevi e rapidi passi porta alla catastrofe. La tragedia classica francese, poiché conosceva il suo modello – il dramma musicale greco – solo come libretto, e poiché era in difficoltà per introdurre il coro, dovette accogliere in sé un elemento del tutto nuovo, all'unico scopo di riempire i cinque atti prescritti da Orazio:[3] questa zavorra, senza la quale la nuova forma d'arte non poteva avventurarsi sul mare, era l'intrigo, cioè un indovinello per l'intelletto e una lizza per le *piccole* passioni, in fondo non tragiche. In tal modo il carattere di questa tragedia si avvicinava notevolmente a quello della nuova commedia attica. La tragedia antica, confrontata con essa, era povera di azione e di tensione: si può anzi dire che nel suo primo stadio di sviluppo essa non si curava affatto dell'agire – il δρᾶμα – bensì del patire, il πάθος.[4] L'azione intervenne soltanto quando sorse il dialogo: e tutta l'azione vera e seria, anche nell'epoca aurea del dramma, non fu rappresentata sulla scena aperta. In origine la tragedia non era altro se non una lirica obiettiva, un canto che si levava da uno stato di determinati esseri mitologici, i quali si presentavano nei loro costumi. Dapprima un coro ditirambico di uomini, travestiti da Satiri e da Sileni, dovette spiegare che cosa l'aveva condotto a una tale commozione: esso accennava a qualche elemento particolare, tratto dalla storia delle lotte e delle sofferenze di Dioniso, e subito compreso dagli ascoltatori. Più tardi fu introdotta la divinità stessa, con un duplice scopo: anzitutto per raccontare personalmente le avventure in cui essa si trova impigliata e che suscitano la più esaltata partecipazione nel suo seguito; in secondo luogo, mentre durano quegli appassionati canti corali, Dioniso è in certo modo l'immagine vivente, la statua vivente del dio. E in realtà l'attore antico ha in sé qualcosa del convitato di pietra in Mozart. Uno scrittore moderno di musica fa al riguardo la seguente osservazione pertinente. «Nel nostro attore in costume» egli dice «ci si presenta un uomo naturale, mentre ai Greci si presentava, nella maschera tragica, un uomo artificiale, e se si vuole, stilizzato eroicamente. Le nostre scene profonde, su cui spesso si raggruppano sino a cento persone, trasformano le rappresentazioni in *quadri* colorati e viventi per quanto è possibile. La stretta scena antica, con la parete di fondo assai avanzata, presentava le poche figure che si muovevano misuratamente, come bassorilievi viventi o animate figure marmoree del frontone di un tempio. Se un miracolo avesse infuso la vita, sul frontone del Partenone, a quelle figure marmoree della contesa tra Atena e Poseidone, esse avrebbero senza dubbio parlato la lingua di Sofocle». Ritorno al punto di vista accennato prima, secondo cui nel dramma greco l'accento posa sul patire e non sull'agire: si comprenderà ora più facilmente, per quale ragione io creda che *dobbiamo* essere ingiusti verso Eschilo e Sofocle, e che propriamente non li *conosciamo*. Non abbiamo cioè alcun criterio per controllare il giudizio del pubblico attico su un'opera poetica, dal momento che non sappiamo, o sappiamo solo in minima parte, in che modo la sofferenza, e in generale la vita dei sentimenti e i suoi sfoghi, possano suscitare nell'ascoltatore un'impressione profonda. Di fronte a una tragedia greca noi siamo incompetenti, poiché la sua azione principale si fondava in buona parte su un elemento che è andato perduto, cioè sulla musica. Riguardo alla posizione della musica nel dramma antico, rimane pienamente valido, come esigenza, ciò che dichiara Gluck nella celebre prefazione alla sua *Alcesti*. La musica dovrebbe sostenere la poesia, dovrebbe rafforzare l'espressione dei sentimenti e l'interesse delle situazioni, senza interrompere l'azione e senza turbarla con inutili abbellimenti. Essa dovrebbe essere per la poesia ciò che la vivacità dei colori, e una felice mescolanza di luce e d'ombra, sono per un disegno privo di errori e ben ordinato: tali elementi servono unicamente per animare le figure, senza distruggere i contorni. Perciò la musica è stata usata unicamente come un mezzo per raggiungere il suo scopo: il compito consisteva nel convertire le sofferenze del dio e dell'eroe nella più forte compassione degli ascoltatori. Certo, anche la parola ha lo stesso compito, ma per la parola è assai più difficile – e possibile solo allungando la strada – risolvere tale problema. La parola agisce anzitutto sul mondo concettuale, e solo partendo di qui può giungere al sentimento; abbastanza spesso, anzi, essa non può raggiungere affatto il suo scopo per la lunghezza della strada. La musica invece colpisce immediatamente il cuore, in quanto

essa è il vero linguaggio universale, inteso in ogni luogo.
Ancora oggi, certo, trovano diffusione riguardo alla musica greca certe opinioni, secondo cui essa non era affatto un tale linguaggio universalmente comprensibile, ma costituiva piuttosto un mondo di suoni scoperto per via erudita, astratto da dottrine acustiche e a noi del tutto estraneo. Qua e là, per esempio, si crede ancora falsamente che nella musica greca la terza maggiore sia stata sentita come una dissonanza. Ci si deve liberare completamente da tali idee, e si deve sempre tener presente che la musica dei Greci è assai più vicina al nostro sentimento di quanto lo fosse la musica del Medioevo. Ciò che ci è conservato delle composizioni antiche ricorda perfettamente, nella sua precisa articolazione ritmica, i nostri canti popolari: dal canto popolare, peraltro, sono sorte appunto l'intera poesia e l'intera musica dell'antichità. Esisteva, è vero, altresì una pura musica strumentale: in essa tuttavia si faceva valere unicamente il virtuosismo. In questa musica, il Greco autentico sentiva sempre qualcosa di straniero, qualcosa di importato dai paesi asiatici. La vera musica greca è unicamente musica vocale: il legame naturale tra linguaggio parlato e linguaggio cantato non si era ancora infranto, e ciò è tanto vero, che il poeta era necessariamente altresì il compositore musicale della sua poesia. I Greci non imparavano una poesia se non attraverso il canto: anche nell'ascoltare essi sentivano la profondissima unità di parola e suono. Noi, che siamo cresciuti sotto l'influsso del vizio artistico moderno – la separazione delle arti – non siamo quasi più in grado di godere assieme il testo e la musica. Ci siamo appunto abituati a gustarli separatamente, il testo durante la lettura – perciò non ci fidiamo del nostro giudizio, quando

sentiamo leggere una poesia o vediamo rappresentare un dramma, e vogliamo leggere il libro – e la musica quando si ascolta. Oltre a ciò, noi troviamo tollerabile anche il testo più assurdo, purché la musica sia bella: qualcosa del genere sarebbe sembrato a un Greco una vera barbarie.

Oltre alla comunione, posta in rilievo sopra, tra poesia e musica, vi sono ancora due elementi caratteristici della musica antica: la sua semplicità, anzi povertà, nell'armonia, e la sua ricchezza di mezzi espressivi ritmici. Ho già accennato al fatto che il canto corale si distingueva dal canto a solo unicamente per il numero delle voci, e che una pluralità assai limitata di voci, cioè un'armonia nel nostro senso, era permessa soltanto agli strumenti di accompagnamento. La primissima esigenza era di far *comprendere* il contenuto della poesia recitata; e se un canto corale di Pindaro o di Eschilo, con le sue temerarie metafore e i suoi audaci salti di pensiero, era realmente compreso, ciò presuppone una mirabile arte dell'esporre, e al tempo stesso un'accentuazione musicale e un ritmo estremamente caratteristici. La struttura musicale e ritmica dei periodi, che si muoveva nel più rigoroso parallelismo rispetto al testo, si affiancava d'altro lato ai movimenti della danza, intesi come mezzi espressivi esteriori, ossia all'orchestica. Nelle evoluzioni dei coreuti, che si disegnavano di fronte agli occhi degli spettatori come arabeschi sull'ampia superficie dell'orchestra, veniva sentita la musica, divenuta in certo modo visibile. Mentre la musica potenziava l'effetto della poesia, l'orchestica spiegava la musica. Per il poeta e il musicista si presentava quindi un nuovo compito, essere cioè un coreografo creativo.

È il caso di dire ancora una parola sui limiti della musica nel dramma. Non si tratta oggi di discutere il significato più profondo di questi limiti, che sono il tallone di Achille del dramma musicale antico, in quanto da essi prende inizio il processo di dissoluzione di questo dramma: io penso infatti di discutere nella mia prossima conferenza la decadenza della tragedia antica, e quindi anche il punto toccato ora. Qui basti porre in rilievo il fatto che non tutto quanto era contenuto nella poesia poteva altresì venir cantato, e che talvolta, come avviene nel nostro melodramma, compariva una poesia parlata, con l'accompagnamento della musica strumentale. Questo parlare, tuttavia, dobbiamo pur sempre rappresentarcelo come un semirecitativo, in modo che il suo peculiare tono vibrante non introduceva alcun dualismo nel dramma musicale; piuttosto, l'influsso dominante della musica si era imposto altresì nel linguaggio. Una specie di eco di questo tono di recitativo si può trovare nel cosiddetto tono didattico, con cui nella Chiesa cattolica vengono letti i Vangeli, le Epistole e parecchie preghiere. «Il prete che legge, riguardo all'interpunzione e alla chiusa dei periodi, ha certe inflessioni nella voce, con cui viene assicurata la chiarezza dell'esposizione e al tempo stesso viene evitata la monotonia. Ma nei momenti importanti della cerimonia sacra la voce del sacerdote si innalza, e il *pater noster*, il prefazio e la benedizione diventano canti declamatòri». Nel rituale della messa solenne molte cose ricordano il dramma musicale greco, con la differenza che in Grecia tutto era assai più luminoso, più solare e in genere più bello, ma in cambio meno interiore, e senza quell'enigmatico e infinito simbolismo della Chiesa cristiana.

Con ciò, stimatissimi intervenuti, sono giunto alla conclusione. Prima ho paragonato il creatore del dramma musicale antico al *pentathlos*, a colui che eccelle in cinque gare: un'altra immagine ci farà accostare meglio al significato di un tale *pentathlos* del dramma musicale di fronte a tutta quanta l'arte antica. Per la storia dell'abbigliamento antico, Eschilo ha un'importanza straordinaria, in quanto ha introdotto il panneggiamento libero, l'eleganza, la magnificenza e la grazia dell'abito principale, mentre prima di lui i Greci seguivano i barbari nell'abbigliamento e non conoscevano il panneggiamento libero. Il dramma musicale greco rappresenta, rispetto a tutta quanta l'arte antica, quel panneggiamento libero. Ogni mancanza di libertà, ogni isolamento delle singole arti viene superato con il dramma: in questi sacrifici solenni dedicati a tutte le arti vengono cantati inni alla bellezza e al tempo stesso all'ardimento. Costrizione unita alla grazia, molteplicità non disgiunta dall'unità, parecchie arti nella loro più alta attività e tuttavia *una sola* opera d'arte: ecco il dramma musicale antico. Chi peraltro, nel considerare quel dramma, si sente richiamato all'ideale dell'odierno riformatore dell'arte, dovrà al tempo stesso confessare che quell'opera d'arte dell'avvenire non è affatto uno splendido, ma illusorio miraggio: ciò che noi speriamo dall'avvenire un tempo fu già realtà, in un passato che è più di duemila anni lontano da noi.

SOCRATE E LA TRAGEDIA

La tragedia greca perì in modo diverso da tutti gli antichi generi d'arte affini: finì tragicamente, mentre tutti quegli altri scomparvero con la morte più bella. Se infatti è conforme a uno stato naturale ideale esalare l'ultimo respiro con una bella discendenza e senza spasimi, la fine di quei generi artistici antichi ci mostra un tale mondo ideale; essi trapassano e si estinguono, mentre già la loro figliolanza più bella leva il capo vigorosamente. Con la morte del dramma musicale greco si produsse invece un enorme vuoto, ovunque e profondamente sentito; si disse che la poesia stessa era andata perduta e si inviarono con scherno nell'Ade gli intristiti, smagriti epigoni, affinché là si saziassero con le briciole dei maestri. E come si esprime Aristofane, si sentì una tale intima e calda nostalgia verso l'ultimo dei grandi morti, come quando qualcuno è colto da un'improvvisa, violenta voglia di crauti.[1] Ma quando poi fiorì realmente un nuovo genere d'arte, che venerava nella tragedia la sua precorritrice e maestra, si poté constatare con terrore che esso portava sì i lineamenti della madre, ma proprio quelli che essa aveva mostrato nella sua lunga lotta con la morte. Questa lotta della tragedia con la morte si chiama Euripide e il posteriore genere artistico è noto come commedia attica nuova. In essa sopravvisse la forma degenerata della tragedia, in memoria della sua dipartita oltremodo laboriosa e violenta.
È nota la straordinaria venerazione in cui Euripide fu tenuto presso i poeti della commedia attica nuova. Uno dei più famosi fra questi, Filemone, dichiarò che si sarebbe lasciato impiccare subito per poter visitare Euripide agli Inferi, purché si fosse convinto che il defunto possedeva ancora vita e intelletto. Quello che peraltro Euripide ha in comune con Menandro e Filemone, e che agiva per questi ultimi in modo così

esemplare, si può sintetizzare con la massima brevità nella formula, che essi avevano portato lo spettatore sulla scena. Prima di Euripide i personaggi erano uomini eroicamente stilizzati, in cui si riconosceva subito la derivazione dagli dèi e dai semidei della tragedia più antica. Lo spettatore vedeva in essi un passato ideale della grecità e insieme la realtà di tutto ciò che viveva anche nella propria anima nei momenti più elevati. Con Euripide penetrò sulla scena lo spettatore, ossia l'uomo della realtà della vita quotidiana. Lo specchio, in cui prima erano stati riflessi solo i tratti grandi e arditi, diventò più fedele e con ciò più volgare. Lo splendido panneggiamento divenne in certo modo più trasparente, la maschera diventò una mezza maschera: le forme della quotidianità si posero in chiara evidenza. Quella immagine autenticamente tipica del Greco, la figura di Odisseo, era stata potenziata da Eschilo nel carattere grandioso, astuto e nobile di Prometeo: tra le mani dei nuovi poeti tale figura si abbassò nella parte dello schiavo domestico, che tanto spesso sta al centro dell'intero dramma quale sfacciato intrigante. Ciò che Euripide si ascrive a merito nelle *Rane* di Aristofane, di aver estenuato con la sua idroterapia l'arte tragica e di avere diminuito la sua pesantezza,[2] si applica anzitutto alle figure degli eroi: in sostanza lo spettatore vedeva e ascoltava sulla scena euripidea il suo proprio sosia, certo avvolto nell'abito sontuoso della retorica. L'idealità si è ritirata nella parola ed è fuggita dal pensiero. Proprio qui tuttavia incontriamo l'aspetto brillante, che salta all'occhio, delle novità euripidee: il popolo ha imparato da lui a parlare; di ciò si vanta egli stesso nella gara con Eschilo: per mezzo suo il popolo sa ora

comportarsi secondo le regole dell'arte, misurare

verso su verso col compasso, osservare, pensare,
guardare,
comprendere, abbindolare, amare, insinuarsi,
sospettare,
negare, ponderare su questo e quello.[3]

Per mezzo suo si è sciolta la lingua alla commedia nuova, mentre sino a Euripide non si sapeva come far parlare sulla scena, in modo decente, la vita quotidiana. Il medio ceto borghese, su cui Euripide fondava le sue speranze politiche, prese ora la parola, dopo che sino a quel momento i maestri della lingua erano stati nella tragedia il semidio e nella commedia antica il Satiro ebbro oppure il semidio.

«Ho rappresentato le cose domestiche, i luoghi
dove viviamo e ci agitiamo,
e in tal modo mi esposi al giudizio, poiché tutti
conoscono queste cose
e hanno giudicato la mia arte».[4]

Anzi egli si vanta:

«io solo ho inoculato a costoro tutt'intorno
una siffatta sapienza, mentre concedevo pensiero
e intendimento all'arte: cosicché qui
ormai ciascuno filosofa e amministra casa, campi
e bestiame
con tanta prudenza quanta mai ha avuto prima;
e sempre riflette e domanda:
Perché? A che scopo? Chi? Dove? Come? Che
cosa?
A che punto è questo, chi mi ha preso quello?».[5]

Fu una massa siffattamente preparata e illuminata, da cui nacque la commedia nuova, quel giuoco di scacchi drammatico con il suo gusto spiccato per i colpi d'astuzia. Per questa commedia nuova Euripide è divenuto in una certa misura l'istruttore del coro; questa volta però era il coro degli *ascoltatori* che doveva impratichirsi. Non appena costoro furono in grado di cantare in modo euripideo, prese inizio il dramma dei giovani signori indebitati, dei vecchi frivoli e bonari, delle etere alla Kotzebue, degli schiavi domestici prometeici. Ma Euripide come istruttore del coro venne incessantemente esaltato; anzi ci si sarebbe ammazzati per imparare ancora da lui qualcosa, se non si fosse saputo che i poeti tragici erano altrettanto morti quanto la tragedia. Con essa peraltro il Greco aveva perduto la fede nella propria immortalità, non solo la fede in un passato ideale, ma anche la fede in un futuro ideale. L'espressione del noto epitaffio «in vecchiaia frivolo e capriccioso» vale anche per la tarda grecità. L'attimo e l'arguzia sono le sue divinità supreme; predomina ora, almeno secondo i sentimenti, il quinto stato, quello dello schiavo.[6]

Nel gettare un tale sguardo retrospettivo, si è esposti alla tentazione di muovere accuse ingiuste, ma roventi, contro Euripide in quanto presunto seduttore del popolo, e di concludere eventualmente con le parole di Eschilo: «Quale male *non* proviene da costui?». Tuttavia, per molti che siano i cattivi influssi fatti derivare da lui, si deve pur sempre tenere per fermo che Euripide agì in perfetta buona fede e che sacrificò grandiosamente tutta la sua vita a un ideale.

Nel modo in cui combatté contro il male enorme che egli credette riconoscere, nel modo in cui come individuo si contrappose a esso con la violenza del suo talento e della sua vita, ancora una volta si manifesta lo spirito eroico dell'epoca antica di Maratona. Si può anzi dire che in Euripide il poeta è diventato un semidio, dopo che quest'ultimo per opera sua era stato bandito dalla tragedia. Peraltro quell'enorme male che egli credette riconoscere, e contro il quale combatté così eroicamente, era la decadenza del dramma musicale. Ma dove Euripide scoprì la decadenza del dramma musicale? Nella tragedia di Eschilo e di Sofocle, dei suoi contemporanei più anziani. Ciò è assai strano. Non si sarà sbagliato? Non sarà stato ingiusto verso Eschilo e Sofocle? Proprio la sua reazione contro la presunta decadenza non era forse il principio della fine? Tutti questi problemi ci si palesano a un tratto. Euripide era un pensatore solitario, per nulla nel gusto della massa allora dominante, presso la quale egli suscitava perplessità come tipo stravagante e accigliato. La fortuna non gli era benigna, tanto poco quanto la folla: e poiché per un poeta tragico di quel tempo era appunto la massa che dava la fortuna, si comprende allora perché durante la sua vita egli abbia raggiunto così raramente l'onore di una vittoria tragica. Che cosa spingeva talmente questo poeta dotato contro la corrente dominante? Che cosa lo distoglieva da una strada percorsa da uomini come Eschilo e Sofocle e illuminata dal sole del favore popolare? Una cosa sola, appunto quella convinzione della decadenza del dramma musicale. Tale convinzione l'aveva acquisita sui banchi degli spettatori nel teatro. Per lungo tempo egli aveva osservato con la massima attenzione, quale abisso si aprisse tra una tragedia e il pubblico ateniese. Ciò che per il poeta era stato la cosa più alta e più difficile non veniva affatto sentito come tale dallo spettatore, bensì come qualcosa di indifferente. Parecchi elementi casuali, non accentuati dal poeta, colpivano la massa con effetto istantaneo. Riflettendo su questa incongruenza tra l'intenzione poetica e l'effetto, egli giunse gradualmente a una forma artistica, la cui legge capitale era: «tutto dev'essere razionale, affinché tutto possa venir compreso». Ogni singolo elemento fu portato ora di fronte al tribunale di questa estetica razionalistica, anzitutto il mito, i caratteri principali, la struttura drammaturgica, la musica corale, e da ultimo e nel modo più deciso il linguaggio. Quello che dobbiamo sentire così frequentemente in Euripide come difetto e regresso poetico, in confronto alla tragedia sofoclea, è il risultato di quell'energico processo critico, di quella temeraria razionalità. Si potrebbe dire che qui compare un esempio di come il recensore possa diventare poeta. Usando la parola «recensore», tuttavia, non ci si deve far determinare dall'impressione di quegli esseri gracili e insolenti, che nelle questioni sull'arte ormai non lasciano più aprir bocca al nostro pubblico. Euripide cercò appunto di fare meglio dei poeti da lui giudicati: e chi non può sostenere le sue parole con l'azione, come invece lui fece, ha poco diritto di farsi udire pubblicamente con la sua critica. Voglio o posso citare qui un solo esempio di quella critica produttiva, sebbene propriamente sarebbe necessario indicare quel punto di vista riguardo a tutte le differenze del dramma euripideo. Niente può essere più contrastante con la nostra tecnica scenica di quanto lo sia il *prologo* in Euripide. Che un singolo personaggio, divinità o eroe, si presenti all'inizio del dramma e racconti chi è, che cosa precede l'azione, che cosa è accaduto finora, e anche che cosa accadrà nel corso del dramma, è un modo di procedere che un poeta drammatico moderno designerebbe addirittura come una proterva rinunzia all'effetto della tensione. Si sa già tutto quello che è accaduto e quello che accadrà. Chi vorrà attendere la fine? Euripide rifletteva in modo del tutto diverso. L'effetto della tragedia antica non era basato mai sulla tensione, sull'eccitante incertezza circa quello che sarebbe avvenuto poi, ma piuttosto su quelle grandi scene di *pathos*, ampiamente costruite, in cui il fondamentale carattere musicale del ditirambo dionisiaco di nuovo risonava possentemente. Peraltro ciò che più fortemente ostacola il godimento di tali scene è un anello mancante, una lacuna nel tessuto dell'antefatto; finché l'ascoltatore deve ancora calcolare che cosa significhi questo o quel personaggio, che senso abbia questa o quella azione, per lui è impossibile immergersi pienamente nei dolori e nelle azioni dei protagonisti, ossia è impossibile la compassione tragica. La tragedia eschileo-sofoclea era per lo più costruita assai ingegnosamente, per dare come per caso in mano allo spettatore, nelle prime scene, tutti i fili necessari alla comprensione; in tale caratteristica si rivelava quella nobile maestria, che per così dire maschera ciò che è necessario e formale. Tuttavia Euripide credette di notare che, durante quelle prime scene, lo spettatore era in particolare agitazione per risolvere il problemino d'aritmetica dell'antefatto, e che per lui andavano perdute le bellezze poetiche dell'esposizione. Perciò egli scrisse un prologo come prospetto e lo fece declamare da un personaggio degno di fiducia, una divinità. Egli poté ormai elaborare più liberamente anche il mito, poiché attraverso il prologo poteva eliminare ogni dubbio riguardo alla *propria* configurazione del mito. Nella piena coscienza di questi suoi vantaggi drammaturgici, Euripide rimprovera Eschilo nelle *Rane* aristofanee:

> «Così mi rivolgerò ai tuoi prologhi,
> per criticare in primo luogo la prima parte della tragedia
> di questo grande spirito!
> Egli è confuso quando parla dei fatti».[7]

Ma ciò che vale per il prologo, vale altresì per il famigerato *deux ex machina*:[8] esso traccia il programma del futuro, come il prologo indica il prospetto del passato. Tra il prologo e l'epilogo epici si trova la realtà drammatico-lirica e il presente.

Euripide è il primo drammaturgo che segua coscientemente un'estetica. Egli cerca intenzionalmente ciò che è più comprensibile: i suoi eroi *sono* realmente così come parlano. E si esprimono anche completamente, mentre i caratteri eschileo-sofoclei sono assai più profondi e più pieni rispetto alle loro parole: propriamente non fanno che balbettare su di sé. Euripide crea le figure e al tempo stesso le scompone: dinnanzi alla sua anatomia non c'è più nulla di nascosto in esse. Se Sofocle disse di Eschilo, che egli faceva il giusto benché inconsciamente, Euripide allora avrebbe avuto l'opinione che Eschilo non faceva il giusto, *poiché* agiva inconsciamente. Ciò che Sofocle *sapeva* in più, rispetto a Eschilo, e di cui si vantava, non era nulla che si trovasse al di fuori del campo delle scaltrezze *tecniche*; nessun poeta dell'antichità era stato in grado, sino a Euripide, di sostenere veramente le sue cose migliori con ragioni estetiche. L'aspetto mirabile di tutto quello sviluppo dell'arte greca consiste infatti proprio in questo, che il concetto, la coscienza, la teoria non si erano ancora manifestati, e che tutto quanto il discepolo poteva apprendere dal maestro si riferiva alla tecnica. E allo stesso modo anche quello che dà per esempio a Thorwaldsen quell'apparenza antica sta nel fatto che egli rifletteva poco, e parlava e scriveva male, nel fatto che non aveva ancora preso coscienza della vera e propria sapienza artistica.

Euripide è avvolto invece da una luce offuscata, peculiare agli artisti moderni: il carattere quasi antigreco della sua arte si può sintetizzare nel modo più breve con il concetto di *socratismo*. «Tutto dev'essere cosciente, per essere bello» è il principio euripideo parallelo a quello socratico «tutto dev'essere cosciente, per essere buono». Euripide è il poeta del razionalismo socratico.

Nell'antichità greca si sentì il collegamento tra questi due nomi, Socrate ed Euripide. In Atene era assai diffusa l'opinione che Socrate aiutasse Euripide a poetare:[9] da ciò si può dedurre con quale finezza si avvertisse nella tragedia euripidea il suono del socratismo. I fautori del «buon tempo antico» solevano pronunciare assieme i nomi di Socrate e di Euripide in quanto corruttori del popolo. È tramandato inoltre che Socrate si asteneva dal frequentare la tragedia, mettendosi fra gli spettatori soltanto quando veniva rappresentato un nuovo dramma di Euripide. I due nomi compaiono accomunati in un senso più profondo nel famoso responso dell'oracolo delfico, che agì in modo così determinante sull'intera visione della vita di Socrate. La sentenza del dio delfico, secondo cui Socrate era il più sapiente degli uomini, conteneva al tempo stesso il giudizio che a Euripide spettasse il secondo premio nella gara della sapienza.[10]

È nota la diffidenza con cui dapprima Socrate accolse il responso del dio. Per vedere dunque se il dio aveva ragione, egli andò in giro presso gli uomini politici, gli oratori, i poeti e gli artisti, allo scopo di riconoscere se non si potesse trovare qualcuno che fosse più sapiente di lui. Ovunque trova giustificata la sentenza del dio: egli vede gli uomini più famosi del suo tempo dominati dalla presunzione e trova che non hanno una giusta coscienza neppure riguardo alla propria attività, bensì la esercitano solo per istinto. «Solo per istinto», questa è la parola d'ordine del socratismo. Mai il razionalismo si è rivelato più ingenuamente che in quella tendenza nella vita di Socrate. Mai gli si è presentato un dubbio sulla giustezza di tutta l'impostazione del problema. «La sapienza consiste nel conoscere» e «non si sa nulla che non si possa esprimere e di cui non si possa convincere altri». Questo pressappoco è il principio della strana e imperiosa attività missionaria di Socrate, che dovette radunare intorno a sé una nube del più nero risentimento, appunto perché nessuno era in grado di attaccare il principio stesso in antitesi a Socrate: a tal fine ci sarebbe stato bisogno di quello che non si possedeva affatto, di quella superiorità socratica nell'arte della discussione, nella dialettica. Dal punto di vista infinitamente approfondito della coscienza germanica quel socratismo appare come un mondo del tutto assurdo; ma si deve ritenere che già ai poeti e agli artisti di quel tempo Socrate apparisse almeno come assai noioso e ridicolo, soprattutto quando con la sua eristica improduttiva faceva valere altresì la serietà e la dignità di una missione divina. I fanatici della logica sono insopportabili come vespe. E ora si immagini, dietro tale intelletto unilaterale, una volontà smisurata, e si pensi alla più personale violenza originaria di un carattere integro, accompagnata da una bruttezza esterna bizzarramente attraente: si comprenderà allora come persino un grande talento quale Euripide proprio per la serietà e la profondità del suo pensiero dovette essere trascinato tanto più inevitabilmente sull'aspro cammino di una creazione artistica *cosciente*. La decadenza della tragedia, quale credette di vedere Euripide, era una fantasmagoria socratica: poiché nessuno sapeva tradurre sufficientemente in concetti e parole la sapienza dell'antica tecnica artistica, Socrate e con lui il sedotto Euripide negarono quella sapienza. A quella «sapienza» indimostrata Euripide contrappose allora l'opera d'arte socratica, senza dubbio ancora sotto l'involucro di numerosi accomodamenti all'opera d'arte dominante. Una generazione posteriore riconobbe giustamente che cos'era l'involucro e che cosa il nocciolo: essa gettò via il primo e dalla crisalide uscì, come frutto del socratismo artistico, il giuoco degli scacchi teatrale, la commedia dell'intrigo.

Il socratismo disprezza l'istinto e quindi l'arte. Esso nega la sapienza proprio là dove si trova la sua sfera più peculiare. In un solo caso lo stesso Socrate ha riconosciuto il potere della sapienza istintiva, e ciò proprio in un modo assai caratteristico. In situazioni particolari, in cui il suo intelletto si faceva dubbioso, egli trovava un saldo sostegno grazie a una voce demonica che si manifestava in modo portentoso. Questa voce, quando viene, *dissuade* sempre. La sapienza inconscia, in quest'uomo del tutto abnorme, leva la sua voce per contrastare qua e là, *ostacolandolo*, l'oggetto della coscienza. Anche qui si manifesta in che misura Socrate appartenesse realmente a un mondo assurdo e rovesciato. In tutte le nature produttive l'inconscio opera appunto creativamente e affermativamente, mentre la coscienza si comporta criticamente e in modo dissuasivo. In lui l'istinto diventa critico, la coscienza diventa creativa.[11]

Il disprezzo socratico per ciò che è istintivo ha spinto un secondo genio – oltre che Euripide – a una riforma dell'arte, e questa volta a una riforma più radicale. Anche il divino Platone, su questo punto, è caduto vittima del socratismo: lui, che nell'arte precedente vedeva soltanto l'imitazione di immagini illusorie, annoverò altresì «la sublime e molto lodata» tragedia – così si esprime – fra le arti adulatorie che sogliono rappresentare unicamente ciò che è piacevole, ciò che lusinga la natura sensibile, e non già ciò che è spiacevole, ma risulta al tempo stesso utile.[12] Egli riaccosta perciò deliberatamente l'arte tragica all'arte dell'abbigliamento e della cucina. Un'arte così molteplice e variopinta è contraria a un carattere assennato, e costituisce invece un'esca pericolosa per un carattere sensibile ed eccitabile: ragione sufficiente, questa, per cacciare i poeti tragici dallo Stato ideale. Per Platone, gli artisti in genere appartengono a un'estensione superflua dell'organismo statale, assieme alle nutrici, alle acconciatrici, ai barbieri e ai pasticcieri. La condanna dell'arte – volutamente aspra e priva di riguardi – ha in Platone qualcosa di patologico: lui, che è giunto a quella concezione unicamente spinto da un furore contro la propria carne, lui, che ha calpestato a favore del socratismo la sua natura profondamente artistica, rivela ora nell'asprezza di quei giudizi, che la più profonda ferita del suo essere non si è ancora rimarginata. La vera capacità creativa del poeta viene per lo più trattata ironicamente da Platone, poiché non fa penetrare coscientemente nell'essenza delle cose, e viene da lui posta sullo stesso piano del talento degli indovini e degli àuguri. Il poeta non è capace di creare, sintanto che non sia colto dall'ispirazione, sintanto che non abbia perduto la coscienza e in lui non si ritrovi più intelletto. A questi artisti «irrazionali» Platone contrappone l'immagine del vero artista, dell'artista filosofico, e dà a intendere, in modo abbastanza chiaro, che egli stesso è l'unico ad avere raggiunto questo ideale e che i suoi dialoghi possono essere letti nello Stato perfetto. L'essenza del dialogo platonico, peraltro, è la mancanza di forma e di stile, prodotta dalla mescolanza di tutte le forme e di tutti gli stili esistenti. Rispetto alla nuova opera d'arte non si doveva soprattutto avere occasione di criticare ciò che, secondo la concezione platonica, co-

stituiva il difetto fondamentale dell'arte precedente. Non doveva trattarsi dell'imitazione di un'immagine illusoria, ossia per il dialogo platonico non doveva esistere, secondo il concetto abituale, nessuna realtà naturale che dovesse essere imitata. Egli ondeggia così fra tutti i generi di arte, fra prosa e poesia, narrazione, lirica e dramma, e d'altronde ha infranto l'antica legge rigorosa della forma linguistica stilisticamente unitaria. Il socratismo giunge a una deformazione ancora più spinta negli scrittori cinici: costoro cercano – con la massima screziatura dello stile e con un ondeggiamento tra forme in prosa e forme metriche – di rispecchiare in qualche modo quell'aspetto esterno di Sileno che era proprio di Socrate, i suoi occhi sporgenti, le sue labbra tumide, il suo ventre cascante.
Chi mai, considerando in tutta la sua portata l'influsso antiartistico – qui soltanto accennato – del socratismo, non darà ragione ad Aristofane, e non approverà ciò che egli fa cantare dal coro?

«Salute a chi *non* vuol sedere
e non vuol parlare accanto a Socrate,
non condanna l'arte delle Muse
e non guarda dall'alto con disprezzo
il culmine della tragedia!
Vana stoltezza è rivolgere
a vuoti discorsi affettati
e ad astratte sottigliezze
un'oziosa diligenza».[13]

La cosa più profonda, peraltro, che poteva essere detta contro Socrate, l'ha detta a lui un sogno. Molto spesso gli veniva in sogno, come racconta in carcere ai suoi amici, una stessa apparizione, che diceva sempre la stessa cosa: «Socrate, datti alla musica!». Socrate d'altro canto si è tranquillizzato sino ai suoi ultimi giorni con l'opinione che la sua filosofia fosse la musica suprema. Alla fine in carcere, per sgravare completamente la sua coscienza, si decise anche a coltivare quella musica «volgare». In realtà mise in versi alcune favole in prosa a lui note; tuttavia io non credo che con questi esercizi metrici egli si sia riconciliato con le Muse.[14]

In Socrate ha preso corpo *uno* degli aspetti della grecità, ossia quella *chiarezza apollinea*, senza alcuna mescolanza estranea: egli appare come un puro e trasparente raggio di luce, in quanto annunziatore e araldo della *scienza* che doveva del pari nascere in Grecia. Ma la scienza e l'arte si escludono a vicenda: da questo punto di vista è significativo che Socrate fosse il primo grande Greco a essere brutto. Del resto tutto in lui è simbolico. Egli è il padre della logica, che presenta nel modo più netto il carattere della scienza; egli è il distruttore del dramma musicale, che aveva raccolto in sé i raggi di tutta l'arte antica.

Distruttore del dramma musicale, egli lo è in un senso assai più profondo di quanto si sia potuto accennare sinora. Il socratismo è più antico di Socrate: il suo influsso dissolvitore sull'arte si fa già notare molto tempo prima. L'elemento peculiare del socratismo – la dialettica – si è insinuato nel dramma musicale già molto tempo prima di Socrate, e ha agito in modo devastatore su quel bel corpo. La corruzione prende lo spunto dal dialogo. Com'è noto, il dialogo non appartiene originariamente alla tragedia, ma si sviluppa solo dopo l'intervento di una coppia di attori, cioè relativamente tardi. Già prima esisteva qualcosa di analogo, nel colloquio tra l'eroe e il corifeo: qui tuttavia la *contesa* dialettica era impossibile, a causa della subordinazione di un personaggio all'altro. Non appena tuttavia si trovarono di fronte due attori principali in una stessa posizione, si manifestò allora, conformemente a un istinto profondamente ellenico, la gara, e precisamente una gara di parole e di argomenti. Il dialogo amoroso, per contro, rimase sempre estraneo alla tragedia greca. Con quella gara si fece appello, nell'animo dell'ascoltatore, a un elemento che sino allora era stato bandito, come nemico dell'arte e odioso alle Muse, dalle sedi solenni delle arti drammatiche: la «cattiva» Eris. La buona Eris dominava già sin dai tempi antichi in tutte le rappresentazioni musicali e in occasione della tragedia faceva comparire tre poeti in gara di fronte al popolo raccolto per giudicare. Ma quando il riflesso della contesa verbale, che proveniva dall'atrio del tribunale, si insinuò anche nella tragedia, sorse allora per la prima volta un dualismo nella natura e nell'effetto del dramma musicale. Da quel momento vi furono parti della tragedia in cui la compassione retrocedeva, di fronte all'evidente piacere suscitato dallo stridore delle armi dialettiche. L'eroe del dramma non poteva soccombere, e quindi ora dovette trasformarsi altresì in eroe della *parola*. Il processo, che aveva preso inizio con la cosiddetta sticomitia, continuò il suo corso e penetrò anche nei discorsi più lunghi degli attori principali. A poco a poco tutti i personaggi cominciarono a parlare con un tale sfoggio di acume, di chiarezza e di perspicuità, che sorge realmente in noi un'impressione complessiva imbarazzante, quando leggiamo una tragedia di Sofocle. Sembra quasi che tutte queste figure periscano non già per l'elemento tragico, bensì per una superfetazione dell'elemento logico. Non si ha che da confrontare quanto diversa sia la dialettica degli eroi di Shakespeare: su tutti i loro pensieri, le loro supposizioni e le loro deduzioni si trovano diffuse una certa bellezza musicale e una certa interiorizzazione, mentre nella tarda tragedia greca domina un dualismo assai sospetto nello stile, per cui la potenza della musica è separata da quella della dialettica. Quest'ultima si avanza sempre più prepotentemente, sino a dire la parola decisiva anche riguardo alla struttura dell'intero dramma. Il processo si conclude con la commedia di intrigo: solo in tal modo viene a essere completamente superato quel dualismo, in conseguenza dell'annientamento totale di uno dei contendenti, cioè della musica.

A tale proposito è assai significativo che tale processo sia giunto alla fine con la *commedia*, mentre aveva preso inizio con la tragedia. La tragedia, sorta dalla profonda fonte della compassione, è nella sua essenza *pessimistica*. In essa l'esistenza è qualcosa di sommamente terribile, l'uomo è qualcosa di sommamente stolto. L'eroe della tragedia non si rivela, come crede l'estetica moderna, nella lotta contro il destino, e altrettanto poco si può dire che egli soffra ciò che merita. Piuttosto, egli si precipita nella sua sventura cieco e con il capo velato: e il gesto desolato e nobile, con cui si erge di fronte a questo mondo di terrore allora riconosciuto, penetra come un aculeo nella nostra anima. La dialettica per contro è *ottimistica* dal profondo del suo essere: essa crede a causa e conseguenza, e perciò crede in un rapporto necessario tra colpa e punizione, tra virtù e felicità; i suoi problemi aritmetici devono risolversi senza resto: essa nega tutto ciò che non può scomporre concettualmente. La dialettica raggiunge continuamente il suo scopo; ogni sillogismo è il suo giubileo, chiarezza e consapevolezza sono la sola aria che essa possa respirare. Quando questo elemento penetra nella tragedia, sorge allora un dualismo come quello tra notte e giorno, tra musica e matematica. L'eroe, che deve difendere i suoi atti con ragioni e controragioni, corre il pericolo di perdere la nostra compassione: infatti l'infelicità, che in seguito tuttavia lo colpisce, dimostra in tal caso soltanto che egli ha sbagliato in qualche modo i suoi calcoli. Ma l'infelicità prodotta da errori di calcolo assomiglia già di più a un motivo comico. Quando il gusto per la dialettica ebbe dissolto la tragedia, sorse la commedia nuova con il suo continuo trionfo della furberia e dell'astuzia.

La coscienza socratica e la sua fede ottimistica nella connessione necessaria tra virtù e sapere, tra felicità e virtù, ha avuto come effetto, in un gran numero di tragedie euripidee, di aprire al termine del dramma una prospettiva su di una gradevole esistenza ulteriore, per lo più attraverso un matrimonio. Non appena il dio appare sulla macchina, noi notiamo che dietro a quella maschera si cela Socrate, il quale cerca di equilibrare sulla sua bilancia felicità e virtù. Tutti conoscono le proposizioni socratiche: «Virtù è sapere: si pecca solo per ignoranza. Il virtuoso è il felice». In queste tre forme fondamentali dell'ottimismo trova la morte la tragedia pessimistica. Già lungo tempo prima di Euripide queste idee hanno contribuito alla dissoluzione della tragedia. Se la virtù è sapere, l'eroe virtuoso deve allora essere un dialettico. Di fronte alla straordinaria piattezza e povertà di un pensiero etico del tutto embrionale, l'eroe che dialettizza eticamente si presenta anche troppo spesso come un araldo della banalità e del filisteismo morale. Si deve avere però il coraggio di ammettere questo, si deve confessare che, a prescindere da Euripide, già le più belle figure della tragedia sofoclea, un'Antigone, un'Elettra, un Edipo, cadono talvolta su un piano di pensieri insopportabilmente banale, e che in ogni caso i caratteri drammatici sono più belli e più grandiosi che non la loro manifestazione in parole. Partendo da questo punto di vista, tanto più favorevole dovrà risultare il nostro giudizio riguardo alla tragedia più antica, di Eschilo: è per questo che Eschilo creò le sue cose migliori senza saperlo. Nella lingua e nel disegno dei caratteri di Shakespeare noi troviamo d'altronde un solidissimo punto di appoggio per tali confronti. In lui si può scoprire una saggezza etica, al cui confronto il socratismo appare alquanto pretenzioso e saccente. Nella mia ultima conferenza ho detto intenzionalmente poco sui limiti della musica nel dramma musicale greco: in rapporto alle suddette osservazioni risulterà comprensibile, che io abbia designato i limiti della musica nel dramma musicale come il punto pericoloso da cui prese inizio il suo processo di dissoluzione. La tragedia perì a causa di una dialettica e di un'etica ottimistiche. Ciò equivale a dire che il dramma musicale perì a causa di una mancanza di musica. La penetrazione del socratismo nella tragedia ha impedito che la musica si fondesse con il dialogo e il monologo, sebbene nella tragedia di Eschilo questo processo fosse stato iniziato con il più grande successo. Un'altra conseguenza fu che la musica, sempre più circoscritta e ridotta a confini ristretti, non si sentì più a suo agio nella tragedia, e cercò di svilupparsi più liberamente e più arditamente, come arte assoluta, al di fuori della tragedia. È ridicolo fare apparire uno spirito di giorno, al momento della colazione, ed è ridicolo pretendere da una Musa così misteriosa e dall'ispirazione così seria, quale è la Musa della musica tragica, che essa canti nell'atrio del tribunale, in un intervallo fra i duelli dialettici. Nel sentimento di questo ridicolo, la musica della tragedia ammutolì, quasi spaventata dal suo inaudito dissacramento, e sempre più di rado ardì far sentire la sua voce. Alla fine essa si smarrisce, canta cose non pertinenti, si vergogna e fugge via dalle sedi del teatro. Per parlare in modo del tutto esplicito:

la fioritura e il culmine del dramma musicale greco sono costituiti da Eschilo nel suo primo grande periodo, prima che egli fosse influenzato da Sofocle: con Sofocle comincia una decadenza graduale, sinché Euripide, con la sua cosciente reazione contro la tragedia eschilea, pone fine al processo con rapidità tempestosa.

Questo giudizio è contrario unicamente a un'estetica diffusa nell'epoca presente: ma in verità si può far valere in suo favore nientemeno che la testimonianza di Aristofane, elettivamente affine come nessun altro genio a Eschilo. Il simile d'altronde è riconosciuto soltanto dal simile.

Come conclusione, una sola domanda. Il dramma musicale è davvero morto, morto per sempre? Realmente i Tedeschi non potranno porre accanto a quella scomparsa opera d'arte del passato nient'altro se non la «grande opera», pressappoco come accanto a Ercole era solita apparire la scimmia? Questa è la più seria domanda della nostra arte, e chi come Tedesco non comprende la serietà di questa domanda è caduto vittima del socratismo dei nostri giorni, che senza dubbio non sa produrre martiri né parla la lingua del «più saggio fra i Greci», che certo non si vanta di non sapere nulla, ma che in verità non sa nulla. Questo socratismo è la stampa odierna: non dico una parola di più.

LA VISIONE DIONISIACA DEL MONDO

I

I Greci, che esprimono e al tempo stesso nascondono la dottrina segreta della loro visione del mondo nei loro dèi, hanno stabilito come duplice fonte della loro arte due divinità, Apollo e Dioniso. Questi nomi rappresentano nel dominio dell'arte dei contrari stilistici, che incedono l'uno accanto all'altro quasi sempre in lotta tra loro, e appaiono fusi una volta soltanto, quando culmina la «volontà» ellenica, nell'opera d'arte della tragedia attica. In due stati, difatti, l'uomo raggiunge il sentimento estatico dell'esistenza, nel *sogno* e nell'*ebbrezza*. La bella illusione del mondo del sogno, dove ogni uomo è artista pieno, è madre di ogni arte figurativa e altresì, come vedremo, di una metà importante della poesia. Noi godiamo in una comprensione immediata della *figura*, tutte le forme ci parlano; non vi è nulla di indifferente e di non necessario. Nella vita suprema di questa realtà di sogno traluce ancora tuttavia il nostro sentimento della sua *illusorietà*; solo quando cessa questo sentimento, si presentano gli effetti patologici, in cui il sogno non ristora più, e cessa la forza naturale risanatrice di quello stato. Entro tale limite non sono tuttavia soltanto le immagini piacevoli e benigne a essere da noi ricercate con quella perspicacia universale in noi stessi: anche ciò che è serio, triste, torbido, oscuro viene contemplato con la stessa gioia, senonché anche qui il velo dell'illusione si muove svolazzando e non può nascondere totalmente le forme fondamentali della realtà. Così, mentre il sogno è il giuoco del singolo uomo[1] con il reale, l'arte dello scultore (in senso ampio) è il *giuoco con il sogno*. La statua come blocco di marmo è qualcosa di assai reale, ma la realtà della statua *in quanto figura di sogno* è la persona vivente del dio. Sintanto che la statua rimane di fronte agli occhi dell'artista come immagine fantastica, egli giuoca ancora con il reale: se traduce questa immagine nel marmo, egli giuoca con il sogno. Orbene, in quale senso *Apollo* poteva essere considerato come il dio dell'*arte*? Solo in quanto è il dio delle rappresentazioni di sogno. Egli è in tutto e per tutto il «risplendente»: nella sua radice più profonda è il dio del sole e della luce, che si manifesta nel fulgore. La «bellezza» è il suo elemento: a lui si accompagna la gioventù eterna. Ma anche la bella illusione del mondo del sogno è il suo dominio: la verità superiore, la perfezione di questi stati in antitesi alla realtà diurna lacunosamente comprensibile lo innalzano a dio vaticinante, ma altrettanto sicuramente a dio artistico. Il dio della bella illusione dev'essere al tempo stesso il dio della conoscenza vera. Quel tenue confine, peraltro, che l'immagine di sogno non può oltrepassare, se non vuol agire patologicamente là dove la parvenza non soltanto illude ma inganna, non può mancare nell'essenza di Apollo: quella delimitazione piena di misura, quella libertà dai moti più selvaggi, quella saggezza e quiete del dio plastico. Il suo occhio dev'essere «solarmente»[2] calmo: su di esso, anche quando si adira e guarda di malumore, sta la consacrazione della bella parvenza.

L'arte dionisiaca per contro si fonda sul giuoco con l'ebbrezza, con il rapimento. Sono soprattutto due forze, che portano l'ingenuo uomo naturale all'oblio di sé nell'ebbrezza, ossia l'impulso primaverile e la bevanda narcotica. I loro effetti sono simboleggiati nella figura di Dioniso. In entrambi gli stati viene spezzato il *principium individuationis*, l'elemento soggettivo svanisce completamente di fronte alla violenza prorompente dell'elemento generalmente umano, anzi universalmente naturale. Le feste di Dioniso non solo stringono il legame tra uomo e uomo, ma riconciliano anche uomo e natura. Spontaneamente la terra offre i suoi doni e gli animali più feroci si avvicinano pacificamente: il carro di Dioniso, incoronato di fiori, è tirato da pantere e da tigri. Tutte le divisioni di casta, stabilite tra gli uomini dalla necessità e dall'arbitrio, scompaiono: lo schiavo è uomo libero, il nobile e l'uomo di basse origini si riuniscono nei medesimi cori bacchici. Il vangelo dell'«armonia universale» si aggira da un luogo a un altro in schiere sempre più numerose: cantando e danzando, l'uomo si manifesta come membro di una comunità superiore e più ideale; ha disimparato a camminare e a parlare. C'è di più: egli si sente preda di un incantesimo ed è realmente diventato qualcosa di differente. Come gli animali parlano e la terra dà latte e miele, così anche risuona da lui qualcosa di soprannaturale. Egli sente se stesso come dio, e quello che altrimenti viveva solo nella sua immaginazione, ora egli lo sente in se stesso. Che cosa sono ora per lui i ritratti e le statue? L'uomo non è più artista: è diventato opera d'arte, si aggira ora in estasi e in alto, così come in sogno vide aggirarsi gli dèi. Si rivela qui il potere artistico della natura, non più quello di un solo uomo: un'argilla più nobile, un marmo più prezioso vengono qui plasmati e sgrossati, ossia l'uomo. Quest'uomo formato dall'artista Dioniso sta rispetto alla natura nello stesso rapporto in cui la statua sta rispetto all'artista apollineo.[3]

Se dunque l'ebbrezza è il giuoco della natura con l'uomo, la creazione dell'artista dionisiaco è allora il giuoco con l'ebbrezza. Questo stato, se non lo si è sperimentato personalmente, lo si può intendere solo simbolicamente: è qualcosa di simile a quando si sogna e al tempo stesso si avverte che il sogno è appunto un sogno. Il seguace di Dioniso deve così trovarsi nell'ebbrezza e al tempo stesso stare fuori di sé come un osservatore in agguato. La maestria artistica dionisiaca non si rivela in un'alternanza di assennatezza e di ebbrezza, bensì nella loro coesistenza.

Questa coesistenza caratterizza il punto culminante della grecità: in origine soltanto Apollo è il dio ellenico dell'arte, e fu la sua potenza ad ammansire Dioniso che veniva all'assalto dall'Asia, al punto che fra essi poté sorgere la più bella lega fraterna. Qui si può comprendere con la massima facilità l'incredibile idealismo della natura ellenica: un culto naturale, che presso gli Asiatici significava lo scatenamento più rozzo degli istinti inferiori, una vita animalesca pansessuale, che per un determinato tempo spezzava tutti i vincoli sociali, diventò presso di loro una festa di redenzione del mondo, un giorno di trasfigurazione. Tutti gli impulsi sublimi del loro essere si manifestarono in questa idealizzazione dell'orgia.

Mai tuttavia la grecità aveva corso un pericolo più grande che all'approssimarsi tempestoso del nuovo dio. D'altro canto, mai la sapienza di Apollo delfico si mostrò in una luce più bella. Dapprima Apollo, ricalcitrante, avvolse il possente avversario con la più sottile delle reti, cosicché quest'ultimo quasi non si accorse di andare in giro come prigioniero a metà. Quando la classe sacerdotale di Delfi ebbe indovinato il profondo influsso del nuovo culto sui processi rigenerativi della società e lo ebbe favorito in conformità ai suoi fini politico-religiosi, quando l'artista apollineo ebbe imparato con avveduta moderazione dall'arte rivoluzionaria dei culti bacchici, quando infine il dominio annuale nell'ordinamento delfico del culto fu spartito tra Apollo e Dioniso, allora entrambi gli dèi uscirono si può dire come vincitori dalla loro gara: una conciliazione sul campo di battaglia. Se si vuol vedere con piena chiarezza, con quale violenza l'elemento apollineo sottomise l'aspetto irrazionalmente soprannaturale di Dioniso, si pensi al fatto che nel periodo antico della musica il γένος διθυραμβικόν era al tempo stesso l'ἡσυχαστικόν. Quanto più possentemente poi crebbe lo spirito artistico apollineo, tanto più liberamente si sviluppò il dio fratello Dioniso: nello stesso tempo in cui lo spirito apollineo giunse a una visione piena, per così dire immobile della bellezza, nell'epoca di Fidia, Dioniso interpretò nella tragedia gli enigmi e i terrori del mondo, ed espresse nella musica tragica il più intimo pensiero della natura, la trama della «volontà» entro e al di sopra di tutte le apparenze.

Se la musica è anche arte apollinea, allora a rigore è soltanto il ritmo a sviluppare la sua forza *figurativa*, per la rappresentazione di stati apollinei: la musica di Apollo è architettura in suoni, precisamente in suoni appena accennati, quali appartengono alla cetra. Viene cautamente tenuto lontano proprio l'elemento che costituisce il carattere della musica dionisiaca, anzi della musica in generale, ossia la forza sconvolgente del suono e il mondo assolutamente incomparabile dell'armonia. Per quest'ultima il Greco aveva la più fine sensibilità, come dobbiamo desumere dalla rigorosa caratterizzazione delle *tonalità*, anche se il bisogno di un'armonia *realizzata*, realmente risonante, era presso di loro assai minore che nel mondo moderno. Nella successione armonica, e già nella sua semplificazione – la cosiddetta melodia – la «volontà» si manifesta in modo del tutto immediato, senza essere entrata precedentemente in una apparenza. Ogni individuo può servire come simbolo, per così dire come caso singolo per una regola generale. Viceversa poi l'artista dionisiaco renderà immediatamente comprensibile l'essenza di ciò che appare: egli domina anzi sul caos della volontà che non ha ancora acquistato una figura, e da ciò in ogni momento creativo può produrre un mondo nuovo, *ma altresì* quello antico, noto come apparenza. In quest'ultimo senso egli è un musicista tragico. Nell'ebbrezza dionisiaca, nell'infuriare tumultuoso di tutte le tonalità dell'anima a causa dell'eccitazione narcotica oppure nello scatenamento degli impulsi primaverili, la natura si manifesta nella sua forza suprema: essa lega di nuovo assieme i singoli esseri e fa che si sentano unificati; a questo modo il *principium individuationis* appare come un permanente stato di debolezza della volontà. Quanto più la volontà è intristita, tanto più tutto si frantuma nella singolarità; quanto più egoisticamente l'individuo si sviluppa, tanto più debole è l'organismo cui esso serve. In quegli stati si manifesta come un carattere sentimentale della natura, un «sospiro della creatura» per quello che ha perduto. Dal sommo della gioia risuona il grido del terrore, lo struggente lamento per una perdita irreparabile.[4] La natura rigogliosa celebra i suoi Saturnali e al tempo stesso i suoi riti funebri. Gli affetti dei suoi sacerdoti sono mescolati nel modo più mirabile, i dolori suscitano piacere, il giubilo strappa al petto accenti strazianti. Il dio, ὁ λύσιος, ha liberato ogni cosa da se stessa, ha trasformato tutto. Il canto e la mimica di masse così eccitate, in cui la natura si presentava come voce e come movimento, era qualcosa di assolutamente nuovo e inaudito per il mondo greco-omerico; c'era qualcosa di orientale che anzitutto esso, con la sua enorme forza ritmica e figurativa, doveva dominare, e del resto dominò, nello stesso tempo in cui dominò lo stile dei templi egiziani. Fu il popolo apollineo a incatenare con la bellezza quell'istinto strapotente: esso ha sottoposto al giogo gli elementi più pericolosi della natura, le sue bestie più feroci. Si ammira al massimo la potenza idealistica della grecità, quando si confronta la sua spiritualizzazione delle feste di Dioniso con quello che è sorto presso altri popoli dalla stessa origine. Feste simili sono antichissime e rintracciabili ovunque: le più famose si ritrovano a Babilonia, sotto il nome di Sacee. Qui, in feste che duravano cinque giorni, ogni vincolo statale e sociale veniva spezzato; il nucleo di esse peraltro stava nella sfrenatezza sessuale, nell'annientamento di ogni legame familiare attraverso una illimitata dissolutezza. L'antitesi a ciò è offerta dal quadro delle feste greche di Dioniso, che Euripide traccia nelle *Baccanti*; da questo quadro spira la stessa leggiadria, la stessa ebbrezza musicale di trasfigurazione, che Scopa e Prassitele hanno tradotto in scultura. Un messaggero racconta di essere salito con le greggi, nella calura meridiana, sulle cime dei monti: è il momento giusto e il luogo giusto, per vedere ciò che mai si vede; ora Pan dorme, ora il cielo è lo sfondo immoto di un fulgore, ora il giorno *fiorisce*. Su un prato montano il messaggero scorge tre cori di donne, distese qua e là sul terreno e piene di contegno; molte donne sono appoggiate a tronchi di abete. Tutte sonnecchiano. All'improvviso la madre di Penteo comincia a esultare, il sonno è scacciato, tutte saltano su – un modello di nobili costumi – le giovani fanciulle e le donne sciolgono i capelli sulle spalle; la pelle di capriolo viene riordinata se nel sonno i nastri e i fiocchi si sono sciolti. Ci si cinge con serpenti, che familiarmente lambiscono le gote; alcune donne prendono in braccio lupacchiotti e giovani caprioli, e li allattano. Tutte si adornano con corone d'edera e fiori di convolvolo; un colpo di tirso sulle rocce e l'acqua sgorga fuori; un colpo con il bastone sul terreno e sale uno zampillo di vino. Dolce miele gocciola dai rami;

quando qualcuno tocca il terreno solo con la punta delle dita, salta fuori latte bianco come neve.[5] – È tutto un mondo incantato, la natura celebra la sua festa di riconciliazione con l'uomo. Il mito dice che Apollo ha di nuovo ricomposto Dioniso sbranato. Tale è l'immagine di Dioniso rigenerato da Apollo, salvato dalla sua lacerazione asiatica.

2

Nella perfezione in cui già ci si presentano in Omero, gli dèi greci non possono certo intendersi come prodotti della necessità e del bisogno: tali esseri sicuramente non sono stati inventati da un animo scosso dall'angoscia. Non è per ritrarsi dalla vita, che una geniale fantasia ha proiettato nel vuoto le loro immagini. Attraverso queste parla una religione della vita, non già una religione del dovere o dell'ascetismo o della spiritualità. Tutte queste figure esprimono il trionfo dell'esistenza, un rigoglioso sentimento di vita accompagna il loro culto. Esse non pretendono: in loro è divinizzato ciò che sussiste, sia esso buono o cattivo. Confrontata alla serietà, alla santità e al rigore di altre religioni, la religione greca corre il pericolo di essere sottovalutata come un divertimento fantastico – nel caso in cui non ci si rappresenti un tratto di profondissima sapienza, spesso disconosciuto, mediante cui quella realtà epicurea degli dèi d'improvviso appare come una creazione dell'incomparabile popolo di artisti, e quasi come la sua suprema creazione. È la filosofia del *popolo*, quella svelata ai mortali dall'incatenato dio silvano: «la cosa migliore è di non esistere, e la migliore dopo questa è di morire presto». È questa stessa filosofia che costituisce lo sfondo di quel mondo di dèi. Il Greco conosceva i terrori e le atrocità dell'esistenza, ma li velò per potere vivere: una croce nascosta tra le rose, secondo il simbolo di Goethe. Quel fulgente mondo olimpico ha affermato il suo dominio soltanto perché l'oscuro governo della μοῖρα, che determina per Achille la morte precoce e per Edipo le nozze orrende, doveva venir nascosto attraverso le risplendenti figure di Zeus, di Apollo, di Hermes eccetera. Se qualcuno avesse tolto di mezzo l'*illusione* artistica di quel *mondo intermedio*, si sarebbe dovuto seguire la sapienza del dio silvano, del seguace *dionisiaco*. Fu tale stato di necessità, onde il genio artistico di questo popolo ha creato tali dèi. Perciò una teodicea non fu mai un problema ellenico: ci si guardò dall'addossare agli dèi l'esistenza del mondo, e quindi la responsabilità per la sua configurazione. Anche gli dèi sono sottomessi all'ἀνάγκη: questo è un riconoscimento della più rara sapienza. Vedere la propria esistenza – quale si presenta – in uno specchio trasfigurante, e difendersi con questo specchio dalla Medusa, ecco la strategia geniale della «volontà» ellenica, in generale per poter vivere. Come avrebbe infatti potuto sopportare altrimenti l'esistenza quel popolo infinitamente sensibile, così splendidamente recettivo al *dolore*, se tale esistenza non gli si fosse rivelata, avvolta da una gloria superiore, nei suoi dèi? Lo stesso impulso che trae alla vita l'arte, in quanto integrazione e compimento che inducono a continuare la vita, fece sorgere altresì il mondo olimpico, un mondo della bellezza, della quiete, del godimento.

Sotto l'influsso di una tale religione, la vita viene intesa nel mondo omerico come qualcosa in sé desiderabile: la vita cioè nel chiaro splendore solare di tali dèi. Il *dolore* degli uomini omerici si riferisce alla dipartita da questa esistenza, soprattutto a una precoce dipartita: quando in genere si leva un lamento, questo risuona per «Achille dalla breve vita», per i rapidi mutamenti della stirpe umana, per la scomparsa dell'epoca eroica. Non è indegno dei più grandi eroi il desiderare ardentemente una lunga vita, sia pure come salariati. Mai la «volontà» si è espressa più apertamente che nella grecità, il cui lamento è ancora un canto di lode per la volontà. Perciò l'uomo moderno si strugge per quell'epoca in cui egli crede di avvertire la piena consonanza tra natura e uomo; perciò la grecità è la parola risolutiva per tutti coloro che vanno cercando fulgidi modelli per la loro cosciente affermazione della volontà; perciò infine è sorto dalle mani di sensuali scrittori il concetto di «serenità greca», cosicché in modo irriverente una vita dissoluta di fannulloni osa giustificarsi, anzi innalzarsi, con la parola «greco».

In tutte queste rappresentazioni che da quanto è più nobile si sviano in quanto è più volgare, la grecità è intesa in modo troppo rozzo e semplice, e in un certo senso è stata raffigurata secondo l'immagine di nazioni non ambigue, per così dire unilaterali (per esempio i Romani). Tuttavia il bisogno di illusione artistica dovrebbe essere supposto altresì nella visione del mondo di un popolo che suole trasformare in oro tutto ciò che tocca. In questa visione del mondo noi troviamo del resto realmente, come già si è accennato, un'enorme illusione, la stessa illusione di cui la natura si serve così regolarmente per raggiungere i suoi scopi. Il vero scopo viene coperto da un'immagine illusoria: tendiamo le mani verso questa, e la natura raggiunge quello attraverso il nostro errore. Nei Greci la volontà volle intuire se stessa trasfigurata in opera d'arte: per glorificarsi, le sue creature dovettero sentire se stesse come degne di glorificazione, dovettero rivedere se stesse in una sfera superiore, sollevate per così dire in una sfera ideale, senza che questo mondo perfetto dell'intuizione agisse come imperativo o come rimprovero. Questa è la sfera della bellezza, dove essi contemplano le loro immagini in uno specchio, gli dèi olimpici. Con quest'arma la volontà ellenica lottò contro il talento, correlativo a quello artistico, del *dolore* e della sapienza del dolore. Da questa lotta e come monumento della *vittoria* di questa volontà è nata la tragedia.[6]

L'*ebbrezza* del *dolore* e il *bel sogno* hanno i loro differenti mondi divini: la prima penetra con l'onnipotenza del suo essere nei pensieri più intimi della natura, riconosce il terribile impulso all'esistenza e al tempo stesso la morte continua di tutto ciò che entra nell'esistenza; gli dèi che essa crea sono buoni e cattivi, rassomigliano al caso, incutono terrore con una sistematicità che si manifesta all'improvviso, sono spietati e privi di gusto per il bello. Essi sono parenti della verità e si avvicinano al concetto: raramente e difficilmente assumono una figura. Il contemplarli pietrifica: come si potrebbe vivere con loro? Ma non lo si deve: questa è la loro dottrina.

Da questo mondo divino, se non lo si poteva velare totalmente come un segreto degno di punizione, si doveva distogliere lo sguardo mediante la splendente creazione di sogno – posta al suo fianco – del mondo olimpico: tanto più in alto perciò si infiammano i colori di quest'ultimo e tanto più sensuali diventano le sue figure, quanto più fortemente si fa valere la verità o il simbolo di essa. Mai però la lotta tra verità e bellezza fu più grande che durante l'invasione del culto di Dioniso: in esso la natura si svelava e parlava con terrificante chiarezza del suo segreto, ossia con il *suono*, di fronte al quale la seducente illusione quasi perdette il suo potere. Questa sorgente sgorgava in

Asia, ma in Grecia dovette diventare fiume, poiché qui per la prima volta trovò ciò che in Asia non le era stato offerto, la più eccitabile sensibilità e recettività al dolore, accoppiate alla più sottile perspicacia e riflessione. Come poté Apollo salvare la grecità? Il nuovo venuto fu accolto nel mondo della bella illusione, nel mondo degli dèi olimpici: a lui furono sacrificati molti onori spettanti alle più ragguardevoli divinità, per esempio a Zeus e ad Apollo. Non si sono mai fatti tanti complimenti con un forestiero; per di più era anche un forestiero terribile (*hostis* in ogni senso), abbastanza possente da demolire la casa che l'ospitava. In tutte le forme della vita cominciò una grande rivoluzione: ovunque penetrò Dioniso, anche nell'arte.

La contemplazione, la bellezza e l'illusione circoscrivono la sfera dell'arte apollinea: si tratta del mondo trasfigurato dell'occhio, che crea artisticamente nel sogno, con le palpebre abbassate. Anche la poesia *epica* vuol condurci a questo stato di sogno: non dobbiamo veder nulla con gli occhi aperti e dobbiamo pascerci delle immagini interiori, alla cui produzione cerca di stimolarci il rapsodo con i suoi concetti. L'effetto delle arti figurative viene qui raggiunto attraverso una strada più lunga: mentre lo scultore ci conduce, con il suo marmo sgrossato, verso il dio *vivente*, da lui contemplato in sogno, in modo tale che la figura – la quale propriamente si presenta come τέλος – diventa chiara tanto per lo scultore quanto per lo spettatore, e il primo conduce il secondo a seguirlo nella contemplazione attraverso la *figura mediatrice* della statua, il poeta epico invece, che pure vede la stessa figura vivente e vuole anch'egli presentarla all'intuizione di altri, non pone tra sé e gli uomini alcuna statua, ma piuttosto racconta in che modo quella figura dimostra la propria vita con movimenti, suoni, parole e azioni, e ci costringe a ricondurre una grande quantità di effetti alla loro causa, obbligandoci a una composizione artistica. Egli ha raggiunto il suo scopo, quando vediamo chiaramente di fronte a noi la figura, o il gruppo, o l'immagine, ossia quando ci comunica quello stato di sogno in cui egli stesso ha anzitutto prodotto quelle rappresentazioni. La spinta a creare *plasticamente*, impressa dalla poesia epica, dimostra come la lirica sia assolutamente diversa dall'epica, poiché la prima non tende mai a formare immagini. L'elemento comune tra le due è soltanto qualcosa di materiale, la parola, e ancor più generalmente il concetto. Quando parliamo di poesia, non intendiamo una categoria che sia coordinata con l'arte figurativa e con la musica, ma intendiamo piuttosto un conglomerato di due mezzi artistici in sé totalmente diversi, l'uno dei quali indica una strada verso l'arte figurativa, e l'altro una strada verso la musica: entrambi sono però soltanto *vie* che conducono alla creazione artistica, e non già arti. In questo senso, naturalmente, anche la pittura e la scultura sono soltanto mezzi artistici: la vera arte è il poter creare immagini, non importa poi che si tratti di una creazione primitiva oppure indotta. Su questa qualità, che è universalmente umana, si fonda l'*importanza* dell'arte *per la cultura*. L'artista – come colui che con strumenti artistici costringe all'arte – non può essere al tempo stesso l'organo assorbente della comunicazione artistica.

Il culto figurativo della *civiltà* apollinea, sia che questa si manifestasse in un tempio, in una statua oppure nell'*epos* omerico, trovò uno scopo sublime nell'esigenza etica della *misura*, che corre parallela all'esigenza estetica della bellezza. La misura stabilita come esigenza è possibile solo nel caso in cui la misura, il limite siano considerati *conoscibili*. Per mantenere i propri limiti, li si deve conoscere: di qui l'esortazione apollinea γνῶθι σεαυτόν. Ma il solo specchio in cui il Greco apollineo poteva vedere, cioè riconoscere se stesso, era il mondo degli dèi olimpici: qui peraltro egli riconosceva la sua essenza più peculiare, avvolta dalla bella illusione del sogno. La misura, sotto il cui giogo si moveva il nuovo mondo di dèi (di fronte al mondo abbattuto dei Titani), era quella della bellezza: il limite che il Greco doveva mantenere era quello della bella illusione. Il fine più intimo di una cultura rivolta all'illusione e alla misura può certo essere soltanto quello di velare la verità. L'instancabile indagatore al servizio della verità, così come il tracotante Titano, viene richiamato con l'ammonizione del μηδὲν ἄγαν. Con Prometeo viene mostrato alla grecità un esempio di come un eccessivo avanzamento della conoscenza umana agisca in modo ugualmente rovinoso per chi promuove tale avanzamento e per chi ne usufruisce. Chi con la sua sapienza vuol sostenersi di fronte al dio, deve, come dice Esiodo, μέτρον ἔχειν σοφίης.

In un mondo così costruito e artificiosamente difeso penetrò allora il suono estatico della festa di Dioniso, dove tutto l'*eccesso* della natura in gioia, dolore e conoscenza si manifestò in uno stesso tempo. Tutto quello che sino allora valeva come limite e come determinazione di misura si dimostrò a quel punto una artificiosa illusione: l'«eccesso» si svelò come verità. Per la prima volta il canto popolare demonicamente affascinante mugghiò in tutta l'ebrietà di un sentimento strapotente: che cosa significava in contrario il salmodiante artista di Apollo, con gli accordi timidamente accennati della sua κιθάρα? Ciò che prima si era trapiantato entro una casta, nelle corporazioni poetico-musicali, e al tempo stesso era stato isolato da ogni partecipazione profana, ciò che doveva mantenersi, con la violenza del genio apollineo, al livello di una semplice architettonica, ossia l'elemento musicale, si spogliò ora di ogni costrizione: la ritmica, che prima si era mossa soltanto nella più semplice scansione, sciolse le sue membra nella danza baccantica: risonò la *voce strumentale*, non più spettralmente attenuata come prima, ma mille volte potenziata dalla massa e accompagnata dalle basse risonanze degli strumenti a fiato. E la cosa più misteriosa si realizzò: venne allora al mondo l'armonia, che nel suo movimento fa immediatamente comprendere la volontà della natura. In compagnia di Dioniso si fecero ormai udire cose che nel mondo apollineo stavano artificiosamente nascoste: tutto il fulgore degli dèi olimpici impallidì dinnanzi alla sapienza di Sileno. Un'arte che nella sua ebbrezza estatica diceva la verità scacciò le Muse delle arti dell'illusione; nell'oblio di sé degli stati dionisiaci perì l'individuo con i suoi limiti e le sue misure: era imminente un crepuscolo degli dèi.

Qual era la mira della volontà, che pure in definitiva è unitaria, nel concedere un accesso, contro la propria creazione apollinea, agli elementi dionisiaci?

Ciò riguardava una nuova e superiore μηχανή dell'esistenza, ossia la nascita del pensiero *tragico*.

3

L'estasi dello stato dionisiaco, con il suo annientamento delle barriere e dei limiti abituali dell'esistenza, contiene nel suo perdurare un elemento *letargico*, in cui si immerge tutto ciò che è stato vissuto nel passato. Attraverso questo abisso dell'oblio si dividono così l'uno dall'altro il mondo della realtà quotidiana e quello della realtà dionisiaca. Ma non appena quella realtà quotidiana rientra di nuovo nella coscienza, viene sentita come tale con *disgusto*: il frutto di quelle esperienze è uno stato d'animo *ascetico*, negatore della volontà. Ciò che è dionisiaco viene contrapposto nel pensiero come un ordine superiore del mondo a un ordine volgare e dappoco: il Greco voleva una fuga assoluta da questo mondo della colpa e del destino. Difficilmente si dava pace con un mondo dopo la morte: la sua brama andava più in alto, al di là degli dèi; egli negava l'esistenza assieme al suo variopinto, luccicante rispecchiamento negli dèi. Nella consapevolezza del risveglio dall'ebbrezza, egli vede ovunque l'atrocità o l'assurdità dell'esistenza umana. Ciò gli dà la nausea. Ora egli comprende la sapienza del dio silvano.

Qui viene raggiunto il confine più pericoloso che la volontà ellenica potesse permettersi con il suo principio fondamentale apollineo-ottimistico. Qui tale volontà agì subito con la sua naturale forza risanatrice, per far ripiegare nuovamente quello stato d'animo negatore: i suoi strumenti furono l'opera d'arte tragica e l'idea tragica. Non poteva assolutamente avere l'intenzione di mitigare, o addirittura di reprimere lo stato dionisiaco: una sottomissione diretta era impossibile, e quand'anche fosse stata possibile, era troppo pericolosa, poiché quell'elemento, trattenuto nella sua effusione, si sarebbe aperto altrove una strada e sarebbe penetrato in tutte le arterie vitali.

Si trattava anzitutto di trasformare quei pensieri di disgusto per l'atrocità e l'assurdità dell'esistenza in rappresentazioni con cui si potesse vivere: queste sono il *sublime*[7] in quanto soggiogamento artistico dell'atroce, e il *ridicolo* in quanto scaricarsi artistico dal disgusto per l'assurdo. Questi due elementi intrecciati assieme vengono riuniti in un'opera d'arte che imita l'ebbrezza, che giuoca con l'ebbrezza.

Il sublime e il ridicolo costituiscono un passo al di là del mondo della bella illusione, poiché in entrambi i concetti viene sentita una contraddizione. D'altro canto essi non coincidono affatto con la verità: sono un velame della verità, il quale è bensì più trasparente della bellezza, ma risulta pur sempre un velame. In questi concetti noi troviamo dunque un *mondo intermedio* tra bellezza e verità, dove è possibile riunire Dioniso e Apollo. Questo mondo si rivela in un giocare con l'ebbrezza, non già nell'essere completamente assorbiti da essa. Nell'attore noi riconosciamo l'uomo dionisiaco, il poeta, il cantore, il danzatore istintivo, in quanto però uomo dionisiaco *rappresentato*. L'attore cerca di raggiungere questo modello nella commozione della sublimità, o anche in uno scoppio di risa: egli va oltre la bellezza e tuttavia non cerca la verità. Rimane sospeso a eguale distanza dalle due. Egli non tende alla bella parvenza, bensì all'illusione, non tende alla verità, bensì alla *verosimiglianza*. (Simbolo, segno della verità). Dapprima l'attore non era naturalmente un isolato: doveva piuttosto venir presentata la massa dionisiaca, cioè il popolo. Di qui il coro ditirambico. Giocando con l'ebbrezza, l'attore stesso, come anche il coro circostante degli spettatori, doveva per così dire scaricarsi dell'ebbrezza. Dal punto di vista del mondo apollineo, la grecità era qualcosa che si doveva *risanare* ed *espiare*: Apollo, il vero dio della salute e dell'espiazione, salvò il Greco dall'estasi *chiaro*veggente e dal disgusto per l'esistenza, mediante l'opera d'arte del pensiero tragico e comico.

Il nuovo mondo dell'arte, quello del sublime e del ridicolo, quello della «verosimiglianza», si fondava su un'intuizione degli dèi e del mondo differente dalla concezione anteriore della bella parvenza. La conoscenza degli orrori e dell'assurdità dell'esistenza, di un ordine turbato e di una sistematicità irrazionale, e in generale la conoscenza del più mostruoso *dolore* in tutta quanta la natura aveva svelato le figure – nascoste così ingegnosamente – della Moira e delle Erinni, di Medusa e di Gorgona: gli dèi olimpici correvano il massimo pericolo. Con l'opera d'arte tragica e comica essi furono salvati, venendo immersi a loro volta nel mare del sublime e del ridicolo: essi cessarono di essere soltanto «belli», e assorbirono per così dire in se stessi quell'antico ordinamento di dèi e la sua sublimità. Si separarono ormai in due gruppi (soltanto pochi rimasero sospesi in una posizione intermedia), da un lato come divinità sublimi e d'altro lato come divinità ridicole. Soprattutto Dioniso ricevette quella duplice natura.

Due tipi di uomini, cioè Eschilo e Sofocle, mostrano nel modo migliore come oggi si potrebbe rivivere il periodo tragico della grecità. Al primo, come pensatore, il sublime si presenta soprattutto nella forma di una grandiosa giustizia. Per lui, uomo e dio stanno in una strettissima comunione soggettiva: la divinità, la giustizia, la moralità e la *felicità* sono per lui intrecciate assieme in modo unitario. L'individuo, uomo o Titano, viene pesato su questa bilancia. Gli dèi sono ricostruiti in base a questa norma di giustizia. Così, per esempio, la credenza popolare in un demone che acceca e seduce alla colpa – un residuo di quel primordiale mondo divino, detronizzato dagli dèi olimpici – viene corretta, poiché questo demone viene trasformato in uno strumento nella mano di Zeus e della sua giusta punizione. Il pensiero altrettanto primordiale – e del pari estraneo agli dèi olimpici – della maledizione di una stirpe viene spogliato di tutta la sua crudezza, poiché per Eschilo l'individuo non è spinto al delitto da una *necessità*, e chiunque può liberarsene.

Mentre Eschilo trova il sublime nella superiorità della giustizia olimpica, Sofocle lo scopre invece – in modo sorprendente – nell'imperscrutabilità della giustizia olimpica. Su tutti i punti egli ricostituisce la prospettiva popolare. Il non meritare un destino orrendo sembrava a lui qualcosa di sublime e gli enigmi veramente insolubili dell'esistenza umana ispirarono la sua Musa tragica. La sofferenza trova in lui la sua trasfigurazione e viene concepita come qualcosa di santificante. Il distacco tra l'umano e il divino è incommensurabile; è quindi conveniente la più profonda sottomissione e rassegnazione. La vera virtù è la σωφροσύνη, propriamente una virtù negativa. L'umanità eroica è la più nobile umanità, priva di quella virtù: il suo destino dimostra quell'abisso invalicabile. Non esiste la *colpa*, ma soltanto una mancanza di conoscenza sul valore dell'uomo e sui suoi limiti.

Questo punto di vista è in ogni caso più profondo e più interiore di quello eschileo, si avvicina notevolmente alla verità dionisiaca e la esprime senza molti simboli: ciò nonostante, ritroviamo qui il principio etico di Apollo intrecciato con la visione dionisiaca del mondo. In Eschilo, il disgusto si risolve nel brivido sublime di fronte alla sapienza dell'ordine cosmico, che è *difficilmente* riconoscibile solo per la debolezza dell'uomo. In Sofocle, questo brivido è ancora più violento, poiché quella sapienza è del tutto insondabile. È questo lo schietto stato d'animo della devozione priva di lotta, mentre la devozione eschilea ha continuamente il compito di giustificare la giustizia divina e si trova perciò sempre di fronte a nuovi problemi. Il «confine dell'uomo», che Apollo comanda di cercare, è per

Sofocle riconoscibile, ma è più stretto e più limitato di quello inteso nell'epoca predionisiaca di Apollo. Che l'uomo manchi della conoscenza di sé, è il problema di Sofocle; che l'uomo manchi della conoscenza sugli dèi, è il problema di Eschilo.

Devozione, mirabile maschera dell'istinto vitale! Abbandonarsi a un *mondo* perfetto *di sogno*, che fornirà la suprema *saggezza* morale! Fuggire di fronte alla verità, per poterla adorare da lontano, nascosta nelle nubi! Conciliazione con la realtà, *poiché* essa è enigmatica; avversione per chi decifra gli enigmi, perché noi non siamo dèi; gioioso inginocchiarsi nella polvere, beata quiete nell'infelicità! Suprema alienazione di sé, compiuta dall'uomo nella sua suprema espressione. Esaltazione e trasfigurazione dei mezzi di terrore e della terribilità dell'esistenza, intendendo tutto ciò come strumento per salvarci *dall'*esistenza; vita piena di gioia nel disprezzo della vita; trionfo della volontà nella sua negazione!

Su questo piano conoscitivo esistono soltanto due vie, quella del *santo* e quella dell'*artista tragico*: ciò che li accomuna è il fatto che, nonostante la più chiara conoscenza della nullità dell'esistenza, essi possono tuttavia continuare a vivere, senza sentire una frattura nella loro intuizione del mondo. Il disgusto di continuare a vivere viene sentito come un mezzo per giungere alla creazione, tanto nel santo quanto nell'artista. Il terribile o l'assurdo è esaltante, poiché è terribile o assurdo solo *apparentemente*. La forza dionisiaca dell'incantesimo si conferma valida anche al culmine estremo di questa visione del mondo: tutto ciò che è reale si risolve in illusione, e dietro di esso si manifesta la *natura* unitaria della *volontà*, avvolta completamente dalla gloria della sapienza e della verità, da uno splendore accecante. *L'illusione e la follia giungono al loro apice.*

Ora non sembrerà più incomprensibile che quella medesima volontà, la quale in quanto apollinea dava un ordinamento al mondo greco, accogliesse in sé l'altra sua forma di manifestazione, la volontà dionisiaca. La lotta fra le due forme in cui appare la volontà aveva uno scopo straordinario, quello cioè di creare una *possibilità più alta di esistenza*, e di giungere poi in questa a una *glorificazione* ancora *superiore* (attraverso l'arte). La forma di tale glorificazione non era più l'arte dell'illusione, bensì l'arte tragica: in quest'ultima peraltro viene completamente assorbita quell'arte dell'illusione. Apollo e Dioniso si sono riuniti. Allo stesso modo che nella vita apollinea è entrato l'elemento dionisiaco, e allo stesso modo che l'illusione si è consolidata qui come limite, così pure l'arte tragica dionisiaca non è più «verità». Quel canto e quella danza non sono più l'ebbrezza istintiva della natura: la massa corale eccitata dionisiacamente non è più la massa popolare colta inconsciamente dall'impulso primaverile. La verità viene ora *simboleggiata*, si serve dell'illusione, può e deve quindi usare le arti dell'illusione. Già qui si rivela tuttavia una grande differenza rispetto all'arte precedente: ora i mezzi artistici dell'illusione sono chiamati in aiuto tutti *assieme*, e la statua cammina, gli apparati scenici dipinti si spostano, e con lo stesso sfondo scenico viene presentato di fronte agli occhi ora il palazzo e ora il tempio. Osserviamo così al tempo stesso una certa *indifferenza verso l'illusione*, che deve qui deporre le sue eterne pretese, le sue esigenze sovrane. L'illusione non viene più goduta come *illusione*, bensì come *simbolo*, come segno della verità. Di qui la fusione – in sé urtante – dei mezzi artistici. Il segno più evidente di questo disprezzo dell'illusione è la *maschera*.

Lo spettatore si trova quindi di fronte all'esigenza dio-

nisiaca, che tutto quanto gli si presenti come incantato, che egli veda sempre qualcosa di più del simbolo e che tutto il mondo visibile della scena e dell'orchestra sia il *regno del miracolo*. Ma dov'è la forza che può disporre il suo animo a credere nei miracoli, e per cui egli può vedere ogni cosa come dovuta a un incantesimo? Che cos'è che può vincere la forza dell'illusione, depotenziandola come simbolo?
È la *musica*.

4

Ciò che noi chiamiamo «sentimento» risulta, secondo l'insegnamento di una filosofia che si muova sulle tracce di Schopenhauer, un complesso di rappresentazioni inconscie e di stati della volontà. Le tendenze della volontà si manifestano peraltro come piacere o dolore e in ciò rivelano unicamente una differenza quantitativa. Non vi sono diverse specie di piacere, bensì gradi differenti e un numero sterminato di rappresentazioni concomitanti. Con piacere, noi dobbiamo intendere il soddisfacimento di una volontà *unica*, e con dolore il suo non soddisfacimento.
In qual modo, orbene, si comunica il sentimento? Parzialmente – ma assai parzialmente – esso può trasferirsi in pensieri, cioè in rappresentazioni coscienti. Ciò vale naturalmente solo per la parte delle rappresentazioni concomitanti. Anche su questo terreno del sentimento, d'altronde, rimane sempre un resto irriducibile. È unicamente del resto riducibile, che si occupa il linguaggio, e quindi il concetto: in base a ciò viene determinato il limite della «*poesia*» nella capacità di esprimere il sentimento.
Le altre due specie di comunicazione sono completamente istintive, prive di coscienza, e tuttavia operanti

conformemente a un fine. Si tratta del *linguaggio* dei *gesti* e di quello dei *suoni*. Il linguaggio dei gesti consiste in simboli universalmente comprensibili, e viene prodotto da movimenti riflessi. Questi simboli sono visibili: l'occhio che li vede trasmette senz'altro lo stato che ha prodotto il gesto e che è da questo simboleggiato. Chi vede, sente in sé per lo più – per simpatia – un'azione dei nervi sulle medesime parti del volto o sulle medesime membra, il cui movimento egli percepisce. Simbolo vuol significare qui un riflesso parziale e del tutto imperfetto, un segno allusivo, sulla cui comprensione ci si deve accordare: in questo caso tuttavia la comprensione universale è *istintiva*, cioè non dominata da una chiara coscienza.

Che cosa simboleggia dunque il *gesto*, rispetto a quell'entità duplice che è il sentimento?

Evidentemente la *rappresentazione concomitante*, poiché soltanto questa può essere accennata, in modo incompleto e parziale, dal gesto visibile: un'immagine può essere simboleggiata solo attraverso un'immagine.

La pittura e la scultura presentano l'uomo mentre gestisce: esse cioè imitano il simbolo e hanno raggiunto il loro effetto quando noi comprendiamo il simbolo. La gioia di chi contempla consiste nella comprensione del simbolo, nonostante la sua apparenza.

L'attore invece presenta il simbolo realmente, non soltanto per l'illusione: l'effetto esercitato su di noi peraltro non si fonda sulla comprensione di tale simbolo. Piuttosto, noi ci immergiamo nel sentimento simboleggiato, senza arrestarci alla gioia dell'illusione, alla bella parvenza.

Così nel dramma la decorazione non suscita affatto la gioia dell'illusione: noi la intendiamo invece come simbolo e comprendiamo il reale che ne è accennato. Fantocci di cera e piante vere, accanto ad altre semplicemente dipinte, sono qui perfettamente ammissibili, per dimostrare che in questo caso noi ci rappresentiamo concretamente la realtà, non una illusione artificiosa. Il compito consiste qui nella verosimiglianza, non più nella bellezza.

Ma che cos'è la bellezza? – «La rosa è bella» significa soltanto: la rosa ha una buona parvenza, ha qualcosa di piacevolmente luminoso. Con ciò non si dice nulla sulla sua essenza. Essa piace, in quanto parvenza suscita piacere: in altre parole, attraverso il suo apparire la volontà è soddisfatta, il piacere di esistere viene in tal modo accresciuto. Essa è – nella sua parvenza – un riflesso fedele della sua volontà. O in forma equivalente: essa corrisponde, nella sua parvenza, alla determinazione della specie. Quanto più essa fa questo, tanto più è bella; se poi essa corrisponde nella sua essenza a quella determinazione, è allora «buona».

«Un bel dipinto» significa soltanto: la rappresentazione che noi abbiamo di un dipinto è in questo caso realizzata; se invece noi chiamiamo «buono» un dipinto, designiamo allora la nostra rappresentazione di un dipinto come tale da corrispondere all'*essenza* del quadro. Per bel quadro, d'altronde, si intende per lo più un quadro che rappresenti qualcosa di bello: tale è il giudizio dei profani. Costoro gustano la bellezza del contenuto: ed è *così* che noi dobbiamo gustare le arti figurative nel dramma. Quest'ultimo tuttavia non può avere come compito di rappresentare soltanto cose belle: basta che un oggetto sembri *vero*. L'oggetto rappresentato deve essere colto in modo massimamente sensibile e vivo. Esso deve agire come verità: un'esigenza, questa, *antitetica* a quella fatta valere in ogni opera della bella illusione.

Peraltro, se il gesto simboleggia, rispetto al sentimento, le rappresentazioni concomitanti, con quale simbolo sarà mai *comunicata* la comprensione dei moti della *volontà* come tale? Quale è in questo caso la mediazione istintiva?

La *mediazione* del *suono*. Per essere precisi, sono i differenti aspetti del piacere e del dolore – senza alcuna rappresentazione concomitante – che risultano simboleggiati dal suono.

Tutto ciò che noi possiamo dire, per caratterizzare i diversi sentimenti di dolore, consiste in immagini di rappresentazioni chiarite attraverso il simbolismo dei gesti. Ciò accade, per esempio, quando a proposito di un improvviso terrore noi parliamo di «mazzate, crampi, sussulti, punture, ferite, morsi, stimoli» del dolore. Con ciò sembra trovata l'espressione di certe «forme intermittenti» della volontà; in breve – nel simbolismo del linguaggio dei suoni – questa è una *ritmica*. La ricchezza delle gradazioni della volontà, la quantità mutevole della gioia e del dolore, sono da noi riconosciute nella *dinamica* del suono. Ma la vera essenza della volontà si nasconde, senza potersi esprimere con un'immagine, nell'*armonia*. La volontà e il suo simbolo – l'armonia – costituiscono assieme, in estrema analisi, la *logica pura*! Mentre la ritmica e la dinamica sono in certo modo ancora aspetti esteriori della volontà che si rivela in simboli e portano in sé ancora l'impronta dell'apparenza, l'armonia è invece il simbolo dell'essenza pura della volontà. Nella ritmica e nella dinamica, perciò, la singola apparenza deve essere ancora caratterizzata come apparenza e *da questo lato la musica può essere elaborata come arte dell'illusione*. Il resto irriducibile, l'armonia, parla della volontà, al di fuori e all'interno di tutte le forme dell'apparenza, e quindi non è semplicemente un *simbolismo* del sentimento, bensì un *simbolismo del mondo*. Nella sfera della volontà, il concetto è del tutto impotente.

Ora possiamo comprendere l'importanza del linguaggio dei gesti e dei suoni per l'*opera d'arte dionisiaca*. Nell'originario ditirambo primaverile del popolo l'uomo non vuole esprimersi come individuo, bensì come appartenente alla sua *specie*. Che egli cessi di essere un uomo individuale, viene espresso attraverso il simbolismo dell'occhio, il linguaggio dei gesti: egli infatti parla e gestisce – in verità, con un linguaggio di gesti potenziato, ossia con i *movimenti della danza* – come *satiro*, come essere naturale in mezzo a esseri naturali. Attraverso il suono egli esprime peraltro i più intimi pensieri della natura: si rende qui immediatamente comprensibile non soltanto il genio della specie come avviene con il *gesto*, bensì il genio dell'esistenza come tale, la volontà. Con il gesto egli rimane dunque entro i limiti della specie, ossia entro il mondo dell'apparenza, mentre col suono egli dissolve per così dire il mondo dell'apparenza nella propria unità primordiale, e il mondo di Maja scompare di fronte al suo incantesimo.

Ma quand'è che l'uomo naturale giunge al simbolismo del suono? Quand'è che il linguaggio dei gesti non è più sufficiente? Quand'è che il suono diventa musica? Soprattutto nei supremi stati di piacere e di dolore della volontà, quando la volontà tripudia oppure è mortalmente atterrita, in breve nell'*ebbrezza del sentimento*: *nel grido*. In confronto allo sguardo, quanto più potente e più immediato è il grido! Anche le commozioni meno violente della volontà hanno tuttavia il loro simbolismo sonoro. In generale, a ogni gesto corrisponde un suono, ma soltanto l'ebbrezza del sentimento riesce a potenziarlo in un puro accordo sonoro.

La fusione più intima e più frequente di un certo simbolismo del gestire con il suono viene chiamata *linguaggio*. Quando si parla, con il suono e la sua cadenza, la forza e il ritmo della sua risonanza, viene simboleggiata l'essenza della cosa, e con il movimento della bocca viene simboleggiata la rappresentazione concomitante, l'immagine, l'apparenza dell'essenza. I simboli possono e debbono essere di molte specie: essi tuttavia si accrescono istintivamente, con una grande e saggia regolarità. Un simbolo contrassegnato è un *concetto*, e poiché quando si conserva qualcosa nella memoria il suono svanisce completamente, nel concetto si conserva allora solamente il simbolo della rappresentazione concomitante. Ciò che si può designare e distinguere, lo si «concepisce».

Nel potenziarsi del sentimento, l'essenza della parola si rivela più chiaramente e più sensibilmente attraverso il simbolo del suono: perciò la parola risuona allora maggiormente. Il recitativo è per così dire un ritorno alla natura: il simbolo, che si ottunde con l'uso, ritrova in tal caso la sua forza originaria.

Con la successione delle parole, cioè con una catena di simboli, deve venir rappresentato simbolicamente qualcosa di nuovo e di più grande: in questa elevazione a potenza, diventano nuovamente necessarie la ritmica, la dinamica e l'armonia. Questa cerchia più ampia domina ora quella più ristretta della parola singola: si rende necessaria una scelta delle parole, una nuova disposizione di esse, e comincia la poesia. Il recitativo di una frase non consiste in una successione ordinata dei suoni delle parole: una parola ha infatti unicamente un suono del tutto relativo, poiché la sua essenza, il suo contenuto rappresentato dal simbolo, è differente a seconda della sua posizione. In altri termini, in base all'unità superiore della frase e dell'essenza da essa simboleggiata, il simbolo individuale della parola viene determinato continuamente in modo nuovo. Una catena di concetti costituisce un pensiero: quest'ultimo è dunque l'unità superiore delle rappresentazioni concomitanti. L'essenza della cosa non può essere raggiunta dal pensiero: che peraltro esso agisca su di noi come motivo, come stimolo della volontà, si può spiegare per il fatto che il pensiero è già divenuto al tempo stesso un simbolo contrassegnato che accenna a un'apparenza della volontà, ossia a un moto e a una manifestazione della volontà. Il pensiero tuttavia, se è pronunciato – cioè attraverso il simbolismo del suono – agisce in modo incomparabilmente più forte e più diretto. Se cantato, esso raggiunge il culmine del suo effetto, quando il *melos* costituisce il simbolo comprensibile della sua volontà: se tale non è il caso, la successione dei suoni agisce su di noi, e la successione delle parole, ossia il pensiero, ci rimane lontano e indifferente.

Ora, secondo che la parola debba agire prevalentemente come simbolo della rappresentazione concomitante, oppure come simbolo del moto originario della volontà, secondo cioè che debbano venir simboleggiate immagini oppure sentimenti, si distingueranno due vie della poesia, quella epica e quella lirica. La prima porta all'arte figurativa e la seconda alla musica: il diletto per l'apparenza domina la poesia epica, mentre nella lirica si rivela la volontà. La prima si libera dalla musica, e la seconda rimane sua alleata.

Nel ditirambo dionisiaco, peraltro, l'esaltato seguace di Dioniso viene stimolato a potenziare massimamente tutte le sue facoltà simboliche: qualcosa di mai sentito – l'annientamento dell'individuazione, l'unificazione nel genio della specie, anzi della natura – tende a manifestarsi. Ora l'essenza della natura vuole esprimersi: è necessario un nuovo mondo di simboli, e le rappresentazioni concomitanti si trasformano in simboli attraverso le immagini di un potenziato essere umano. Tali rappresentazioni si manifestano con la massima energia fisica attraverso l'intero simbolismo del corpo, attraverso i movimenti della danza. Anche il mondo della volontà desidera peraltro un'inaudita espressione simbolica, e le potenze dell'armonia, della dinamica, della ritmica si accrescono d'un tratto tumultuosamente. Altresì la poesia, che si trovava distribuita in due mondi, raggiunge ora una nuova sfera, ottenendo al tempo stesso la sensibilità dell'immagine, come nell'*epos*, e l'ebbrezza del sentimento nel suono, come nella lirica. Per cogliere l'intero scatenarsi di tutte queste forze simboliche, bisogna raggiungere quella stessa esaltazione dell'essere, la quale le ha create: il seguace ditirambico di Dioniso viene compreso soltanto dal suo simile. Perciò tutto questo nuovo mondo artistico si agita nella sua affascinante e sconosciuta magnificenza, sostenendo terribili *lotte*, entro la grecità apollinea.

CINQUE PREFAZIONI
per
cinque libri non scritti

di
Friedrich Nietzsche.

Per la Signora Cosima Wagner
con sincera ammirazione,
e in risposta a domande
dirette ed epistolari.
Scritte con animo lieto
nei giorni natalizi del 1872.

Titolo dei libri:

1. Sul *pathos* della verità.

2. Sull'avvenire delle nostre scuole.

3. Lo Stato greco.

4. Il rapporto della filosofia schopenhaueriana con una cultura tedesca.

5. Agone omerico.

I

Sul pathos della verità

Prefazione

La gloria è davvero soltanto il boccone più prelibato del nostro amor proprio. – Essa si congiunge tuttavia, come desiderio ardente, agli uomini più rari e inoltre ai loro momenti più rari. Sono questi i momenti delle illuminazioni improvvise, in cui l'uomo stende il suo braccio in atteggiamento imperioso, come per una creazione del mondo, attingendo luce da sé e diffondendola intorno a sé. In tali casi egli è penetrato e reso felice dalla certezza che quanto lo innalzò e lo rapì in tali lontananze, cioè l'altezza di questo sentimento unico, non dev'essere rifiutato alla posterità.

Nella necessità eterna per tutti i posteri di queste rarissime illuminazioni, l'uomo riconosce la necessità della sua gloria; l'umanità per ogni avvenire ha bisogno di lui, e come quel momento dell'illuminazione è l'estratto e la sostanza del suo essere più peculiare, così egli crede, come uomo di questo momento, di essere immortale, mentre respinge da sé e abbandona alla caducità tutto il resto, in quanto scoria, putredine, vanità, bestialità, ovvero in quanto pleonasma.

Noi guardiamo con malcontento qualsiasi cosa che scompare e perisce, spesso con stupore, quasi sperimentassimo allora qualcosa che in fondo è impossibile. Un alto albero crolla con nostro disappunto e una montagna che sta franando ci affligge. Ogni notte di San Silvestro ci fa sentire il mistero della contraddizione fra essere e divenire.

Ma il fatto poi che un attimo di suprema perfezione cosmica svanisca per così dire senza posteri né eredi, come un fuggevole bagliore di luce, offende nel modo più forte l'uomo morale. Il suo imperativo suona piuttosto: ciò che esistette *una volta*, per trapiantare in modo più bello il concetto «uomo», dovrà anche sussistere eternamente. Che i grandi momenti formino una catena, che essi, come una cresta montuosa, colleghino l'umanità attraverso i millenni, che per me le cose più grandi di un tempo passato siano ancora grandi e che il presagio della fede nel desiderio di gloria si adempia, è questo il pensiero fondamentale della *cultura*. Per l'esigenza che il grande debba essere eterno, si accende la terribile lotta della cultura; ogni altra cosa che vive ancora grida infatti il suo no. Ciò che è abituale, piccolo, volgare, riempiendo tutti gli angoli del mondo, vaporando come pesante aria terrestre, che tutti siamo condannati a respirare, intorno a ciò che è grande, si getta ostacolando, smorzando, soffocando, perturbando, ingannando, attraverso la strada che la grandezza deve percorrere per giungere all'immortalità. Questa strada passa attraverso cervelli umani! Attraverso i cervelli di esseri miserabili, dalla corta vita, che sempre di nuovo, abbandonati a ristretti bisogni, si trovano davanti alle stesse necessità e respingono da sé a fatica, per un piccolo tratto di tempo, la rovina. Essi vogliono vivere, vivere qualcosa – a ogni costo. Chi potrebbe supporre in loro quella difficile corsa con la fiaccola, mediante cui soltanto può sopravvivere ciò che è grande? E tuttavia sempre di nuovo si destano alcuni che, guardando quella grandezza, si sentono pieni di felicità, come se la vita umana fosse una cosa magnifica, e come se il più bel frutto di questa pianta amara consistesse nel sapere che una volta qualcuno passò attraverso questa esistenza con orgoglio e stoicismo, un altro con profondità, un terzo con misericordia, tutti comunque lasciando dietro di sé *una* dottrina, secondo cui vive nel modo più bello questa esistenza colui che non vi dà peso. Se l'uomo volgare prende questa spanna di essere in modo così melanconicamente serio, quelli seppero giungere, nel loro viaggio verso l'immortalità, a un riso olimpico, o per lo meno a un sublime scherno; spesso scesero nella tomba con ironia – poiché che cosa c'era in loro da sotterrare?[1]

I cavalieri più temerari tra questi avidi di gloria, quelli che credono di trovare il loro blasone appeso a una costellazione, li si deve cercare presso i *filosofi*. Il loro agire non si rivolge mai a un «pubblico», a un eccitamento delle masse e all'applauso osannante dei contemporanei; il percorrere la strada da soli rientra nella loro essenza. Il loro talento è il più raro, in un certo senso altresì il più innaturale della natura, e per di più esclusivistico e ostile persino nei confronti dei talenti simili. Le mura della loro autosufficienza devono essere adamantine, se non vogliono venir distrutte e spezzate: tutto infatti è in movimento contro di loro, uomini e natura. Il loro viaggio verso l'immortalità è più faticoso e più ostacolato di qualsiasi altro, eppure nessuno può credere con una sicurezza maggiore del filosofo, di giungere appunto per quella via sino alla meta, poiché egli non sa dove appoggiarsi, se non sulle vaste ali di tutte le epoche, dato che il disprezzo per ciò che è presente e momentaneo rientra nella natura della contemplazione filosofica. Egli possiede la verità: la ruota del tempo può condurre dove vuole, ma non potrà mai sfuggire alla verità.

È importante, riguardo a tali uomini, il venire a sapere che essi sono realmente vissuti. Mai si potrebbe immaginare, come pura possibilità, la superbia del sapiente *Eraclito*, che può servirci da esempio. Ogni aspirazione verso la conoscenza sembra in sé, nella sua essenza, eternamente insoddisfatta e insoddisfacente; nessuno perciò potrà credere, a meno di essere ammaestrato dalla storia, in una stima di se stesso talmente regale, in una convinzione così illimitata di essere l'unico pretendente fortunato della verità. Tali uomini vivono nel loro proprio sistema solare, ed è qui che li si deve ricercare. Anche un Pitagora, un Empedocle considerarono se stessi con una stima sovrumana, anzi con un rispetto quasi religioso, ma il legame della compassione, congiunto alla grande convinzione della trasmigrazione delle anime e dell'unità di tutti gli esseri viventi, li riportò nuovamente verso gli altri uomini, per salvarli. Ma del sentimento di solitudine che compenetrava l'eremita del tempio di Artemide in Efeso si può avere un presentimento agghiacciante solo nella più selvaggia desolazione della montagna. Da lui non sgorga nessun sentimento strapotente di commozione compassionevole, nessun desiderio di aiutare e salvare: egli è come un astro privo di atmosfera. Il suo occhio fiammeggiante, rivolto all'interno, guarda solo apparentemente, spento e glaciale, verso l'esterno. Attorno a lui, proprio sul baluardo della sua superbia, irrompono le onde della follia e della perversità; con disgusto egli volge lo sguardo da tutto ciò. Ma anche gli uomini di animo sensibile si scostano da una tale maschera tragica; un siffatto essere può apparire più comprensibile in un santuario appartato, in mezzo alle immagini degli dèi, accanto a un'architettura fredda e grandiosa. Fra gli uomini Eraclito era, come uomo, incredibile; e anche se lo si poteva vedere mentre prestava attenzione ai giuochi di chiassosi fanciulli, nel far ciò egli pensava senza dubbio a quello che mai altri mortali avevano pensato in siffatte occasioni – ossia al giuoco del grande fanciullo cosmico Zeus e all'eterno scherzo di una distruzione del mondo e di una nascita del mondo. Non aveva bisogno degli uomini neppure per le sue conoscenze; a lui non im-

portava nulla di tutto ciò che si poteva domandare agli uomini, e che gli altri sapienti prima di lui si erano preoccupati di domandare. «Ho cercato e indagato me stesso» egli disse usando una parola con cui si designa la consultazione di un oracolo, quasi che in lui stesso e in nessun altro si fosse veramente realizzato e avverato il principio delfico «conosci te stesso».
Ciò che aveva ascoltato da questo oracolo, peraltro, egli lo considerò come sapienza immortale, degna di essere eternamente interpretata, nel senso in cui sono immortali i discorsi profetici della Sibilla. Ciò deve bastare sino alla più tarda umanità, la quale certo dovrà farsi interpretare come massime oracolari ciò che egli, come lo stesso dio delfico, «non dichiara né nasconde». Sebbene il dio fornisca i suoi responsi «senza sorrisi, senza ornamenti, né profumi di unguenti», ma piuttosto con «la schiuma alla bocca», tutto ciò *dovrà* penetrare nei millenni dell'avvenire. In effetti il mondo ha eternamente bisogno della verità e quindi ha eternamente bisogno di Eraclito, sebbene Eraclito non abbia bisogno del mondo. Che cosa importa a *lui* la sua gloria? «La gloria da parte dei mortali che sempre scorrono via!», come egli esclama sprezzante. Ciò significa qualcosa per i cantori e i poeti, e anche per coloro che prima di lui sono stati noti come uomini «sapienti» – costoro possono inghiottire il più prelibato boccone del loro amor proprio, ma per lui questo cibo è troppo volgare. La sua gloria importa qualcosa agli uomini, non già a lui; il suo amor proprio è l'amore per la verità – e appunto questa verità gli dice che l'immortalità degli uomini ha bisogno di lui, e non è lui ad aver bisogno dell'immortalità dell'uomo Eraclito.[2]
La verità! Esaltata follia di un dio! Che cosa importa agli uomini la verità?

E che cos'era la «verità» di Eraclito? E dove è fuggita? Un sogno dileguato, spazzato via dal volto dell'umanità, assieme ad altri sogni. E non era il primo.
Forse un demone insensibile non saprebbe dire altro di tutto ciò che noi chiamiamo, con superba metafora, «storia del mondo» e «verità» e «gloria», se non queste parole:
«In un angolo remoto dell'universo scintillante e diffuso attraverso infiniti sistemi solari c'era una volta un astro, su cui animali intelligenti scoprirono la *conoscenza*. Fu il minuto più tracotante e più menzognero della storia del mondo, ma tutto ciò durò soltanto un minuto. Dopo pochi respiri della natura, la stella si irrigidì e gli animali intelligenti dovettero morire.[3] Era anche tempo: difatti, sebbene si vantassero di aver già conosciuto molto, alla fine avevano scoperto, con grande riluttanza, di aver conosciuto tutto falsamente. Essi perirono, e morendo maledissero la verità. Così accadde a quei disperati animali che avevano scoperto la conoscenza».
Tale sarebbe la sorte dell'uomo, se egli fosse soltanto un animale conoscente; la verità lo spingerebbe alla disperazione e all'annientamento; la verità di essere condannato eternamente alla non verità. All'uomo per contro si addice solo la fede in una verità raggiungibile, in un'illusione cui ci si avvicina con fiducia. Non vive forse, propriamente, *attraverso* un continuo essere ingannato? Forse che la natura non gli nasconde la maggior parte delle cose, anzi addirittura quelle che gli sono più vicine, per esempio il suo proprio corpo, di cui egli ha soltanto una «coscienza» fantasmagorica? Egli è rinchiuso in questa coscienza, e la natura ha gettato via la chiave. Guai alla fatale curiosità del filosofo, che voglia una volta guardare attraverso una fessura dalla cella della consapevolezza, in fuori e in

basso; forse avrà allora il presentimento che l'uomo, nell'indifferenza del suo non sapere e sospeso nei suoi sogni per così dire sul dorso di una tigre, poggia su qualcosa di avido, insaziabile, disgustoso, spietato, micidiale.

«Lasciatelo stare» esclama l'*arte.* «Risvegliatelo» esclama il filosofo, nel *pathos* della verità. Ma egli stesso sprofonda, mentre crede di scuotere il dormiente, in un magico sonno ancora più profondo – forse egli sogna allora le «idee» oppure l'immortalità. L'arte è più potente della conoscenza, poiché *essa* vuole la vita, mentre la conoscenza raggiunge come suo fine ultimo soltanto – l'annientamento.

2[4]

Pensieri sull'avvenire delle nostre scuole

Prefazione

Il lettore da cui mi attendo qualcosa deve avere tre qualità. Dev'essere calmo e leggere senza fretta. Non deve far intervenire ogni volta la sua persona e la sua «cultura». Non ha diritto di attendersi da ultimo – quasi come risultato – dei nuovi prospetti. Io non prometto né prospetti né nuovi orari per licei e per altre scuole, e piuttosto ammiro la natura esuberante di coloro che sono in grado di percorrere tutta quanta la strada che dalle profondità dell'empirismo sale sino all'altezza dei veri problemi culturali, e di lassù ritorna sino alle bassure dei più aridi regolamenti e dei più graziosi prospetti. Mi accontento invece di avere scalato – ansimando – una discreta montagna, e di potermi rallegrare lassù per una vista più aperta: quanto agli amici dei prospetti, in questo libro non li potrò davvero accontentare. Senza dubbio vedo approssimarsi un'epoca in cui uomini seri – al servizio di una cultura completamente rinnovata e purificata, e con un lavoro comune – diventeranno altresì i legislatori dell'educazione quotidiana, dell'educazione che porta appunto a quella cultura. Probabilmente costoro dovranno ancora una volta fare prospetti: ma com'è lontana quell'epoca! E quante cose saranno accadute nel frattempo! Forse tra il presente e quell'epoca il liceo sarà stato distrutto, forse persino l'università sarà stata eliminata, o per lo meno avverrà una così totale trasformazione delle suddette scuole, che le loro vecchie tabelle si presenteranno agli sguardi futuri come residui dell'epoca delle palafitte.

Questo libro è destinato a lettori tranquilli, a uomini che ancora non sono trascinati dalla fretta vertiginosa

della nostra epoca rimbombante e ancora non provano un piacere idolatra nel gettarsi sotto le sue ruote; è destinato cioè a uomini che non si sono ancora abituati a stabilire il valore di ogni cosa in base al risparmio o alla perdita di tempo. Ciò significa che questo libro è destinato a pochissimi uomini. Ma questi «hanno ancora tempo», questi possono raccogliere, senza arrossire di se stessi, i momenti più fecondi e più vigorosi della loro giornata, per riflettere sul futuro della nostra cultura: costoro possono anche pensare di giungere sino alla sera in un modo veramente profittevole e degno, cioè nella *meditatio generis futuri*. Un tale uomo non ha ancora disimparato a pensare quando legge, conosce ancora il segreto di leggere tra le righe, anzi ha una natura così prodiga, da riflettere ancora su ciò che ha letto, forse molto tempo dopo di aver deposto il libro. E tutto ciò, non per scrivere una recensione o un altro libro, ma semplicemente per riflettere. Frivolo scialacquatore! Sei tu il mio lettore, poiché tu sarai abbastanza tranquillo per inoltrarti con l'autore su di una lunga strada, i cui scopi egli non può vedere, pur dovendo credere onestamente in essi, affinché una generazione futura, forse molto lontana, possa vedere con i suoi occhi il luogo verso cui noi procediamo a tastoni, ciechi e guidati soltanto dall'istinto. Se il lettore credesse invece che sia necessario un rapido salto, un atto spensierato, se egli ritenesse che i fini essenziali possano esser raggiunti, per esempio, mediante una nuova «organizzazione» introdotta dallo Stato, noi dovremmo temere che egli non abbia compreso né l'autore né il vero problema.
Infine il lettore deve soddisfare alla terza – e più importante – esigenza, di non far intervenire di continuo (come usano gli uomini moderni) la sua persona e la sua «cultura», quasi si trattasse di una misura, quasi

egli possedesse un criterio per giudicare tutte le cose. Noi desideriamo che sia abbastanza educato, da poter valutare assai poco la propria cultura, anzi da poterla disprezzare. In tal caso egli potrebbe certo abbandonarsi con la massima fiducia alla guida dell'autore, il quale ardirebbe parlargli fondandosi unicamente sulla propria ignoranza e sulla coscienza di tale ignoranza. L'autore non pretende di possedere null'altro che lo distingua dai rimanenti autori, se non un sentimento esasperato per l'elemento specifico della nostra attuale barbarie, per ciò che ci caratterizza come i barbari del diciannovesimo secolo, distinguendoci dagli altri barbari. L'autore, orbene, con questo libro in mano, va cercando coloro che sono sospinti in varie direzioni da un sentimento simile. Lasciatevi trovare, o isolati, nella cui esistenza io credo! Voi disinteressati, che vi addossate i dolori per la corruzione dello spirito tedesco! Voi contemplativi, il cui occhio è incapace di scivolare, con curiosità frettolosa, da una superficie a un'altra. O uomini di nobili sentimenti, in vostro onore Aristotele dice che attraversate la vita esitanti e inattivi, a meno che un grande onore e una grande opera non domandino di voi! Io mi rivolgo a voi. Per questa volta soltanto, non nascondetevi nella caverna del vostro isolamento e della vostra diffidenza. Pensate che questo libro sia destinato a essere il vostro araldo. Se voi stessi, forniti delle vostre armi, vi presentate nell'arena, chi avrà ancora voglia di guardare indietro, verso l'araldo che vi ha chiamati?

3

Lo Stato greco

Prefazione

Noi moderni abbiamo due concetti che mancavano ai Greci e che sono dati, per così dire, come strumenti di consolazione a un mondo che si comporta in un modo del tutto degno di schiavi, pure evitando timorosamente la parola «schiavo»: noi parliamo della «dignità dell'uomo» e della «dignità del lavoro». Tutti si tormentano per perpetuare miseramente una vita miserabile: questo tremendo bisogno costringe a un lavoro divorante, che l'uomo (o meglio l'intelletto umano), sedotto dalla «volontà», ammira talvolta come un qualcosa pieno di dignità. Ma perché il lavoro potesse pretendere titoli di onore, sarebbe anzitutto necessario che l'esistenza stessa – rispetto alla quale il lavoro è unicamente un crudele strumento – avesse più dignità e più valore di quanto sia apparso sinora alle filosofie e alle religioni intese seriamente. Che cosa possiamo trovare, nel bisogno di lavorare di tutti i milioni di uomini, se non l'impulso a esistere a ogni costo, quel medesimo impulso onnipotente per cui le piante intristite spingono le loro radici sin nella roccia priva di terra?

Da questa orrenda lotta per l'esistenza possono emergere soltanto gli individui che sono impegnati immediatamente dalle nobili immagini illusorie della cultura artistica, solo perché non giungano al pessimismo pratico, che la natura aborrisce come sua vera negazione. Nel mondo moderno, che per lo più, in confronto al mondo greco, produce unicamente anomalie e centauri, e in cui l'uomo singolo è composto di pezzi eterogenei, similmente a quell'essere favoloso di cui si parla all'inizio della *Poetica* oraziana,[5] spesso in un medesimo uomo si rivelano al tempo stesso l'impulso della lotta per l'esistenza e quello del bisogno artistico: da questa fusione innaturale è sorta la necessità di giustificare quel primo impulso di fronte al bisogno artistico, e di consacrarlo. Perciò si crede nella «dignità dell'uomo» e nella «dignità del lavoro».

I Greci non hanno bisogno di tali allucinazioni concettuali: essi dichiarano con terribile franchezza che il lavoro è un'onta, e una saggezza più nascosta, che parlava più raramente, ma era ovunque viva, aggiunse che anche l'oggetto uomo è un nulla spregevole e miserabile, il «sogno di un'ombra».[6] Il lavoro è un'onta, poiché l'esistenza non ha in sé alcun valore: ma quando questa stessa esistenza risplende nella luce seducente delle illusioni artistiche e in tal modo sembra realmente avere in sé un valore, anche allora rimane valida l'affermazione che il lavoro è un'onta, con in più il sentimento dell'impossibilità, per un uomo che combatta unicamente per sopravvivere, di essere un *artista*. Nell'epoca moderna le idee generali sono fissate non già dall'uomo che ha bisogno dell'arte, bensì dallo schiavo, il quale, per sua natura, deve designare tutti i suoi interessi con nomi ingannevoli, per poter vivere. Tali fantasmi, come la dignità dell'uomo e la dignità del lavoro, sono i miseri prodotti di una schiavitù che vuole nascondersi a se stessa. Epoca infelice, in cui lo schiavo ha bisogno di tali concetti, e in cui egli è stimolato a riflettere su di sé e al di là di sé! Disgraziati seduttori, che hanno distrutto con il frutto dell'albero della conoscenza lo stato di innocenza dello schiavo! Costui deve ora vivere di giorno in giorno con l'aiuto di queste trasparenti bugie, riconoscibili, da chiunque abbia uno sguardo più profondo, nei presunti «diritti eguali per tutti», o nei cosiddetti «diritti fondamentali dell'uomo» – dell'uomo come tale – oppure nella

dignità del lavoro. Costui non può neppur comprendere, a quale stadio e a quale altezza si possa cominciare in qualche modo a parlare di «dignità»: ciò può avvenire infatti quando l'individuo va completamente oltre se stesso, e non deve più procreare e lavorare al servizio della sua sopravvivenza individuale.
E persino a questa altezza di «lavoro», i Greci sono talvolta colti da un sentimento che assomiglia alla vergogna. Plutarco dice in una certa occasione, con un istinto della Grecia più antica, che nessun giovane di nobile nascita può avere il desiderio, quando vede lo Zeus di Pisa, di diventare egli stesso un Fidia, o di diventare egli stesso un Policleto, quando vede la Era di Argo: e altrettanto poco egli desidererà di essere Anacreonte, Fileta oppure Archiloco, per grande che sia il diletto che egli trae dalle loro poesie.[7] Per il Greco, la creazione artistica ricade nel concetto disonorante del lavoro, allo stesso modo di ogni opera banausica. Se in lui agisce peraltro la forza coercitiva dell'impulso artistico, egli *deve* allora creare, sottomettendosi a quella dura necessità del lavoro. Il Greco aveva lo stesso sentimento che può avere un padre, il quale ammiri la bellezza e le attitudini del proprio figlio, ma pensi con un ribrezzo pieno di vergogna all'atto della sua genesi. Il gioioso stupore di fronte al bello non ha accecato il Greco riguardo al modo in cui il bello è sorto: questo sorgere, come ogni sorgere nella natura, si presenta al Greco come una violenta e impellente necessità, come un faticoso impulso verso l'esistenza. Quello stesso sentimento con cui il processo della generazione viene considerato come qualcosa che deve essere nascosto vergognosamente, sebbene attraverso esso l'uomo serva a uno scopo più alto che non alla sua conservazione individuale, quello stesso sentimento velava altresì la nascita delle grandi opere

d'arte, nonostante che attraverso queste venga inaugurata una forma superiore di esistenza, così come da quell'atto prende inizio una nuova generazione. La *vergogna* sembra quindi intervenire là dove l'uomo è soltanto uno strumento di fenomeni della volontà infinitamente più grandi di quanto egli possa considerare se stesso, nella figura singola dell'individuo.

Abbiamo ora il concetto generale, sotto cui devono essere ordinati i sentimenti dei Greci a riguardo del lavoro e della schiavitù. Entrambi erano considerati da loro come un'onta necessaria, di fronte a cui si prova *vergogna*: si tratta cioè al tempo stesso di un'onta e di una necessità. In questo sentimento di vergogna si cela la conoscenza inconscia che il vero fine cui si tende *ha bisogno* di quei presupposti, e che peraltro in quel *bisogno* si scopre il lato orrendo, degno di un animale feroce, della Sfinge natura, la quale nell'esaltazione della libera vita artistica della cultura mette in mostra in modo così bello il suo corpo di vergine. La cultura, che è soprattutto un veritiero bisogno di arte, si appoggia su una base terribile: questa si fa riconoscere nel sentimento indefinito della vergogna. Perché esista un terreno vasto, profondo e fertile per lo sviluppo dell'arte, la stragrande maggioranza degli uomini dev'essere al servizio di una minoranza, dev'essere sottomessa – in una misura *superiore* alla sua miseria individuale – alla schiavitù dei bisogni impellenti della vita. A spese di questa maggioranza e attraverso il suo lavoro supplementare quella classe privilegiata dev'essere sottratta alla lotta per l'esistenza, per produrre un nuovo mondo di bisogni e per soddisfare a questi.

Conformemente a ciò dobbiamo trovarci d'accordo nel considerare come verità – che suona crudele – l'affermazione che *la schiavitù rientra nell'essenza di una cultura*: una verità certo che non lascia alcun dubbio sul valore assoluto dell'esistenza. Tale verità è l'avvoltoio che divora il fegato al fautore prometeico della cultura. La sventura degli uomini che vivono faticosamente dev'essere ancora aumentata, per rendere possibile a un ristretto numero di uomini olimpici la produzione del mondo dell'arte. Qui sta la fonte della rabbia nutrita in ogni tempo dai comunisti, dai socialisti e anche dai loro più smorti discendenti, la razza pallida dei «liberali», contro le arti e altresì contro l'antichità classica. Se realmente la cultura dipendesse dal beneplacito di un popolo, se in questo campo non dominassero forze ineliminabili, che per l'individuo costituiscono una legge e una barriera, in tal caso il disprezzo della cultura, l'esaltazione della povertà di spirito, l'annientamento iconoclastico delle pretese artistiche sarebbero qualcosa *di più* che una sollevazione della massa oppressa contro individui simili ai fuchi: sarebbe allora l'urlo della compassione a far crollare le mura della cultura, e l'impulso verso la giustizia e verso un'uguale distribuzione del dolore sommergerebbe tutte le altre idee. In realtà un livello straripante di compassione ha in certi casi, e per breve tempo, infranto tutte le dighe della vita civile; un arcobaleno di amore compassionevole e di pace si mostrò con i primi barlumi del cristianesimo, e sotto quel segno nacque il più bel frutto di esso, il Vangelo di Giovanni. Vi sono tuttavia anche esempi di potenti religioni che per lunghi periodi pietrificano un determinato grado di civiltà, tagliando con una falce spietata tutto ciò che vuole ancora allignare rigogliosamente. Una cosa infatti non si deve dimenticare: quella stessa crudeltà che abbiamo scoperto nell'essenza di ogni cultura si trova anche nell'essenza di ogni religione potente, e in generale nella natura della *potenza*, che è sempre malvagia; a questo modo noi potremo comprendere altrettanto bene, che con il grido della libertà, o per lo meno della giustizia, una cultura infranga le pretese religiose che hanno costruito un baluardo troppo alto. Ciò che vuol vivere – ossia deve vivere – in questa orrenda costellazione delle cose, è in fondo del suo essere un riflesso del dolore primordiale e della contraddizione originaria, e deve perciò presentarsi nell'«organo conforme al mondo e alla terra» dei nostri occhi come insaziabile brama di esistere ed eterna contraddizione intima nella forma del tempo, cioè come *divenire*. Ogni attimo divora il precedente, ogni nascita è la morte di infiniti esseri; procreare, vivere e uccidere sono una cosa sola. Perciò noi possiamo paragonare anche la splendida cultura a un vincitore grondante sangue, che nella sua marcia trionfale trascina come schiavi i vinti incatenati al suo carro: ma una forza benefica ha accecato questi vinti, cosicché essi, quasi schiacciati dalle ruote del carro, gridano ancora: «dignità del lavoro», «dignità dell'uomo»! La cultura, lasciva Cleopatra, getta ancora sempre le perle più preziose nella sua aurea coppa: queste perle sono le lacrime di compassione per lo schiavo e per la sventura dello schiavo. La terribile situazione sociale dell'epoca presente è sorta dal rammollimento dell'uomo moderno, non già da una vera e profonda pietà per quella sventura; e se dovesse essere vero che i Greci sono andati in rovina a causa della loro schiavitù, sarebbe in ogni caso assai più certa quest'altra cosa, ossia che noi andremo in rovina a causa della *mancanza* della schiavitù. Quest'ultima non urtò in alcun modo né il cristianesimo primitivo né i Germani, e tanto meno poi fu da essi considerata condannabile. Com'è tonificante per noi la considerazione dei medioevali servi della gleba con i loro interni rapporti giuridici e consuetudinari – vigorosi e delicati – rispetto ai superiori, con il recinto melanconico della loro ristretta esistenza: com'è tonificante tutto ciò, e com'è pieno di rimprovero!

Chi peraltro non può riflettere senza tristezza sulla configurazione della società, chi ha imparato a intenderla come la continua e dolorosa procreazione di quei privilegiati uomini della cultura, al cui servizio deve sfinirsi tutto il resto, non sarà più ingannato da quel fittizio splendore con cui i moderni hanno avvolto l'origine e il significato dello Stato. Che cosa può infatti significare per noi lo Stato, se non lo strumento con cui si può mettere in movimento il processo della società sopra descritto, garantendone una durata senza impedimenti? Anche ammesso che l'impulso della sociabilità sia nei singoli uomini molto forte, è però soltanto la morsa d'acciaio dello Stato che stringe assieme a questo modo le grandi masse, cosicché ormai quella stratificazione chimica della società, con la sua nuova struttura piramidale, *dovrà* procedere oltre. Ma onde sorge questa improvvisa potenza dello Stato, il cui scopo va tanto oltre la comprensione e l'egoismo dell'individuo? Come è *sorto* lo schiavo, questa cieca talpa della cultura? I Greci ci hanno svelato la cosa, con il loro istintivo diritto delle genti, il quale, anche nella più matura ricchezza del loro incivilimento e del loro senso di umanità, non cessò mai di pronunciare con bocca impassibile queste parole: «al vincitore appartiene il vinto, con la sua donna e i suoi figli, con i suoi beni e il suo sangue. La violenza fornisce il primo *diritto*, e non esiste un diritto che nel suo fondamento non sia arroganza, usurpazione e violenza».

Ancora una volta vediamo qui, con quale spietata durezza la natura riesca a foggiarsi il crudele strumento dello Stato, per giungere alla società, a costruire cioè quel *conquistatore* dalla mano ferrea, il quale non è altro se non l'oggettivazione del suddetto istinto. Dall'indefinibilità della grandezza e della potenza di tali conquistatori, chi considera questo problema può sentire che essi sono soltanto i mezzi per un fine, il quale trova in essi una manifestazione e tuttavia si nasconde ai loro occhi. È come se una volontà magica promanasse da loro, tanta è la misteriosa rapidità con cui le forze più deboli si appoggiano a essi, trasformandosi mirabilmente, quando quella valanga di violenza si ingrossa improvvisamente per la magia di quel nucleo creativo, e trovando una affinità che prima non possedevano.

Se consideriamo ora, quanto poco i sudditi si preoccupino di quell'orribile origine dello Stato (cosicché in fondo non esistono specie di avvenimenti su cui la storia ci ammaestri in modo peggiore che riguardo al costituirsi di quelle usurpazioni improvvise, violente, sanguinarie e almeno in un punto inspiegabili), se piuttosto vediamo come i cuori senza volerlo si allarghino di fronte alla magia dello Stato in formazione, con il presentimento di un'intenzione invisibile e profonda, nascosta là dove l'intelletto calcolatore è in grado soltanto di scorgere un'addizione di forze, se vediamo che oggi lo Stato viene considerato con ardore addirittura come lo scopo e il vertice dei doveri e dei sacrifici dell'individuo, in tal caso risulta chiara da tutto ciò la terribile necessità dello Stato, senza il quale alla natura non potrebbe riuscire di giungere attraverso la società alla propria redenzione nella parvenza, nello specchio del genio. Quante conoscenze possono essere vinte dall'istintivo piacere che si prova di fronte allo Stato! Pure si dovrebbe pensare che un essere, il quale contempli intimamente la nascita dello Stato, cercherà in seguito la sua salvezza allontanandosi da esso con orrore: e dov'è che non si vedono i monumenti di questa nascita, campagne devastate, città distrutte, uomini resi selvaggi, odio distruttore tra popoli? Lo Stato, di nascita infame, è per la maggior parte degli uomini una fonte ininterrotta di affanni, è in periodi che si ripresentano frequentemente la fiamma divoratrice della stirpe umana, ed è tuttavia un suono, sentendo il quale noi dimentichiamo noi stessi, un grido di guerra che ha infiammato a innumerevoli azioni veramente eroiche, e forse l'oggetto più alto e più venerabile per la massa cieca ed egoistica, la quale ha sul suo volto una sorprendente espressione di grandezza soltanto nei momenti straordinari della vita dello Stato.

I Greci d'altronde, se consideriamo l'altezza solare e unica della loro arte, noi dobbiamo costruirli già *a priori* come gli «uomini politici in sé»; e in realtà la storia non conosce un altro esempio di uno scatenarsi così terribile dell'istinto politico, di un sacrificio così incondizionato di tutti gli altri interessi a favore di questo istinto politico. Tutt'al più, per fare un paragone, e in base a ragioni simili, si potrebbe caratterizzare con uguale titolo gli uomini del Rinascimento italiano. Quell'impulso è presso i Greci così violento, da rivolgere ogni volta la propria furia contro se stesso e da piantare i denti nella propria carne. La sanguinosa gelosia di una città verso un'altra città, di un partito verso un altro partito, il desiderio sfrenato e assassino di quelle piccole guerre, il trionfo degno di una tigre sul cadavere del nemico vinto, e in breve l'incessante rinnovarsi di quelle scene troiane di lotte e di orrori, nella cui visione Omero sta immerso *gioiosamente* per la sua vera natura di Greco, insomma, questa ingenua barbarie dello Stato greco a che cosa accenna, e onde mai lo Stato trae la sua giustificazione di fronte al tribunale della giustizia eterna? Lo Stato si presenta orgoglioso e tranquillo di fronte a questo tribunale, e conduce per mano una splendida donna fiorente, la società greca. Per questa Elena esso ha condotto quelle guerre: quale giudice dalla barba bianca potrebbe mai condannarlo?

In questa misteriosa connessione, da noi presentita, tra Stato e arte, fra bramosia politica e creazione artistica, fra campo di battaglia e opera d'arte, noi intendiamo, come si è detto, per Stato unicamente la ferrea morsa che soggioga il processo sociale: senza Stato, per contro, nel naturale *bellum omnium contra omnes*, la società in genere non può estendere le sue radici, né gettarle al di là della sfera della famiglia. Ma ora, dopo che la formazione degli Stati si è imposta generalmente, quell'impulso del *bellum omnium contra omnes* si concentra di tempo in tempo nelle terribili nubi della guerra fra i popoli, e per così dire si scarica, più raramente ma con forza tanto maggiore, in tuoni e fulmini. Nelle pause tuttavia la società – sotto l'azione condensata, e rivolta all'interno, di quel *bellum* – ha il tempo di germogliare e di inverdire ovunque, in modo tale che, non appena verranno alcuni giorni più caldi, potranno sbocciare i fiori luminosi del genio.

Tenendo presente il mondo politico dei Greci, non voglio nascondere in quali fenomeni dell'epoca presente io creda di riconoscere una pericolosa decadenza – egualmente dannosa sia per l'arte che per la società – della sfera politica. Se devono esistere uomini, che sono posti dalla loro nascita, per così dire, al di fuori dell'istinto del popolo e dello Stato, e che quindi possono ammettere lo Stato solo in quanto lo comprendano nel loro proprio interesse, siffatti uomini si rappresenteranno allora necessariamente, come scopo supremo dello Stato, una coesistenza, tranquilla quanto più è possibile, di grandi comunità politiche, nelle quali possa essere permesso proprio a *essi* di perseguire senza alcuna limitazione i loro fini. Con questa idea in mente, essi favoriranno la politica che offra la massima sicurezza a queste loro finalità, ed è per contro impensabile che essi, contro le loro mire e quasi guidati da un istinto inconscio, vogliano sacrificarsi alla tendenza dello Stato: è impensabile, poiché essi mancano appunto di quell'istinto. Tutti gli altri cittadini dello Stato sono all'oscuro di ciò che la natura vuol raggiungere ponendo in essi quell'istinto politico, e seguono ciecamente; solo coloro che sono estranei a quest'istinto sanno che cosa vogliono dallo Stato e che cosa lo Stato deve garantire a essi. È perciò addirittura inevitabile che tali uomini acquistino un grande influsso sullo Stato: essi infatti possono considerarlo come *strumento*, mentre tutti gli altri, sottomessi alla potenza di quelle ignote intenzioni dello Stato, non sono altro che strumenti essi stessi per il fine dello Stato. Ora, per poter favorire massimamente, per mezzo dello Stato, i suddetti fini egoistici, è soprattutto necessario che lo Stato venga completamente liberato da quelle terribili e incalcolabili convulsioni della guerra, in modo da poter essere utilizzato razionalmente. I suddetti individui tendono così, quanto più coscientemente è possibile, a una situazione in cui la guerra risulti un'impossibilità. Al riguardo si tratta anzitutto di indebolire e stroncare gli impulsi politici particolari, e costituendo grandi e *equilibrati* corpi statali, cui venga dato un sistema di sicurezza reciproca, si tratta di rendere massimamente inverosimile il successo di una guerra di aggressione, e quindi la guerra stessa. I suddetti individui, d'altro lato, cercano di strappare il problema della pace e della guerra dalle mani di singoli potenti, per appellarsi piuttosto all'egoismo della massa o ai suoi rappresentanti: per far ciò, essi hanno bisogno questa volta di distruggere lentamente gli istinti monarchici dei popoli. Essi cercano di avvicinarsi, a questo scopo, diffondendo universalmente la visione liberale e ottimistica del mondo, la quale trae le sue radici dalle dottrine dell'Illuminismo francese e della Rivoluzione francese, cioè da una filosofia del tutto estranea alla Germania, schiettamente neolatina, piatta e antimetafisica. Non posso fare a meno di vedere – nell'odierno movimento predominante delle nazionalità e nella simultanea diffusione del suffragio universale – soprattutto gli effetti di una *paura della guerra*; sullo sfondo di questi movimenti, anzi, non posso fare a meno di vedere come coloro che propriamente hanno paura siano quei solitari del denaro, veramente internazionali e senza patria, i quali, nella loro mancanza naturale dell'istinto politico, hanno imparato a usare malamente la politica come strumento della Borsa, e a sfruttare lo Stato e la società come apparati per il loro arricchimento. Contro la deviazione – che si fa temere da questo lato – della tendenza dello Stato in una tendenza del denaro, l'unico rimedio è la guerra, e ancora la guerra. Nello sconvolgimento della guerra risulta almeno chiaro che lo Stato non è fondato sul timore del demone della guerra, quasi si trattasse di un'istituzione per difendere individui egoistici, ma produce piuttosto, con l'amore verso la patria e verso i principi, uno slancio etico che accenna a una destinazione assai più alta. Se perciò io considero come una caratteristica pericolosa della politica presente l'uso dei pensieri della Rivoluzione al servizio di un'egoistica e apolitica aristocrazia del denaro, se io intendo al tempo stesso l'enorme diffusione dell'ottimismo liberale come un risultato della moderna economia del denaro, caduta in mani particolari, e vedo tutti i mali della situazione sociale, nonché la necessaria decadenza delle arti, o come germogliati da quella radice, o come cresciuti assieme a quella, mi si dovrà in tal caso perdonare un peana, intonato occasionalmente in onore della guerra. Terribilmente risuona il suo arco d'argento: e anche se giunge come la notte, è tuttavia Apollo, il vero dio che consacra e purifica lo Stato, ma anzitutto, come si dice all'inizio dell'*Iliade*, scaglia la freccia contro i muli e i cani. E tosto egli colpisce gli uomini stessi, e ovunque divampano i roghi dei cadaveri.[8] Dobbiamo dunque dichiarare che per lo Stato la guerra è una necessità, allo stesso modo che per la società è necessaria la schiavitù: e chi potrà mai sottrarsi a queste conoscenze, se indagherà onestamente quali siano le ragioni dell'insuperata perfezione dell'arte greca?

Chi considera la guerra e la sua possibilità in uniforme, cioè la *classe dei soldati*, in riferimento alla natura sinora descritta dello Stato, deve riuscire a comprendere che la guerra e la classe militare ci pongono di fronte agli occhi un'immagine dello Stato, o forse addirittura l'*archetipo dello Stato*. Qui noi vediamo che l'effetto più generale della tendenza guerriera è un'immediata separazione e divisione della massa caotica in *caste militari*, onde si forma la costruzione della «società guerriera», in guisa di una piramide poggiata su di una vastissima base di schiavi. Il fine inconscio di tutto questo movimento soggioga ogni individuo, e anche rispetto a nature eterogenee produce una trasformazione per così dire chimica delle loro qualità, sinché esse diventano affini a quello scopo. Nelle caste superiori si avverte già un po' meglio di che cosa si tratti in fondo, riguardo a questo processo interno, si avverte cioè che si tratta di produrre il *genio militare*, da noi riconosciuto come il fondatore originario degli Stati. In molti Stati, per esempio nella costituzione spartana di Licurgo, si può avvertire chiaramente l'impronta di quell'idea fondamentale dello Stato, cioè della produzione del genio militare. Se ora pensiamo lo Stato militare primitivo, nella sua vivacissima mobilità, nel suo vero «lavoro», e se teniamo presente tutta la tecnica della guerra, non possiamo fare a meno di correggere i nostri concetti – inculcatici da ogni parte – sulla «dignità dell'uomo» e sulla «dignità del lavoro». A questa correzione noi giungiamo domandando se il concetto di dignità si accordi con il lavoro, che ha come scopo l'annientamento dell'uomo «pieno di dignità», o anche con l'uomo cui è familiare quel «lavoro pieno di dignità»; oppure se invece, in questo compito guerriero dello Stato, tali concetti, tra loro contraddittorii, non si annullino a vicenda. Io devo pensare che l'uomo guerriero sia uno *strumento* del genio militare e che il suo lavoro a sua volta sia soltanto uno strumento del medesimo genio: non già al guerriero, in quanto uomo in generale e non genio, bensì a lui in quanto strumento del genio – che può amare anche il proprio annientamento come mezzo per l'opera d'arte guerriera – spetta un grado di dignità, ossia la dignità *di essere apprezzato come strumento del genio*. Ma ciò che mostriamo qui con un singolo esempio vale nel senso più universale: ogni uomo, con tutta la sua attività, acquista una dignità solo in quanto sia, coscientemente o incoscientemente, uno strumento del genio; onde si può dedurre senz'altro la conclusione etica che l'«uomo in sé», l'uomo in assoluto, non possiede né dignità, né diritti, né doveri: solo come essere pienamente determinato, al servizio di scopi ignoti, l'uomo può giustificare la propria esistenza.

In base a queste considerazioni, lo *Stato perfetto di Platone* ha senza dubbio una grandezza maggiore di quanto credano i più accesi tra i suoi ammiratori, senza parlare poi del sorriso di superiorità con cui le persone di cultura «storica» sanno rifiutare un tale frutto dell'antichità. Il vero scopo dello Stato, ossia l'esistenza olimpica e la generazione e preparazione sempre rinnovate del genio, in confronto al quale tutto il resto non è altro che uno strumento, un ripiego e una facilitazione, è trovato qui mediante un'intuizione poetica e viene descritto con aspro vigore. Platone guardò dentro l'Erma terribilmente devastata della vita politica del suo tempo, e nel suo interno vide ancora qualcosa di divino. Egli *credette* di poter estrarre quest'immagine divina e pensò che il lato esterno, dall'aspetto feroce e barbaricamente contraffatto, non appartenesse all'essenza dello Stato: tutto lo slancio e tutta la sublimità della sua passione politica si attaccarono a quella fede, a quel desiderio, ed egli si consumò in quell'ardore. Che nel suo Stato perfetto egli non abbia posto al vertice il genio, nel suo concetto universale, ma unicamente il genio della sapienza e della conoscenza, che dal suo Stato egli abbia invece escluso in generale gli artisti geniali, tutto questo era una rigida conseguenza del giudizio socratico sull'arte, che Platone lottando contro se stesso aveva fatto proprio. Questa lacuna esteriore e quasi casuale non può impedirci di riconoscere nella concezione complessiva dello Stato platonico il geroglifico mirabilmente grandioso di una *dottrina segreta* – dal significato profondo, che dovrà sempre venire interpretato – *sul collegamento tra Stato e genio*. Ciò che di questo scritto segreto abbiamo creduto indovinare, l'abbiamo detto in questa prefazione.

4

Il rapporto della filosofia schopenhaueriana con una cultura tedesca

Prefazione

Nella cara e volgare Germania la cultura si trova ora abbandonata così a mal partito sulle strade, l'astio per tutto ciò che è grande regna in modo così svergognato e il tumulto generale di coloro che corrono verso la «felicità» è così assordante, che si deve avere una salda fede, quasi nel senso del *credo quia absurdum est*, per sperare qui ancora nel sorgere di una cultura, e soprattutto per poter lavorare in favore di essa, insegnando pubblicamente in antitesi alla «opinione pubblica» della stampa. Coloro che dànno gran peso all'immortale premura per il popolo, devono liberarsi con la violenza dalle impressioni incalzanti di ciò che proprio ora è presente e ha una validità momentanea, e devono suscitare la convinzione che essi fanno rientrare tutto ciò nelle cose indifferenti. Essi devono dare questa impressione, perché vogliono pensare e perché il loro pensiero è turbato da una visione disgustosa e da un rumore confuso, mescolato agli squilli di tromba della gloria guerriera, ma soprattutto perché vogliono *credere* in ciò che è tedesco, e se perdessero questa fede perderebbero altresì le loro forze. Non adiratevi contro questi uomini di fede, sebbene essi guardino ancora da lontano e dall'alto verso la terra delle loro promesse! Essi temono le esperienze cui si abbandona il benevolo straniero, che abbia ora la ventura di vivere fra i Tedeschi: costui si meraviglia quanto poco la vita tedesca di oggi corrisponda a quei grandi individui, a quelle opere e a quelle azioni, che egli, nella sua benevolenza, ha imparato a venerare come la vera essenza tedesca. Quando il Tedesco non riesce a elevarsi alla grandezza, egli suscita un'impressione meno che mediocre. Persino la famosa scienza tedesca, in cui un certo numero di virtù utilissime, domestiche e familiari – fedeltà, autolimitazione, diligenza, modestia, pulizia – sembra essere trasportato in un'aria più libera e per così dire trasfigurato, non è affatto il risultato di queste virtù; considerato da vicino, il movente che spinge in Germania a una illimitata conoscenza sembra assai più simile a una mancanza, a un difetto, a una lacuna, che non a un eccesso di forze, sembra quasi la conseguenza di una vita povera, priva di forma e di vitalità, e persino una fuga di fronte alla piccineria e alla malvagità morale, alle quali il Tedesco, senza tali diversioni, risulterebbe sottomesso, e le quali d'altronde, nonostante la scienza, vengono assai spesso in luce proprio nel campo della scienza. Quanto a limitazione – nella vita, nel conoscere e nel giudicare – i Tedeschi sono bravissimi, come veri virtuosi del filisteismo; ma se qualcuno vuol portarli verso l'alto, essi diventano pesanti come il piombo, e come pesi di piombo si attaccano ai loro veri grandi, per trarlí a sé giù dall'etere, abbassandoli alla loro misera povertà. Forse questa bonarietà filistea è soltanto una degenerazione di una genuina virtù tedesca – di un intimo approfondimento nel singolo, nel piccolo, nell'immediato e nei misteri dell'individuo – ma questa virtù ammuffita è oggi peggiore del vizio più manifesto; soprattutto dopo che si è acquistato gioiosa coscienza di questa qualità, spingendosi sino a una autoglorificazione letteraria. Oggi gli uomini «*cólti*», fra i Tedeschi notoriamente così coltivati, e i «*filistei*», fra i Tedeschi notoriamente così poco coltivati, si stringono pubblicamente la mano e stipulano fra loro un accordo per stabilire come si dovrà in futuro scrivere, poetare, dipingere, fare musica e persino filosofare e governare, in modo da non allontanarsi troppo dalla «cultura» degli uni, né avvicinarsi troppo alla «giovialità» degli altri. Ciò viene chiamato ora «la civiltà tedesca dell'epoca presente». Dopo di ciò vi sarebbe soltanto da domandare, in base a quale contrassegno sia riconoscibile quell'uomo «cólto», dal momento che noi sappiamo che il suo fratello di latte, il filisteo tedesco, si presenta oggi a tutto il mondo – senza alcun pudore, quasi avesse perduto l'innocenza – appunto come uomo cólto.

L'uomo cólto è oggi educato soprattutto *storicamente*: mediante la sua coscienza storica egli si salva dal sublime; il filisteo riesce a fare ciò mediante la sua «giovialità». Non è più l'entusiasmo suscitato dalla storia – come poteva credere Goethe –[9] ma è proprio l'attenuarsi di ogni entusiasmo, che risulta ora lo scopo di questi ammiratori del *nil admirari*, quando essi cercano di comprendere tutto quanto storicamente. Si dovrebbe tuttavia gridar loro: «Voi siete i buffoni di tutti i secoli. La storia vi farà soltanto le confessioni che sono degne di voi. In ogni tempo il mondo è stato pieno di cose banali e insignificanti: appunto queste, e soltanto queste, si svelano alla vostra bramosia storica. Potete gettarvi a migliaia su di un'epoca, ma in seguito avrete fame come prima e potrete vantarvi della vostra specie di salute affamata. *Illam ipsam quam iactant sanitatem non firmitate sed ieiunio consequuntur* (*Dialogus de oratoribus*, cap. 25).[10] La storia non ha voluto dirvi tutto quello che è essenziale, ma si è posta accanto a voi, deridendovi senza essere vista e mettendo in mano all'uno un'azione politica, a un altro il rendiconto di un'ambasceria, a un altro ancora una data, o un'etimologia, o una ragnatela di fatti. Credete davvero di poter tirare le somme della storia, come se si trattasse di una addizione, e pensate che a questo scopo siano sufficienti il vostro intelletto comune e la vostra educazione matematica? Dovrà certo darvi fastidio il sentire che altri raccontano cose – traendole dalle epoche note a tutti – che voi non comprenderete mai e poi mai!».

Se poi a questa cultura priva di entusiasmo, la quale si chiama storica, e a quel filisteismo ostile e velenoso verso tutto ciò che è grande, si aggiunge ancora quella terza compagnia brutale ed eccitata – di coloro che corrono verso la «felicità» – ne nasce, *in summa*, un vociare così confuso e un trambusto capace di slogare le membra a tal punto, che il pensatore fuggirà, con gli orecchi turati e gli occhi serrati, nel luogo più selvaggio e più solitario, dove potrà vedere ciò che quelli non vedranno mai e dove dovrà udire ciò che risuona a lui da tutte le profondità della natura, giungendo sin dalle stelle. Qui egli si rivolge ai grandi problemi che gli vagano intorno, e le cui voci risuonano senza dubbio, da un lato come terribili e prive di bonarietà, e d'altro lato come eterne e antistoriche. L'effeminato fugge di fronte al loro freddo respiro, e il calcolatore li attraversa senza avvertirli. Il peggio capita tuttavia all'uomo «cólto», che talvolta si preoccupa seriamente, alla sua maniera, di questi problemi. Per lui questi fantasmi si trasformano in trame concettuali e in vuote figure sonore. Cercando di afferrare questi spettri, egli crede di possedere la filosofia; in questa ricerca egli si arrampica sulla cosiddetta storia della filosofia: quando infine è riuscito a raccogliere e ad ammucchiare tutta una nuvola di siffatte astrazioni e di tali schemi, può allora accadergli che un vero pensatore gli tagli la strada, soffiando via tutto ciò. Disperato impiccio di dedicarsi alla filosofia come un uomo «cólto»! Di tanto in tanto sembra a costui che sia diventato possibile l'impossibile collegamento della filosofia con ciò che oggi si pavoneggia come «cultura tedesca»: una qualche figura ermafrodita bamboleggia e fa l'occhiolino fra le due sfere, confondendo di qua e di là la fantasia. Per ora si deve dare tuttavia un consiglio ai Tedeschi, se non vogliono lasciarsi confondere. Di fronte a tutto ciò che oggi chiamano «cultura», essi possono domandarsi: è *questa* la sognata cultura tedesca, ed è dunque così seria e creativa, così liberatrice per lo spirito tedesco, così purificatrice per le virtù tedesche, che il suo unico filosofo di questo secolo, Arthur *Schopenhauer*, debba fare professione di essa?

Avete qui il filosofo: cercate ora la cultura che gli spetta! Se potete avere il presentimento di quale cultura debba trattarsi, per corrispondere a un tale filosofo, allora con questo presentimento avete già *condannato* tutta la vostra cultura e voi stessi.

5
Agone omerico

Prefazione

Quando si parla di *umanità*, ci si fonda sull'idea che debba trattarsi di ciò che *separa* e distingue l'uomo dalla natura. Ma una tale separazione in realtà non esiste: le qualità «naturali» e quelle chiamate propriamente «umane» sono inscindibilmente intrecciate. L'uomo, nelle sue capacità più alte e più nobili, è completamente natura, e porta in sé l'inquietante duplice carattere di essa. Le sue attitudini più terribili, che vengono considerate come non umane, sono forse proprio il terreno fecondo, onde soltanto può sorgere ogni umanità, nei moti dell'animo, nelle azioni e nelle opere.

Così i Greci, gli uomini più umani dell'epoca antica, hanno in sé un tratto di crudeltà, di desiderio di annientamento che li rende simili a tigri: un tratto che è assai visibile anche nell'immagine grottescamente ingrandita dell'uomo greco, cioè in Alessandro Magno; un tratto, peraltro, che in tutta la storia greca, come pure nella sua mitologia, reca un turbamento a noi, che ci accostiamo ai Greci con il molle concetto moderno di umanità. Quando Alessandro fa trapassare i piedi del coraggioso difensore di Gaza, Batis, e lega il suo corpo vivente al proprio carro, trascinandolo in giro tra lo scherno dei suoi soldati,[11] tutto ciò non è altro che una caricatura disgustosa di Achille, il quale strazia il cadavere di Ettore, trascinandolo similmente in giro di notte. Tuttavia anche questo episodio ci offende in qualche modo, facendoci inorridire. Noi guardiamo in questo caso entro gli abissi dell'odio. E con un sentimento simile noi assistiamo al sanguinario e insaziabile dilaniarsi di due partiti greci, per esempio nella rivoluzione di Corcira.[12] Quando, in una lotta fra città, il vincitore, secondo il *diritto* della guerra, fa giustiziare tutta la cittadinanza maschile, e vende in schiavitù tutte le donne e i bambini, noi vediamo allora che il Greco, sanzionando un tale diritto, considerava come una seria necessità il lasciar sfogare completamente il suo odio; in tali momenti il sentimento compresso e inturgidito si distendeva: la tigre si scagliava e dai suoi occhi terribili lampeggiava una crudeltà voluttuosa. Perché mai lo scultore greco doveva continuamente raffigurare, con ripetizioni infinite, guerra e lotte, corpi umani protesi, con i tendini contratti dall'odio o dalla tracotanza del trionfo, feriti che si contorcono, morenti rantolanti? Perché tutto quanto il mondo greco esultava di fronte alle immagini di lotta dell'*Iliade*? Temo che noi non siamo in grado di intendere tutto ciò in modo abbastanza «greco», e che anzi rabbrividiremmo se riuscissimo a raggiungere tale comprensione.

Ma che cosa si trova *dietro* il mondo greco, quale è il grembo natale di tutto ciò che è greco? Nel mondo omerico noi siamo trasportati al di là dell'amalgama puramente materiale, per opera della straordinaria determinatezza artistica, della serenità e della purezza delle linee: i suoi colori appaiono, per un'illusione artistica, più luminosi, più miti e più caldi, i suoi uomini si presentano come migliori e più simpatici, in questa calda luminosità di colori. Ma verso dove guardiamo quando, non più guidati né protetti dalla mano di Omero, noi procediamo all'indietro nel mondo preomerico? Non possiamo vedere se non la notte e l'orrore, non possiamo contemplare se non i prodotti di una fantasia abituata a cose orrende. Quale esistenza terrena è rispecchiata da queste leggende teogoniche, ripugnanti e terribili? Una vita dominata unicamente dai *figli della notte*, dalla contesa, dal desiderio amoroso, dall'inganno, dalla vecchiaia e dalla morte. Se immaginiamo l'aria – già difficilmente respirabile – del poema esiodeo come ancora più condensata e oscurata, e priva di tutte le mitigazioni e purificazioni che si riversavano sopra la Grecia partendo da Delfi e dalle numerose sedi degli dèi, se mescoliamo questa densa aria beotica con l'oscura lascivia degli Etruschi, in tal caso una simile realtà *si esprimerebbe* per noi in un mondo di miti in cui Urano, Crono, Zeus e le lotte dei Titani ci dovrebbero apparire come un sollievo: in questa atmosfera soffocante la lotta si presenta come salute e salvezza, e la crudeltà della vittoria è il culmine della gioia di vivere. E come in verità il concetto del diritto greco si è sviluppato dall'*assassinio* e dall'espiazione del l'omicidio, così anche la cultura più nobile raccoglie la sua prima corona di vittoria dall'altare di fronte a cui si espia l'omicidio. Da quell'epoca sanguinosa parte un solco che si estende profondamente nella storia greca. I nomi di Orfeo, di Museo e i loro culti lasciano trasparire le conseguenze cui si era giunti attraverso la visione ininterrotta di un mondo della lotta e della crudeltà: tali conseguenze erano il disgusto per l'esistenza, la concezione di questa esistenza come una punizione da espiare, la fede nell'identità fra esistere ed essere colpevoli. Proprio queste conseguenze, peraltro, non sono specificamente greche: in esse la Grecia viene a contatto con l'India e in generale con l'Oriente. Il genio della Grecia aveva già pronta un'altra risposta alla domanda «a che cosa tende una vita di lotte e di vittorie?» – e fornisce tale risposta attraverso tutta l'estensione della storia greca.

Per comprendere tale risposta dobbiamo partire dall'idea che il genio della Grecia lasciò sussistere l'impulso un tempo così terribile e lo considerò come *giu-*

stificato. Nella tendenza orfica, per contro, era implicito il pensiero che una vita radicata in un tale impulso non sia degna di essere vissuta. La lotta e la gioia nella vittoria furono riconosciute: nulla distingue il mondo greco dal nostro così nettamente, quanto il *colorito* – derivante da ciò – di singoli concetti etici, quali per esempio i concetti della *discordia* e dell'*invidia*.

Quando Pausania, nel suo viaggio attraverso la Grecia, visitò l'Elicona, gli fu mostrato un antichissimo esemplare del primo poema didattico dei Greci, ossia delle *Opere e i giorni* di Esiodo, inciso su lastre di piombo e gravemente devastato dal tempo e dalle intemperie.[13] Egli si accorse tuttavia che quell'esemplare, a differenza dei soliti esemplari, *non* possedeva all'inizio il piccolo inno a Zeus e cominciava invece subito con la dichiarazione: «sulla terra vi sono *due* dee chiamate Eris». Questo è uno dei più notevoli pensieri greci: esso è degno di venire inciso per la posterità, proprio sulla porta d'ingresso dell'etica greca. «Se si possiede intelletto, si dovrebbe altrettanto lodare l'una di queste Eris, quanto biasimare l'altra: queste due dee hanno infatti un'indole completamente diversa. L'una favorisce invero la brutta guerra e la rissa: dea crudele! Nessun mortale può tollerarla, ma sotto il giogo della necessità si dimostra tuttavia onore alla gravosa Eris, secondo il decreto degli immortali. Essa, che è più vecchia, ha generato la nera morte; l'altra invece è stata deposta da Zeus, l'alto dominatore, nelle radici della terra e fra gli uomini: essa è molto migliore. Questa seconda Eris spinge al lavoro anche l'uomo inetto; e quando qualcuno che non possiede nulla guarda un altro che è ricco, egli si affretta allora nello stesso modo a seminare, a piantare e a mettere bene in ordine la casa; il vicino gareggia con il vicino che tende al benessere. Buona è questa Eris per gli uomini. Anche il vasaio è astioso verso il vasaio, e il carpentiere verso il carpentiere; il mendicante invidia il mendicante, e il cantore il cantore».[14]

Gli ultimi due versi, che trattano dell'*odium figulinum*, sembrano incomprensibili, in questo contesto, ai nostri studiosi. Secondo il loro giudizio, i predicati «astio» e «invidia» si adattano unicamente all'essenza della cattiva Eris: perciò essi non esitano a dichiarare spuri questi versi, oppure a considerarli interpolati casualmente in questo luogo. A ciò tuttavia, senza avvedersene, essi devono essere stati ispirati da un'etica che non è quella greca: Aristotele infatti non trova nulla di urtante nel riferimento di questi versi alla buona Eris.[15] E non soltanto Aristotele, ma tutta quanta l'antichità greca pensa, riguardo all'astio e all'invidia, diversamente da noi, e giudica come Esiodo, il quale da un lato designa come cattiva una Eris, quella cioè che spinge l'uno contro l'altro gli uomini, in una crudele lotta di annientamento, e d'altro lato loda come buona una seconda Eris, che sotto forma di gelosia, astio e invidia, stimola gli uomini all'azione, non già a una lotta di annientamento, bensì all'*agone*. Il Greco è *invidioso*, e non sente questa proprietà come un difetto, bensì come azione di una divinità *benefica*: quale abisso fra il nostro giudizio etico e il suo! Poiché è invidioso, egli sente anche – ogni volta in cui gode di un eccesso di onore, di ricchezza, di lusso e di felicità – che su di lui si posa l'occhio invidioso di un dio, e teme questa invidia; in questo caso egli si sente richiamato all'instabilità di ogni sorte umana, inorridisce di fronte alla propria felicità e, sacrificandone la parte migliore, si piega di fronte all'invidia divina. Questa concezione non lo allontana affatto dai suoi dèi: il significato di questi, al contrario, viene precisato dal fatto che l'uomo – la cui anima si accende di invidia per ogni altro essere vivente – non potrà *mai* ardire di gareggiare con essi. Nella lotta di Tamiri con le Muse, di Marsia con Apollo, nel commovente destino di Niobe, si manifesta il terribile contrasto fra due forze – uomo e dio – che non devono mai combattere tra loro.

Quanto più grande e sublime è peraltro un uomo greco, tanto più violenta è la fiamma ambiziosa che divampa da lui, divorando chiunque prenda la sua stessa strada. Aristotele ha avuto l'occasione di presentarci una lista di questi ostili competitori in grande stile: fra questi, l'esempio che salta maggiormente all'occhio è quello di un morto che può suscitare un'invidia divorante in un vivo. Così infatti è presentato da Aristotele il rapporto fra Senofane di Colofone e Omero.[16] Questo attacco contro l'eroe nazionale della poesia, noi non potremo comprenderlo nella sua violenza, se non immaginiamo che esso si radica – come avverrà più tardi anche in Platone – nello smisurato desiderio di prendere il posto del poeta rovesciato, e di ereditarne la gloria. Ogni grande Greco trasmette la fiaccola dell'agone: ogni grande virtù serve ad accendere una nuova grandezza. Nel tempo in cui il giovane Temistocle non poteva dormire, pensando agli allori di Milziade,[17] si scatenò il suo impulso agonistico, già precocemente risvegliato nella lunga emulazione di Aristide, portandolo a quella genialità puramente istintiva, e memorabile quanto nessun'altra, della sua azione politica, come ci descrive Tucidide.[18] Quando a un famoso avversario di Pericle fu domandato se il migliore lottatore della città fosse lui stesso oppure Pericle, egli diede la risposta: «Anche se io lo abbattessi, egli negherebbe di essere caduto, raggiungerebbe il suo scopo e convincerebbe anche coloro che l'hanno veduto cadere».[19] Quanto sono caratteristiche, riguardo a ciò che abbiamo detto, questa domanda e questa risposta!

Se si vuol vedere veramente senza veli quel sentimento nelle sue manifestazioni ingenue, il sentimento cioè che l'agone è necessario, se si vuol mantenere la salute della città, si pensi allora al significato originario dell'*ostracismo*, quale è stato precisato per esempio dagli Efesii, in occasione dell'esilio di Ermodoro. «Fra noi nessuno deve essere il migliore: se qualcuno poi lo è, lo sia altrove e presso altri».[20] Ma perché nessuno deve essere il migliore? Perché in tal modo l'agone si esaurirebbe e l'eterno fondamento vitale dello Stato greco sarebbe messo in pericolo. Più tardi l'ostracismo assume un'altra posizione rispetto all'agone: esso viene applicato, quando è palese il pericolo che uno dei grandi politici e dei capi-partito in gara si senta spinto, nel calore della lotta, a servirsi di mezzi dannosi e distruttivi, e a tentare pericolosi colpi di Stato. Il significato primitivo di questa sorprendente istituzione non è tuttavia quello di una valvola, bensì quello di uno stimolante: si elimina l'individuo che emerge, perché si risvegli di nuovo il giuoco agonistico delle forze. Un pensiero, questo, che si oppone all'«esclusività» del genio in senso moderno, ma presuppone che, in un ordine naturale delle cose, esistano sempre *parecchi* geni, i quali si stimolino vicendevolmente all'azione e del pari si mantengano vicendevolmente entro il limite della misura. Questo è il nocciolo della concezione greca dell'agonismo: essa aborrisce il dominio esclusivo e teme i suoi pericoli; essa desidera, come *strumento di difesa* contro il genio, un secondo genio.

Ogni attitudine deve svilupparsi attraverso la lotta: così ordina la pedagogia popolare greca. Gli educatori moderni, per contro, di nulla hanno tanto paura quanto dello scatenamento della cosiddetta ambizione. Si teme ora l'egoismo come «il male in sé», fatta eccezione per i Gesuiti, che su questo punto sentono come gli antichi e perciò possono essere senz'altro i più efficaci educatori della nostra epoca. Essi sembrano credere che l'egoismo, cioè la tendenza individuale, sia soltanto la più forte spinta; esso tuttavia riceve il suo carattere – «buono» e «cattivo» – essenzialmente dagli scopi verso cui si rivolge. Per gli antichi invece lo scopo dell'educazione agonistica era il benessere della collettività, della società politica. Ogni Ateniese, per esempio, doveva sviluppare agonisticamente la sua personalità nella misura che potesse essere massimamente utile ad Atene e recasse il minimo danno a questa città. Non esisteva un'ambizione smisurata e incommensurabile, come per lo più è il caso rispetto all'ambizione moderna: il giovane pensava al bene della sua città materna, quando gareggiava nella corsa, nel lancio del disco o nel canto; con la propria gloria egli voleva accrescere la gloria della città; egli dedicava agli dèi della città la corona che i giudici dell'agone ponevano in segno di onore sul suo capo. Ogni Greco sentiva in sé, sin dalla fanciullezza, il desiderio ardente di essere, nella gara fra le città, uno strumento di salvezza per la propria: in questo senso il suo egoismo si infiammava, e in questo senso esso veniva raffrenato e circoscritto. Nell'antichità, perciò, gli individui erano più liberi, poiché i loro fini erano più vicini, più alla portata. L'uomo moderno per contro è sempre ostacolato dall'infinità, come il veloce Achille nell'immagine di Zenone di Elea: l'infinità lo trattiene ed egli non può neppure raggiungere la tartaruga.

Allo stesso modo, peraltro, che i giovinetti erano educati a gareggiare tra loro, così i loro educatori rivaleggiavano l'uno con l'altro. I grandi maestri musicali, Pindaro e Simonide, si presentavano l'uno accanto all'altro, gelosi e diffidenti; il sofista, l'insegnante superiore dell'antichità, si presenta come un rivale di fronte a un altro sofista; persino la forma più generale di ammaestramento, quella che avveniva attraverso il dramma, era impartita al popolo solo nella forma di una terribile lotta tra i grandi artisti musicali e drammatici. Mirabile davvero! «Anche l'artista prova astio per l'artista». L'uomo moderno di nulla ha così paura in un artista, quanto dell'impulso personale alla lotta; il Greco, per contro, conosce l'artista *soltanto nella lotta personale*. Là dove l'uomo moderno fiuta una debolezza dell'opera d'arte, il Greco cerca invece la fonte della sua forza suprema. Ciò che per esempio ha una particolare importanza artistica, nei dialoghi di Platone, è per lo più il risultato di una gara con l'arte degli oratori, dei sofisti, dei poeti drammatici della sua epoca, un risultato raggiunto allo scopo che si potesse dire in definitiva: «Guardate, io sono capace di fare quello che fanno i miei grandi rivali, anzi sono capace di farlo meglio di loro. Non c'è un Protagora che abbia creato miti così belli come ho creato io, non c'è drammaturgo che abbia creato un tutto così animato e così avvincente quale è il *Simposio*, non c'è oratore che abbia composto un discorso quale io presento nel *Gorgia*: ebbene, io getto via tutto quanto assieme e condanno ogni arte imitativa. Soltanto l'agonismo mi ha reso poeta, sofista, oratore». Quale problema si dischiude a noi, quando indaghiamo il rapporto fra l'agonismo e la concezione dell'opera d'arte!

Se per contro eliminiamo l'agonismo dalla vita greca, ci si spalanca senz'altro di fronte agli occhi quell'abisso pre-omerico di un orrendo stato selvaggio di odio e di desiderio di annientamento. Questo fenomeno si mostra purtroppo assai di frequente, quando una grande personalità viene improvvisamente sottratta alla gara da un'azione gloriosa e straordinaria, e viene posta *hors de concours*, a suo giudizio e a giudizio dei suoi concittadini. Il risultato, quasi senza eccezione, è terribile; e anche se di solito si deduce da questi risultati che il Greco è stato incapace di sopportare la gloria e la felicità, si dovrebbe più precisamente dire che egli non è stato in grado di sopportare la gloria senza una gara ulteriore, né la felicità al termine della gara. In proposito non si può fornire un esempio che sia più chiaro dell'ultima ventura di Milziade. Posto su un vertice solitario dall'incomparabile successo di Maratona e innalzato molto al di sopra di tutti i combattenti di quella battaglia, egli sente risvegliarsi in sé una bassa voglia di vendetta contro un cittadino pario, verso il quale nutriva da gran tempo inimicizia. Per soddisfare questa voglia, egli fa cattivo uso della sua fama, dei beni dello Stato e della reputazione di cittadino, disonorando così se stesso. Presentendo il fallimento, si abbassa a macchinazioni indegne. Inizia una relazione intima e sacrilega con la sacerdotessa di Demetra Timo, e vuole entrare di notte nel sacro tempio onde erano esclusi tutti gli uomini. Dopo di aver saltato il muro, e mentre si avvicina sempre più al santuario della dea, lo coglie d'improvviso l'emozione terribile di un terrore panico: quasi venendo meno e fuori di sé, egli si sente ricacciato indietro, e nel superare nuovamente il muro precipita storpiato e gravemente ferito. L'assedio dev'essere tolto, lo attende il tribunale del popolo, e una morte vergognosa pone il suggello a una gloriosa carriera eroica, oscurandola per tutta la posterità.[21] Dopo la battaglia di Maratona lo ha colto l'invidia degli dèi celesti. E questa invidia divina si accende, quando vede l'uomo privo di competitori e di avversari, innalzato a una gloria solitaria. Egli ha ormai accanto a sé soltanto gli dèi, e perciò li ha contro di sé. Ma questi lo inducono a un'azione di *hybris*, sotto la quale egli crolla. Possiamo osservare che, nello stesso modo in cui perisce Milziade, periscono altresì i più nobili Stati greci, quando, per i loro meriti e la loro fortuna, essi sono giunti dal terreno delle loro lotte sino al tempio di Nike. Atene, che aveva annientato l'indipendenza dei suoi alleati e aveva punito con severità le sollevazioni delle città sottomesse, e Sparta, che dopo la battaglia di Egospotami aveva fatto valere ancora più duramente e più crudelmente il suo predominio sulla Grecia, hanno anch'esse provocato la propria fine, seguendo l'esempio di Milziade, con azioni di *hybris*, dimostrando con ciò che senza invidia, gelosia e ambizione agonistica, tanto lo Stato greco quanto l'uomo greco erano destinati a degenerare. Lo Stato greco e l'uomo greco diventano malvagi e crudeli, vendicativi e sacrileghi, in breve diventano «pre-omerici», e in tal caso basta un terrore panico per farli cadere e per mandarli in rovina. Sparta e Atene si consegnano alla Persia, come avevano fatto Temistocle e Alcibiade; esse tradiscono l'essenza greca, dopo di aver abbandonato il più nobile e fondamentale pensiero greco, l'agone: e Alessandro, la copia grossolana e l'abbreviazione della storia greca, inventa allora il Greco universalistico e il cosiddetto «ellenismo».

Finito il 29 dicembre 1872

UN MESSAGGIO PER L'ANNO NUOVO ALL'EDITORE DEL SETTIMANALE «NEL NUOVO REICH»

Al signor *Alfred Dove* è accaduta la disgrazia, in un «Messaggio per il nuovo anno al lavoro intellettuale tedesco» – che è scritto con affettazione e suscita apprensione sotto ogni riguardo – di fare alla fine un ruzzolone veramente ignominioso, e cadendo, di sbottare in questi accenti:

«Riguardo all'anno passato occorre osservare, che di nuovo sono venute alla luce efficaci ammonizioni: il famoso fisico Zöllner, spinto dal più puro zelo, ha tenuto ai suoi colleghi – in un libro certo sorprendente, come impressione generale, dove si mescolano assieme astronomia, teoria della conoscenza e dottrina morale – una predica di penitenza che esorta a un intimo raccoglimento e a un ritorno all'antica semplicità dei loro costumi. Più amaramente, anzi con crudele asprezza, il medico di Monaco, Puschmann, ha tentato brevemente di individuare e analizzare teoricamente la mania di grandezza di Richard Wagner, in modo evidentemente troppo presuntuoso per un giudizio umano pronunciato su un vivente: si può dire tuttavia che abbia identificato il più colpevole. Entrambi i libri, per quanto sinistramente abbiano scandalizzato, debbono essere decisamente apprezzati per la loro forza ammonitrice. Non mancheranno certo di avere un utile effetto».

Esprimiamo anzitutto il nostro serio rincrescimento che il nobile nome di Zöllner sia stato portato dalle mani più incompetenti in una compagnia così disgustosa. In seguito non ci rimane altro che manifestare la nostra meraviglia, e non cessare mai di meravigliarci. Come? Non è forse il redattore Dove, o almeno il cerchio di lettori che lo interessa, qualcosa di unico, sorprendentemente unico?

Nessun altro redattore, neppure il più equivoco e corrotto, ha osato dichiarare con tanta libertà e pateticità il suo gusto per Puschmann, evidentemente perché si pensava che ciò sarebbe stato contro la decenza. A quale sorta di pubblico si mostra dunque condiscendente il signor Dove con il suo «libero» *pathos*? Ai lettori del «Nuovo Reich»: fra le quattro mura di questo «Nuovo Reich» ci si rallegra a quanto pare di tali libertà, quando redattori e lettori sono tra loro – poiché altrove esse susciterebbero indignazione o disgusto. Persino il vero affarista *in scandalosis*, Paul Lindau, ha saputo tradire solo indirettamente una tendenza forse simile, per il fatto di aver accolto nella lista dei suoi scandalistici collaboratori quel Puschmann sperimentato per gli scandali. Come giustificazione si potrebbe dire addirittura che c'era a questo riguardo un bisogno. Il «presente» ha bisogno di Puschmann – l'affarismo sugli scandali ha i suoi bisogni. Indulgenza per il bisogno! Ma «attaccare» Puschmann così senza bisogno, alla maniera di Alfred Dove, stringere pubblicamente la mano di Puschmann – è possibile questo, se poi non era necessario? Quale «medico dell'anima» può qui dare chiarimenti? Oppure era necessario? Quale costrizione forse esercitavano quei lettori sull'impressionabile Alfred Dove? Frattanto, prima di ricevere risposta a queste domande, la cui intenzione non è retorica, noi facciamo i complimenti allo «specialista di psichiatria» di Monaco per questo nuovo camerata Alfred Dove, che certo in quel messaggio per il nuovo anno si comporta ugualmente come ciarlatano e specialista. Possano crescere e prosperare assieme Puschmann e Dove, Dove e Puschmann, *par nobile fratrum*! Possano in particolare, come auguriamo a entrambi per il nuovo anno, intendersi davvero intimamente tra loro al più presto, con vantaggio reciproco e riguardo ai più efficaci mezzucci segreti, nel mettere in circolazione, con ciarlatanerie che suonano scientifiche, se stessi (o i loro fogli di carta stampata). Certo lo spirito così solennemente apostrofato di Puschmann non sarà stato evocato invano; d'ora in poi dovrà sostenere il signor Alfred Dove nel compito penoso, di accostarsi psichiatricamente in modo soddisfacente alle voglie innaturali dei lettori del «Nuovo Reich».

Prof. Dr. Friedrich Nietzsche

LA FILOSOFIA NELL'EPOCA TRAGICA DEI GRECI

Rispetto a uomini che sono lontani da noi, ci basta conoscerne i fini per approvarli o disapprovarli in complesso. Rispetto a uomini che sono più vicini, noi diamo un giudizio, fondandoci sui mezzi con cui essi perseguono i loro scopi: spesso disapproviamo questi fini, ma amiamo tali uomini a causa dei loro mezzi e del loro modo di volere. I sistemi filosofici, orbene, sono completamente veri solo per i loro fondatori: per tutti i filosofi posteriori, ciascuno di tali sistemi è di solito un unico, grande errore, per i cervelli meno acuti è una somma di errori e di verità. Comunque un errore nel suo fine supremo, e quindi condannabile. Molti uomini perciò disapprovano sempre il filosofo, poiché il suo fine non è il loro: si tratta di quelli che sono più lontani. Chi invece trae una gioia dai grandi uomini come tali, trarrà pure una gioia da siffatti sistemi, quand'anche siano completamente erronei. In sé, questi hanno peraltro un elemento del tutto inconfutabile, un tono personale, un colorito personale: possiamo servirci di essi per ottenere l'immagine del filosofo, allo stesso modo che dai frutti di una certa località si può dedurre la natura di quel terreno. In ogni caso *questo* modo di vivere e di considerare le cose umane è già esistito una volta, ed è quindi possibile: il «sistema», o per lo meno una parte di tale sistema, è il frutto di questo terreno.
Io racconto la storia di quei filosofi in forma semplificata: metterò in rilievo, per ogni sistema, soltanto gli elementi che fanno parte di una *personalità*, e rientrano in quell'aspetto inconfutabile e indiscutibile, che la storia ha il dovere di conservare. È un inizio, questo, per riuscire, attraverso un confronto, a ricuperare e ricreare quelle nature, e per far finalmente risuonare ancora una volta la polifonia della natura greca: il compito è di portare alla luce ciò che dovre-

mo *sempre amare e venerare*, ciò che non potrà mai esserci sottratto da una conoscenza futura, ossia il grande uomo.

Questo tentativo di raccontare la storia dei filosofi greci più antichi si distingue da altri tentativi simili per la sua brevità. Questa è stata raggiunta col ricordare, a proposito di ogni filosofo, soltanto un numero assai ristretto di dottrine, ossia con l'incompletezza. Sono state scelte tuttavia le dottrine in cui vibra ancora nel modo più forte l'elemento personale di un filosofo: per contro un'enumerazione completa di tutte le possibili dottrine tramandate, secondo l'uso dei manuali, ha in ogni caso il risultato di ridurre al silenzio l'elemento personale. Perciò sono talmente noiose quelle esposizioni: in sistemi che sono confutati può difatti interessarci ormai soltanto l'elemento personale, poiché questo è l'aspetto eternamente inconfutabile. Con l'aiuto di tre aneddoti, si può fornire l'immagine di un uomo: in ogni sistema io cerco di mettere in luce tre aneddoti, e getto via il resto.

I

Ci sono avversari della filosofia, e si fa bene a prestare loro ascolto, specialmente quando sconsigliano la metafisica ai cervelli ammalati dei Tedeschi, predicando loro invece una purificazione per opera della *physis*, come ha fatto Goethe, o un risanamento per opera della musica, come ha fatto Richard Wagner. I medici del popolo rifiutano la filosofia: chi vuol giustificarla, dunque, deve mostrare a quale scopo i popoli sani adoperino, o abbiano adoperato, la filosofia. Nel caso che costui sappia fornire questa indicazione, forse anche i malati giungeranno con profitto a comprendere perché la filosofia debba danneggiare proprio loro. Vi sono ottimi esempi di popoli sani, che hanno potuto vivere prescindendo completamente dalla filosofia, o facendone un uso moderatissimo, quasi per giuoco: così i Romani, che nella loro epoca migliore vissero senza filosofia. Dove si troverà invece l'esempio di un popolo malato, cui la filosofia abbia restituito la salute perduta? Se mai la filosofia si è palesata aiutando, salvando e proteggendo, ciò è avvenuto rispetto ai sani: i malati sono sempre stati resi da essa ancora più malati. Di fronte a un popolo in sfacelo, non più legato agli individui che lo compongono da un vincolo teso e vigoroso, la filosofia non è mai riuscita a ricongiungere più strettamente questi individui con il tutto. Se mai ci fu qualcuno propenso a starsene in disparte e a circondarsi con la barriera dell'autosufficienza, la filosofia fu sempre pronta a isolarlo ancora di più e a distruggerlo con questo isolamento. Essa è pericolosa, quando non ha pienamente diritto di esistere: e tale diritto le è dato soltanto dalla salute di un popolo, e neppure di un popolo qualsiasi.

Guardiamoci ora attorno, alla ricerca di una suprema

autorità che stabilisca ciò che si deve chiamare sano in un popolo. I Greci, in quanto veramente sani, hanno *giustificato* una volta per tutte la filosofia per il fatto che hanno filosofato, e precisamente hanno filosofato assai più di tutti gli altri popoli. Essi non riuscirono neppure ad arrestarsi al momento opportuno: ancora nella loro sterile vecchiaia, difatti, essi si atteggiavano a ferventi adoratori della filosofia, pure intendendo con essa unicamente le devote sottigliezze e le santissime pedanterie della dogmatica cristiana. Il non aver saputo arrestarsi a tempo opportuno ha fatto persino scemare i loro meriti di fronte alla posterità barbarica, poiché questa, nell'ignoranza e nella foga della sua gioventù, si è ingolfata forzatamente proprio in quei lacci e in quelle reti artificiosamente intessute.

I Greci hanno invece saputo cominciare a tempo opportuno e ci hanno insegnato – con una chiarezza che non è stata eguagliata da nessun altro popolo – in quale momento si debba cominciare a filosofare. Ciò non deve avvenire nelle avversità, come invece credono alcuni, che fanno derivare la filosofia dall'umore tetro. Deve avvenire piuttosto nell'epoca felice, in una adolescenza divenuta matura, sgorgando dall'infuocata serenità di una coraggiosa e vittoriosa età virile. Il fatto che i Greci abbiano filosofato in quest'epoca ci ammaestra tanto su ciò che è e dev'essere la filosofia, quanto sui Greci stessi. Se i Greci di allora fossero stati quegli uomini pratici e falsamente sereni, prosaici e saccenti, come li immagina il dotto filisteo dei nostri giorni, o se fossero semplicemente vissuti in modo sregolato, tra ondeggiamenti e suoni, tra aneliti e sentimenti violenti, come amano pensare i visionari ignoranti, in tal caso la fonte della filosofia non sarebbe certo venuta alla luce in Grecia. Tutt'al più sarebbe comparso un ruscello, ben presto assorbito dalla sabbia o evaporato nell'aria, ma non si sarebbe mai presentato quel largo fiume – fluente con splendide onde – che noi chiamiamo filosofia greca.

Ci si è applicati con zelo, senza dubbio, per indicare tutte le cose che i Greci avrebbero potuto trovare e imparare nei paesi stranieri dell'Oriente, e tutte le cose che avrebbero realmente prese di laggiù. Si è visto così uno spettacolo curioso, poiché vennero raccolti dall'Oriente i presunti maestri, e dalla Grecia i possibili discepoli: Zoroastro fu messo in mostra accanto a Eraclito, gli Indiani accanto agli Eleati, gli Egizi accanto a Empedocle, o addirittura si collocò Anassagora fra gli Ebrei, e Pitagora fra i Cinesi. Nel dettaglio sono stati raggiunti scarsi risultati: a questo pensiero, nel suo complesso, noi diamo tuttavia il nostro assenso, purché da ciò non si voglia trarre la seccante deduzione che in Grecia la filosofia è stata semplicemente importata, che non è cresciuta là come sul suo terreno patrio e naturale, anzi che essa, in quanto qualcosa di straniero, è stata piuttosto rovinata che non fatta progredire dai Greci. Nulla è più stolto che l'attribuire ai Greci una cultura autoctona: essi, piuttosto, hanno assorbito ogni cultura che fosse viva presso altri popoli; essi sono giunti così lontano proprio perché hanno saputo scagliare oltre la lancia, raccogliendola là dove un altro popolo l'aveva abbandonata. Essi sono degni di ammirazione nell'arte di imparare fruttuosamente: e come hanno fatto loro, così anche noi *dobbiamo* imparare dai nostri vicini, mirando alla vita, non già a una conoscenza erudita, e utilizzando tutto ciò che si è appreso come un appoggio con cui ci si solleverà in alto, più in alto dei vicini. Le questioni sui primordi della filosofia sono del tutto indifferenti, poiché ovunque inizio significa rozzezza, mancanza di forma, vuoto e bruttezza, e poiché in ogni campo hanno importanza soltanto gli stadi superiori. Coloro i quali, anziché della filosofia greca, preferiscono occuparsi di quella egizia o persiana, per il fatto che queste sono forse «più originali», e in ogni caso più antiche, si comportano con la stessa sbadataggine di quelli che, riguardo alla mitologia greca – così splendida e profonda – non sono tranquilli sintanto che non l'hanno ricondotta a banalità fisiche, al sole, al fulmine, alle tempeste e alle nebbie, considerando tutto ciò come l'origine primordiale della mitologia; di quelli che, per esempio, riguardo alla ristretta adorazione unitaria della volta celeste, credono di aver ritrovato presso i bravi indogermani una forma di religione più pura di quella politeistica dei Greci. La via che ricerca i primordi conduce sempre verso la barbarie, e chi si occupa dei Greci dovrà sempre tener presente che in ogni tempo l'incontrollato impulso conoscitivo, come tale, imbarbarisce allo stesso modo dell'odio per il sapere, e deve ricordarsi che i Greci hanno domato il loro impulso conoscitivo, in sé insaziabile, per un riguardo alla vita, per un bisogno ideale di vita, appunto col tradurre senz'altro in vita ciò che avevano imparato. I Greci d'altronde hanno filosofato come uomini di cultura, servendosi dei fini della cultura, e perciò si sono risparmiati di scoprire ancora una volta – per una qualche presunzione autoctona – gli elementi della filosofia e della scienza; essi, piuttosto, si applicarono con tale ardore a perfezionare, potenziare, elevare e purificare questi elementi presi dall'esterno, che divennero a loro volta scopritori, in un senso più alto e in una sfera più pura. Essi scoprirono infatti le *menti filosofiche tipiche*, e tutta quanta la posterità non ha più saputo scoprire null'altro di essenziale, da aggiungere a ciò.

Ogni popolo ha di che vergognarsi, quando si rivolge

l'attenzione a una società filosofica così mirabilmente idealizzata, quale fu quella dei maestri della Grecia più antica: Talete, Anassimandro, Eraclito, Parmenide, Anassagora, Empedocle, Democrito e Socrate. Questi uomini sono tutti di un pezzo, scolpiti in un solo blocco di pietra. Il loro pensiero è legato al loro carattere da una rigida necessità. Essi mancano completamente di convenzionalità, poiché in quei tempi non esisteva affatto una classe di filosofi e di studiosi. Tutti si trovano in una grandiosa solitudine, poiché sono gli unici che allora siano vissuti soltanto per la conoscenza. Tutti possiedono la virtuosa energia – per cui gli antichi superano tutti coloro che sono venuti dopo – di trovare la loro propria forma e di elaborarla, attraverso metamorfosi, nel modo più raffinato e più grande. In realtà, non c'era allora una moda che si facesse incontro a essi, per aiutarli e facilitarli. Assieme essi costituiscono quella che Schopenhauer ha chiamato la repubblica degli uomini geniali, in antitesi alla repubblica degli eruditi. Attraverso i desolati intervalli di epoche lontane, un gigante rivolge la parola a un altro gigante, e questo colloquio tra spiriti elevati prosegue senza curarsi dei nani petulanti e chiassosi che strisciano in basso.

Di questo colloquio tra spiriti elevati, io mi sono proposto di raccontare soltanto ciò che può essere udito e compreso in qualche modo dalla nostra epoca moderna, che è dura d'orecchio, ossia ben poche cose. In questo poco, tuttavia, mi sembra che quei saggi antichi, da Talete sino a Socrate, abbiano trattato, sia pure nella forma più generale, tutto ciò che costituisce – per il nostro modo di vedere – l'aspetto peculiarmente greco. Nel loro colloquio, come già nelle loro personalità, essi esprimono quei grandi tratti del genio greco, quei lineamenti di cui l'intera storia greca costituisce l'impronta simile a un'ombra, la copia svanita, dalla voce perciò indistinta. Se noi interpretassimo giustamente tutta quanta la vita del popolo greco, troveremmo sempre riflessa unicamente quell'immagine che nei suoi geni supremi risplende di colori più luminosi. La primissima esperienza della filosofia su terreno greco, l'aver sanzionato i Sette Sapienti, fornisce un lineamento chiaro e indimenticabile all'immagine della grecità. Altri popoli hanno i santi, e i Greci hanno i Sapienti. Si è detto con ragione che un popolo è caratterizzato non tanto dai suoi grandi uomini, quanto piuttosto dal modo in cui riconosce e onora tali uomini. In altre epoche il filosofo si presenta come un solitario e casuale viandante, il quale, nel più ostile degli ambienti, cerca di sgattaiolare oppure di farsi strada con la forza dei suoi pugni. Soltanto presso i Greci il filosofo non è casuale. Quando, nel sesto e nel quinto secolo, egli appare tra enormi pericoli e straordinari allettamenti da parte di una civiltà divenuta mondana, e uscendo – per così dire – dalla caverna di Trofonio cammina attraverso l'esuberanza, la ricchezza e la sensualità delle colonie greche, attraverso la loro felicità di aver scoperto cose nuove, allora – possiamo intuirlo – egli si presenta come un nobile ammonitore, che tende al medesimo scopo per cui in quei secoli è sorta la tragedia e cui vogliono accennare i misteri orfici, con i grotteschi geroglifici delle loro pratiche. Il giudizio di quei filosofi sulla vita e sull'esistenza in generale ha un'importanza ben più grande di un giudizio moderno, poiché essi avevano di fronte la vita in una rigogliosa compiutezza e poiché in essi il sentimento del pensatore non cadeva – come invece avviene a noi – nel dissidio tra il desiderio di libertà, di bellezza, di grandezza della vita, e l'impulso verso la verità, il quale si limita a domandare: che valore ha la vita, in generale? Partendo dalla nostra situazione e dalle nostre esperienze, non si può individuare nettamente il compito che spetta al filosofo entro una vera civiltà, formata secondo uno stile unitario, e ciò perché noi non possediamo una siffatta civiltà. Solo una civiltà come quella greca, piuttosto, può risolvere la questione riguardo al compito del filosofo; soltanto essa, come ho detto, può giustificare la filosofia in generale, poiché essa sola sa – e può dimostrare – perché e come il filosofo *non* sia un qualunque viandante casuale, sbandato ora in una direzione e ora in un'altra. Esiste una ferrea necessità che incatena il filosofo a una vera civiltà: ma come potrà avvenire ciò, quando non sussista questa civiltà? In tal caso, il filosofo è una cometa imprevedibile, che perciò incute paura, mentre nell'altro caso – cioè nel caso favorevole – egli risplende nel sistema solare della civiltà, come una stella di prima grandezza. I Greci forniscono la giustificazione del filosofo, perché soltanto presso di loro egli non è una cometa.

2

Dopo tali considerazioni, si accetterà senza difficoltà che io parli dei filosofi preplatonici come di un gruppo omogeneo e che pensi di dedicare questo scritto soltanto a loro. Con Platone comincia qualcosa di completamente nuovo, o anche – come si può dire con pari giustificazione – da Platone in poi ai filosofi manca qualcosa di essenziale, se li paragoniamo a quella repubblica di pensatori geniali da Talete a Socrate. Chi vuole esprimersi sfavorevolmente riguardo a quei maestri più antichi, potrà chiamarli unilaterali, chiamando invece multilaterali i loro epigoni, con Platone in testa. Si sarebbe tuttavia più giusti e più imparziali, se si considerasse gli ultimi come caratteri filosofici misti, e i primi come i tipi filosofici puri. Platone stesso è il primo grandioso carattere misto: tale carattere è impresso tanto nella sua filosofia quanto nella sua personalità. Nella sua teoria delle idee si riuniscono elementi socratici, pitagorici ed eraclitei: questa dottrina non costituisce perciò un fenomeno tipicamente puro. Anche come uomo, Platone riunisce i tratti di Eraclito – regale, chiuso in sé e autosufficiente – di Pitagora – melanconico, compassionevole, creatore di leggi – e di Socrate, dialettico e scrutatore di anime. Tutti i filosofi posteriori hanno siffatti caratteri misti; quando in essi si presenta qualcosa di unilaterale, come nei Cinici, si tratta non già di un tipo, bensì di una caricatura. Assai più importante è peraltro il fatto che essi siano fondatori di sètte, e che le sètte fondate da loro siano in ogni caso circoli di opposizione contro la civiltà greca e la sua precedente unità di stile. A modo loro, essi cercano una liberazione, soltanto però per gli individui isolati, o tutt'al più per i gruppi immediati di amici o di discepoli. L'attività dei filosofi più antichi si rivolge, sebbene essi non se ne avvedano, verso un risanamento e una purificazione totali; il corso possente della civiltà greca non deve essere arrestato, la sua strada deve essere sgombrata da terribili pericoli, il filosofo appoggia e difende la sua patria. In seguito, da Platone in poi, il filosofo è invece in esilio, e cospira contro la sua patria. – È una vera disgrazia che ci sia rimasto così poco di quei filosofi più antichi, e che ci sia venuto a mancare un qualsiasi scritto completo. A causa di questa perdita, noi li valutiamo senza volerlo con criteri falsi, e ci lasciamo influenzare dal fatto puramente casuale che a Platone e ad Aristotele non sono mai mancati gli estimatori e i copisti, per giudicare sfavorevolmente i filosofi precedenti. Molti ammettono una particolare provvidenza per i libri, un *fatum libellorum*: ma questo destino dovrebbe in ogni caso essere ben malvagio, se ha ritenuto opportuno di sottrarci Eraclito, il mirabile poema di Empedocle, gli scritti di Democrito – posto dagli antichi sullo stesso piano di Platone, e superiore a lui in schiettezza – e se per consolarci di questa perdita ci ha messo in mano Stoici, Epicurei e Cicerone. La parte più grandiosa del pensiero greco e della sua espressione verbale è probabilmente andata perduta per noi: un destino, questo, di cui non si stupirà chi ricordi il destino avverso di Scoto Erigena o di Pascal, e consideri che persino in questo secolo illuminato la prima edizione del *Mondo come volontà e rappresentazione* di Schopenhauer ha dovuto essere mandata al macero. Se per spiegare queste cose qualcuno vuole ammettere una speciale potenza fatalistica, può farlo tranquillamente, e dire con Goethe: «Nessuno si lagni di ciò che è abbietto: esso difatti detiene il potere, checché ti si possa dire».[1] Soprattutto, essa è più forte che la potenza della verità. L'umanità produce molto raramente un buon libro, dove con ardito senso di libertà venga intonato il canto guerriero della verità, il canto dell'eroismo filosofico. Eppure, che questo libro viva ancora per un secolo, oppure ammuffisca e marcisca, dipende dalle più miserabili contingenze, da improvvisi ottenebramenti dei cervelli, da antipatie e da sussulti di superstizione, e infine persino dalla pigrizia dei copisti, o addirittura dai tarli e dall'umidità. Non vogliamo tuttavia lamentarci, e piuttosto rivolgeremo a noi stessi le recise parole di consolazione, destinate da Hamann agli studiosi che si lagnano per la perdita di opere antiche: «All'artigiano che infila la cruna di un ago con l'aiuto di una lente non basterà forse, per esercitare la sua abilità acquisita, possedere uno staio di lenti? Si potrebbe rivolgere questa domanda a tutti gli studiosi che non sanno usare le opere degli antichi più saggiamente di quanto sappia fare quel tale riguardo alle lenti». Nel nostro caso – si dovrebbe aggiungere – non c'era bisogno che ci fossero tramandati altri aneddoti, altre parole, altre date, oltre a quanto ci è stato tramandato: anzi, se quello che ci è conservato fosse molto più scarso, ciò basterebbe tuttavia per stabilire la tesi generale che i Greci hanno dato una giustificazione alla filosofia. – Un'epoca che soffre della cosiddetta cultura generale, ma non possiede una vera civiltà e nella sua vita non ha affatto un'unità di stile, non saprà ricavare nulla di buono dalla filosofia, quand'anche la filosofia fosse celebrata nelle strade e nei mercati dal genio stesso della verità. In una tale epoca la filosofia si riduce piuttosto al dotto monologo di un viandante solitario, al bottino casuale di un individuo isolato, al segreto chiuso in una stanza di studio, o alle chiacchiere innocue tra ragazzi e vecchi accademici. Nessuno osa realizzare personalmente quanto è comandato dalla filosofia, nessuno vive filosoficamente con quella fedeltà semplice e virile che nell'antichità costringeva un uomo, nel caso che avesse giurato fedeltà alla Stoa, a comportarsi da Stoico, dovunque si trovasse e qualunque cosa facesse. Il filosofare moderno ha sempre un colorito politico e poliziesco, è indirizzato dai governi, dalle Chiese, dalle accademie, dai costumi, dalle mode, dalle viltà degli uomini, alla sola conquista dell'apparenza erudita. Ci si limita a sospirare: «se la situazione fosse diversa!», oppure a constatare: «una volta le cose stavano così». La filosofia non ha diritto di esistere, e perciò l'uomo moderno, se fosse veramente coraggioso e coscienzioso, dovrebbe respingerla e bandirla con parole simili a quelle con cui Platone voleva cacciare dalla sua repubblica i poeti tragici.[2] Senza dubbio essa potrebbe ribattere qualcosa, allo stesso modo che quei poeti tragici avrebbero potuto ribattere qualcosa a Platone. La filosofia, se la si costringesse infine a parlare, potrebbe dire per esempio: «È forse colpa mia, o popolo sciagurato, se io mi aggiro in questo paese come un'indovina, se devo nascondermi e dissimularmi, quasi io fossi la peccatrice e voi i miei giudici? Non avete che da guardare mia sorella, l'arte. La sua situazione è identica alla mia: siamo smarrite in mezzo ai barbari e non siamo più in grado di salvarci. In questo luogo, è vero, non possiamo vantare alcun diritto; tuttavia i giudici che decidono su di noi giudicheranno anche voi e vi diranno: abbiate anzitutto una cultura, e poi imparerete altresì che cosa vuole e che cosa può fare la filosofia».

3

La filosofia greca sembra cominciare con un'idea inconsistente, cioè con l'affermazione che l'acqua è l'origine e il grembo materno di tutte le cose. È veramente necessario soffermarci su questo punto, e prenderlo sul serio? Sì, e per tre ragioni. In primo luogo, perché tale proposizione dichiara qualcosa riguardo all'origine delle cose; in secondo luogo, perché fa ciò prescindendo dalle immagini e dalle favole; in terzo luogo, infine, perché in tale proposizione è contenuto – sia pure allo stato embrionale – il pensiero: tutto è uno. La prima delle ragioni nominate lascia ancora Talete in compagnia della religione e della superstizione, mentre la seconda lo fa uscire da questa compagnia, mostrandolo come indagatore della natura: in base alla terza ragione, peraltro, Talete viene considerato come il primo filosofo greco. Se egli avesse detto: dall'acqua deriva la terra, noi avremmo soltanto un'ipotesi scientifica, falsa ma difficilmente confutabile. Ma egli andò oltre l'aspetto scientifico. Talete, presentando questa idea di unità attraverso l'ipotesi dell'acqua, non ha superato scientificamente, ma tutt'al più ha oltrepassato con un balzo il basso livello delle concezioni fisiche del suo tempo. Le misere e disordinate osservazioni di natura empirica fatte da Talete sugli stati e le trasformazioni dell'acqua, o più precisamente dell'elemento umido, non avrebbero certo permesso, né tanto meno consigliato, una siffatta generalizzazione assoluta. Ciò che spingeva verso una tale generalizzazione era una proposizione metafisica di fede, la cui origine va ricercata in un'intuizione mistica. Noi incontriamo in tutte le filosofie questa proposizione, assieme ai tentativi sempre rinnovati di esprimerla meglio: si tratta della proposizione «tutto è uno».

Vale la pena di osservare con quale dispotismo si comporti tale fede, rispetto a ogni dato sperimentale. Proprio dall'esempio di Talete si può imparare quale sia stato in ogni tempo il contegno della filosofia, se la volontà la spingeva verso il suo scopo magicamente attraente, a oltrepassare le barriere dell'esperienza. Essa balza in avanti, sostenendosi su deboli appoggi: la speranza e il presentimento le mettono le ali ai piedi. L'intelletto calcolatore la segue pesantemente, trafelato, e cerca appoggi più solidi, per raggiungere anch'esso quello scopo allettante, cui la sua più divina compagna è già pervenuta. Due viandanti attraverso una foresta sono giunti sulla sponda di un torrente selvaggio, il quale trascina con le sue onde grandi pietre: l'uno salta dall'altra parte con piede leggiero, servendosi di quelle pietre e slanciandosi oltre con il loro aiuto, sebbene esse sprofondino precipitosamente dietro di lui; l'altro si arresta a ogni momento, abbandonato a se stesso, e deve costruirsi anzitutto degli appoggi che sostengano il suo passo pesante e circospetto: talvolta ciò non gli riesce e in tal caso nessun dio lo aiuterà a superare il torrente. Che cos'è dunque che spinge così rapidamente il pensiero filosofico al suo scopo? Il pensiero filosofico si distingue forse dal pensiero che calcola e misura solo per il fatto di percorrere più rapidamente grandi spazi? No, perché il suo piede è spinto da una forza estranea, illogica, la fantasia. Spinto da questa, il pensiero filosofico balza oltre, di possibilità in possibilità, possibilità che vengon assunte provvisoriamente come sicurezze. Qua e là, esso coglie nel suo volo anche le sicurezze. Un presentimento geniale gli mostra tali sicurezze: esso indovina di lontano che in un certo punto si trovano sicurezze dimostrabili. Ma la forza della fantasia è possente soprattutto nell'afferrare e illuminare fulmineamente le somiglianze: la riflessione in seguito fa intervenire le sue misure e i suoi modelli, cercando di sostituire le somiglianze con le eguaglianze e gli accostamenti intuitivi con i rapporti causali. Tuttavia, anche quando questo lavoro della riflessione non può attuarsi, come nel caso di Talete, il filosofare indimostrabile conserva però ancora un valore; anche se tutti gli appoggi sono spezzati, nel caso in cui la logica e la rigidezza dell'empirismo vogliano assumere la proposizione «tutto è acqua», rimarrà pur sempre un resto, dopo che l'edificio scientifico è stato frantumato. Proprio in questo resto si trova una forza propulsiva, la speranza per così dire di una ricchezza futura.

Naturalmente non intendo dire che questo pensiero, circoscritto o attenuato in qualche modo, oppure inteso allegoricamente, conservi forse ancora una certa «verità»; si potrebbe immaginare qualcosa di simile, per esempio, pensando a un artista figurativo di fronte a una cascata, il quale veda nelle forme che gli balzano incontro una metamorfosi – artisticamente rappresentativa – dell'acqua in corpi di uomini e di animali, in maschere, piante, rocce, ninfe, grifoni, insomma in tutti i tipi esistenti. In tal modo per costui risulterebbe confermata la proposizione «tutto è acqua». Ma il pensiero di Talete, piuttosto, trova il suo valore – anche dopo di essere stato riconosciuto come indimostrabile – proprio nel fatto di essere inteso in un senso non mitico e non allegorico. I Greci, in mezzo a cui Talete spiccò d'un tratto per la sua eccezionalità, avevano su questo punto un atteggiamento antitetico a quello di tutti i realisti, poiché essi credevano propriamente soltanto nella realtà degli uomini e degli dèi, e consideravano tutta quanta la natura quasi come un travestimento, una maschera, una metamorfosi di questi uomini-dèi. Secondo loro l'uomo era la verità e l'essenza delle cose: tutto il resto non era altro se non apparenza e gioco illusorio. Appunto per questo essi incontravano un'incredibile difficoltà nel cogliere i concetti come concetti: e contrariamente a quanto avviene per i moderni – nei quali anche l'elemento più personale si volatilizza in astrazioni – presso di loro invece l'elemento più astratto si raccoglieva sempre nuovamente nella forma di una persona. Talete per contro disse: «non già l'uomo, bensì l'acqua è la realtà delle cose». In tal modo egli comincia a credere nella natura, in quanto almeno crede nell'acqua. Come matematico e come astronomo, si sentiva freddo nei confronti di ogni mito e di ogni allegoria, e se non gli riuscì di disincantarsi al punto di giungere all'astrazione pura «tutto è uno», arrestandosi invece a un'espressione fisica, egli si presentava comunque, fra i Greci del suo tempo, come una sorprendente rarità. Forse gli Orfici – anch'essi estremamente singolari – possedevano in un grado ancora maggiore di Talete la capacità di cogliere le astrazioni e di pensare in modo non plastico: costoro tuttavia riuscirono soltanto a esprimere tali astrazioni in forma di allegoria. Anche Ferecide di Siro, quasi coetaneo di Talete, e affine a lui per parecchie concezioni fisiche, nell'esprimere le proprie idee ondeggia in quella regione intermedia, dove il mito si sposa con l'allegoria. In tal modo egli osa per esempio paragonare la terra a una quercia alata, la quale sta sospesa nell'aria con le ali spiegate, e sulla quale Zeus, dopo di aver debellato Crono, depone uno splendido mantello dove ha ricamato di propria mano le terre, le acque e i fiumi. Di fronte a un siffatto filosofare, oscuramente allegorico, difficilmente traducibile in immagini reali, Talete si presenta invece come un maestro creativo che ha cominciato a guardare la natura nelle sue profondità, senza ricorrere a invenzioni fantastiche. Nel far ciò si è servito, è vero, della scienza e di proposizioni dimostrabili, superando peraltro tutto ciò subito dopo: ma questo è del pari un carattere tipico della mente filosofica. La parola greca che designa il «sapiente» si connette etimologicamente a *sapio*, io gusto, a *sapiens*, colui che gusta, a *sisyphos*, l'uomo dal gusto più raffinato: in tal modo, secondo la coscienza popolare, la vera arte del filosofo consiste nell'osservare e conoscere le più sottili sfumature, ossia in una rilevante capacità di distinguere. Il filosofo non è accorto, quando si chiami accorto colui che sa risolvere a proprio vantaggio le sue vicende personali. Aristotele dice giustamente: «ciò che sanno Talete e Anassagora, lo si chiamerà insolito, stupefacente, difficile, divino, ma inutile, poiché costoro non si interessavano dei beni umani».[3] Con questo scegliere e sceverare l'insolito, lo stupefacente, il difficile, il divino, la filosofia stabilisce i suoi confini rispetto alla scienza, allo stesso modo che li stabilisce rispetto all'accortezza con l'accentuare ciò che è inutile. Senza una tale scelta, senza un tale gusto raffinato, la scienza si precipita su tutto ciò che è oggetto del sapere, nel cieco desiderio di conoscere a ogni costo tutto quanto; il pensiero filosofico, per contro, è sempre sulle tracce delle cose che più meritano di essere sapute, delle conoscenze grandi e importanti. Peraltro il concetto di grandezza è variabile, tanto nel campo morale quanto in quello estetico: la filosofia prende quindi le mosse da una legislazione della grandezza; la sua attività consiste inizialmente in un denominare. «Questo è grande», dice la filosofia, e con ciò essa solleva l'uomo al di sopra del cieco e sfrenato desiderio del suo istinto conoscitivo. Essa doma questo istinto con il concetto di grandezza, e soprattutto con il considerare come raggiungibile e come raggiunta la massima conoscenza, quella cioè dell'essenza e della radice delle cose. Quando Talete dice «tutto è acqua», l'uomo si scuote, cessa di procedere a tastoni e di strisciare come un verme nel campo delle scienze particolari, ha un presentimento della soluzione suprema delle cose, e attraverso questo presentimento supera il pregiudizio comune dei gradi inferiori della conoscenza. Il filosofo cerca di far risuonare in sé l'armonia totale del mondo e di esprimere fuori di sé quest'armonia in concetti: pur essendo contemplativo come l'artista figurativo e compassionevole come il religioso, pur andando alla ricerca di fini e di rapporti causali come l'uomo scientifico, pur espandendosi col suo sentimento sino al macrocosmo, egli conserva tuttavia l'assennatezza di considerare freddamente se stesso come il riflesso del mondo, quell'assennatezza cioè che possiede l'artista drammatico, quando si trasforma in altri corpi, parla per bocca loro e sa nondimeno proiettare questa trasformazione all'esterno, in versi scritti. Ciò che per il poeta drammatico è il verso, per il filosofo è il pensiero dialettico: il filosofo si attacca a esso, per trattenere il proprio incantesimo, per pietrificarlo. E come per il poeta drammatico parola e verso non sono altro che un balbettamento in una lingua straniera, per dire con questo linguaggio ciò che egli ha vissuto e contemplato, allo stesso modo il manifestare ogni profonda intuizione filosofica attraverso la dialettica e la riflessione scientifica costituisce bensì l'unico mezzo per comunicare ciò che è stato contemplato, ma anche un mezzo misero, e in fondo una traduzione metaforica, completamente infedele, in una sfera e in un linguaggio differenti. Così Talete contemplò l'unità di ciò che è, e quando volle comunicare la sua intuizione, parlò dell'acqua!

4

Mentre attraverso l'immagine di Talete va delineandosi solo nebulosamente il tipo universale del filosofo, l'immagine del suo successore ci parla già in modo assai più chiaro. *Anassimandro* di Mileto, il primo scrittore filosofico dell'antichità, scrive appunto come scriverà il filosofo tipico (sintanto che per inquietanti esigenze non verrà a perdere la spontaneità e l'ingenuità), in uno stile lapidario grandiosamente stilizzato, che frase per frase testimonia una nuova illuminazione ed esprime indugio in contemplazioni sublimi. Il pensiero e la sua forma sono pietre miliari sul sentiero che conduce a quella suprema sapienza. Con una tale energia lapidaria Anassimandro ha occasione di dire: «Onde le cose trovano la loro nascita, colà devono altresì perire, secondo la necessità: esse infatti devono pagare il fio ed essere condannate per le loro ingiustizie, conformemente all'ordine del tempo».[4] Come potremo interpretare questa enigmatica sentenza di un vero pessimista, questa iscrizione – quasi un responso di oracolo – sulla pietra di confine della filosofia greca? L'unico moralista serio del nostro secolo ci raccomanda nei *Parerga*, volume II, p. 327, una considerazione simile.[5] «L'esatto criterio per giudicare un qualsiasi uomo consiste nel ricordare che si tratta di un essere che non dovrebbe esistere affatto, e che paga il fio della sua esistenza con molte forme di sofferenza e con la morte. Che cosa ci si può attendere da un essere simile? Non siamo forse tutti quanti dei peccatori condannati a morte? Noi espiamo la nostra nascita, in primo luogo con la vita, e in secondo luogo con la morte». Chi scopre questa dottrina, scrutando la fisionomia della nostra comune sorte umana, e riconosce la natura fondamentalmente scadente di ogni vita umana già nel fatto che nessuno tollera di essere considerato con attenzione e molto da vicino (sebbene la nostra epoca, contagiata dalla malattia biografica, sembri pensare diversamente, e con maggior rispetto, sulla dignità dell'uomo), chi, come Schopenhauer, ha ascoltato nelle «altezze dell'atmosfera indiana» la parola sacra sul valore morale dell'esistenza, costui potrà difficilmente trattenersi dal prospettare una metafora supremamente antropomorfica, non ammettendo che quella triste dottrina rimanga limitata alla vita umana, e applicandola, con una trasposizione, al carattere generale di ogni esistenza. Il considerare ora con Anassimandro ogni divenire come un'emancipazione dall'eterno essere che è degna di punizione, come un'ingiustizia che deve essere espiata con la morte, è un modo di vedere, forse non logico, ma in ogni caso veramente umano, e inoltre veramente nello stile di quei balzi in avanti filosofici che abbiamo descritti in precedenza. Tutto ciò che a un certo momento è sorto, in seguito perisce, sia che ci riferiamo alla vita umana, oppure all'acqua, oppure al caldo e al freddo: ovunque siano percepibili determinate qualità, noi abbiamo altresì il diritto di profetizzare – in base a una schiacciante prova dell'esperienza – la fine di queste qualità. Un essere che possieda qualità determinate e sia costituito da queste non potrà dunque mai essere l'origine e il principio delle cose; ciò che veramente è, concluse Anassimandro, non può possedere qualità determinate, poiché altrimenti dovrebbe essere nato e dovrebbe perire come tutte le altre cose. Perché il divenire non cessi, l'essere originario dev'essere indeterminato. L'immortalità ed eternità dell'essere originario non consiste in un'infinità e in un'inesauribilità – come comunemente ritengono gli interpreti di Anassimandro – bensì nel fatto che tale essere è privo delle qualità determinate che portano alla morte: è per questo che esso viene chiamato «l'indeterminato». L'essere originario così denominato s'innalza al di sopra del divenire, e appunto per questo garantisce l'eternità e il libero corso del divenire. Senza dubbio, tale unità suprema contenuta in quell'«indeterminato» – questo grembo materno di tutte le cose – può essere designata dall'uomo solo negativamente, come un qualcosa cui non può venire attribuito alcun predicato tratto dal mondo concreto del divenire: essa potrebbe quindi venir considerata sullo stesso piano della «cosa in sé» kantiana.

Chi vuol disputare sulla vera natura di una siffatta materia primordiale, sostenendo per esempio che si tratti di un qualcosa di intermedio tra aria e acqua, o forse tra aria e fuoco, non ha certamente compreso il nostro filosofo. Lo stesso si può dire a riguardo di coloro che si domandano seriamente se Anassimandro abbia pensato la sua materia originaria come una mescolanza di tutte le sostanze materiali esistenti. Dobbiamo indirizzare lo sguardo, piuttosto, là dove possiamo apprendere che la questione sull'origine di questo mondo non era già più trattata da Anassimandro in modo puramente fisico, ossia dobbiamo rivolgerci a quella sentenza lapidaria citata da principio. Se nella pluralità delle cose venute all'esistenza egli vedeva una somma di ingiustizie da espiare, ciò significa che egli è stato il primo Greco ad afferrare con piglio ardito il bandolo del più profondo problema etico. Come potrà perire un qualcosa che ha diritto a esistere? Quale è la causa di quell'incessante divenire e generare, di quell'espressione di smorfia dolorosa sul volto della natura, di quel lamento funebre senza fine, in tutti i campi dell'esistenza? Anassimandro fugge da questo mondo dell'ingiustizia, dove l'unità originaria delle cose è stata delittuosamente abbandonata, e cerca riparo in una roccaforte metafisica. Affacciandosi di lassù, egli spazia attorno con lo sguardo e alla fine, dopo un silenzio meditativo, rivolge a tutti gli esseri le domande: Che valore ha la vostra esistenza? E se non ha alcun valore, perché voi esistete? È per vostra colpa, lo so, che vi trattenete in questa esistenza. Dovrete espiare questa colpa con la morte. Guardate come appassisce la vostra terra: i mari decrescono e vanno prosciugandosi (le conchiglie che si ritrovano sulle montagne vi mostrano in quale misura si siano già disseccati i mari); già ora il fuoco distrugge il vostro mondo e alla fine esso si dissolverà in fumo e in vapore. Ma sempre si ricostruirà nuovamente un siffatto mondo transeunte: chi potrà mai redimervi dalla maledizione del divenire?

Un uomo che proponeva tali questioni e il cui pensiero, librandosi in alto, spezzava continuamente i vincoli empirici, per slanciarsi d'un tratto verso i supremi spazi sopralunari, certamente non poteva gradire un modo banale di vivere. Noi siamo propensi a credere nella tradizione secondo cui egli si aggirava in abiti particolarmente solenni e mostrava, nei suoi gesti e nelle abitudini della sua vita, una superbia veramente tragica. Egli viveva nello stesso modo in cui scriveva; parlava con la stessa solennità con cui vestiva; levava la mano e avanzava il piede, come se questa vita fosse una tragedia in cui egli fosse destinato a sostenere la parte di un eroe. In tutto ciò egli fu il grande modello di Empedocle. I suoi concittadini lo scelsero per guidare una colonia di emigrazione: forse furono lieti di poterlo onorare e di potersene al tempo stesso sbarazzare. Anche il suo pensiero emigrò e fondò colonie: a Efeso e a Elea non si riuscì a farne a meno, e anche se non ci si rassegnò ad arrestarsi al punto dove Anassimandro era giunto, ci si convinse tuttavia di essere stati condotti da lui sino a quel punto, partendo dal quale ci si accinse poi a procedere oltre senza di lui.

Talete mostra il bisogno di semplificare il regno della pluralità, riducendolo a un semplice spiegamento, o a un travestimento, dell'unica qualità reale, l'acqua. Anassimandro lo sopravanza, facendo due passi oltre. Egli si domanda anzitutto: «Se esiste veramente un'unità eterna, come è possibile allora quella pluralità?», ricavando la risposta dal carattere contraddittorio, autodistruttivo e negatore di questa pluralità. L'esistenza di essa diventa per lui un fenomeno morale: tale esistenza non è giustificata, e trova piuttosto la propria espiazione continua attraverso la morte. Ad Anassimandro si presenta allora la seconda domanda: «In tal caso perché mai tutto ciò che diviene non è già perito da gran tempo, dato che è già trascorso un tempo infinito? Onde deriva il flusso sempre rinnovato del divenire?». Per salvarsi da questa domanda, egli non sa far altro che ricorrere a possibilità mistiche: l'eterno divenire può avere la sua origine soltanto nell'eterno essere; le condizioni che rendono possibile un abbandono di quell'essere, e una caduta in un divenire dominato dall'ingiustizia, sono sempre le stesse; la costellazione delle cose è ormai costituita in modo da non lasciare intravedere una fine di quel processo, per cui gli esseri singoli escono dal grembo dell'«indeterminato». Anassimandro si arrestò a questo punto, ossia rimase avvolto nelle ombre profonde che si stendevano – come giganteschi fantasmi – sulla montagna di una tale concezione del mondo. Quanto più ci si voleva accostare al problema di come per una caduta il determinato possa sorgere dall'indeterminato, il temporaneo dall'eterno, l'ingiustizia dalla giustizia, tanto più fonda diventava la notte.

5

In mezzo a questa notte mistica, che avvolgeva il problema del divenire di Anassimandro, si presentò *Eraclito* di Efeso, illuminandola con un lampo divino. «Io contemplo il divenire» egli esclama «e nessuno ha guardato con pari attenzione questa eterna onda e questo eterno ritmo delle cose. E che cosa ho visto? Dominio delle leggi; certezze infallibili; vie sempre eguali della giustizia; Erinni che condannano per ogni trasgressione delle leggi; il mondo intero, in quanto spettacolo di una giustizia dominatrice e di forze naturali poste al suo servizio, demonicamente onnipresenti. Non ho contemplato la punizione di ciò che è divenuto, bensì la giustificazione del divenire. Quando mai il delitto e la decadenza si sono manifestati in forme inviolabili, in leggi santamente rispettate? Se domina l'ingiustizia, si presenta allora l'arbitrio, il disordine, la sregolatezza, la contraddizione; ma se, come in questo mondo, regnano unicamente la legge e la figlia di Zeus, Dike, come potrebbero allora esistere qui la sfera della colpa, dell'espiazione, della condanna e, per così dire, il patibolo di tutti i condannati?».

Da questa intuizione Eraclito ricavò due negazioni connesse, che possono essere messe veramente in luce solo da un confronto con le dottrine del suo predecessore. Anzitutto egli negò la contrapposizione – che Anassimandro era stato spinto ad ammettere – di due mondi completamente diversi; egli non separò più l'uno dall'altro il mondo fisico da quello metafisico, il regno delle qualità determinate da quello dell'indeterminatezza indefinibile. Dopo questo primo passo, egli non poteva ormai trattenersi dal compierne un altro con una negazione assai più coraggiosa: egli negò in generale l'essere. In effetti, quest'unico mondo che egli conservava – difeso da eterne leggi non scritte, ondeggiante al bronzeo rintocco del ritmo – non rivela da nessuna parte una permanenza, un'indistruttibilità, un baluardo che si opponga alla corrente. Con maggior forza di Anassimandro, Eraclito grida: «Non vedo null'altro che divenire. Non fatevi ingannare. Dipende dalla vostra vista corta, e non già dall'essenza delle cose, il fatto che voi crediate di scorgere da qualche parte una terraferma, nel mare del nascere e del perire. Voi date nomi alle cose, come se queste durassero costantemente: per contro anche il fiume in cui voi scendete per la seconda volta non è più lo stesso fiume, dove siete scesi in precedenza».[6]

Come sua proprietà regale, Eraclito ha una forza suprema di rappresentazione intuitiva. Verso l'altra specie di rappresentazioni che si attua nei concetti e nelle combinazioni logiche, ossia verso la ragione, Eraclito si mostra invece freddo, insensibile, anzi ostile, e sembra provar piacere quando può contraddire la ragione con una verità acquisita intuitivamente. Egli fa questo in affermazioni come «ogni cosa ha sempre in sé il suo opposto»,[7] con una tale franchezza, che Aristotele lo incolpa, di fronte al tribunale della ragione, del più grave delitto, ossia di aver trasgredito il principio di contraddizione.[8] Ma la rappresentazione intuitiva comprende due cose: da un lato il mondo immediato, variopinto e mutevole, che si impone a noi in tutte le esperienze, d'altro lato le condizioni che sole rendono possibile ogni esperienza di questo mondo, ossia tempo e spazio. Questi infatti, anche se sono privi di un contenuto determinato, possono venire percepiti in modo intuitivo, cioè intuìti, indipendentemente da ogni esperienza e puramente in sé. Eraclito, orbene, considerando a questo modo il tempo, a prescindere da ogni esperienza, trovava in esso il più istruttivo monogramma di tutto ciò che può cadere nel campo della rappresentazione intuitiva. Il suo modo di conoscere il tempo è uguale, per esempio, al modo di conoscerlo di Schopenhauer. Costui dichiara ripetutamente, riguardo al tempo, che in esso ogni istante esiste solo in quanto ha distrutto l'istante precedente, suo padre, per essere poi a sua volta distrutto esso stesso con altrettanta rapidità; dice inoltre che passato e futuro sono vani allo stesso modo di un sogno, mentre il presente è soltanto il confine, privo di estensione e di consistenza, tra passato e futuro; dichiara infine che anche lo spazio, come il tempo, e come lo spazio altresì tutto ciò che esiste simultaneamente nello spazio e nel tempo, ha semplicemente un'esistenza relativa, e sussiste solo me-

diante e per qualcos'altro, omogeneo rispetto a esso, cioè dotato a sua volta di una medesima consistenza. Questa è una verità che possiede un'intuitività suprema, immediata, accessibile a chiunque, e che appunto per questo è difficilmente attingibile con i concetti e con la ragione. Chi la tiene presente deve peraltro trarne immediatamente le conseguenze eraclitee, e dire che l'intera essenza della realtà si riduce a un agire e che per la realtà non può esistere alcun'altra specie di essere. Anche questo è stato spiegato da Schopenhauer (*Mondo come volontà e rappresentazione*, I, p. 10).[9] «Essa riempie lo spazio e il tempo solo in quanto agisce. L'intuizione, l'unica sede cioè dove essa esista, è condizionata dalla sua azione sull'oggetto immediato. La conseguenza dell'azione di un oggetto materiale su un altro oggetto materiale è riconosciuta solo in quanto il secondo agirà diversamente da prima[10] sull'oggetto immediato, e consiste soltanto in ciò. Causa ed effetto esauriscono perciò l'intera essenza della materia: l'essere di questa è il suo agire. L'insieme degli elementi materiali è quindi chiamato – molto felicemente – in tedesco 'effettualità', parola assai più significativa di 'realtà'. Ciò su cui essa agisce è ancor sempre materia; quindi il suo essere e la sua essenza consistono unicamente in un mutamento conforme a leggi, prodotto da una sua parte in un'altra parte, e di conseguenza sono completamente relativi, basati cioè su una relazione valida soltanto entro i suoi limiti, analogamente a quanto avviene per il tempo e per lo spazio».
Il divenire eterno e unico, la completa instabilità di tutti gli oggetti reali, che non fanno altro se non agire e divenire continuamente, e che non sono – secondo l'insegnamento di Eraclito –, dà luogo a una visione terribile, che stordisce, ed è assai affine alla sensazione con cui, durante un terremoto, si perde la fiducia nella

solidità della terra. Occorreva una forza stupefacente, per trasformare questa impressione in un sentimento contrario di sublimità e di stupore felice. Eraclito raggiunse questo risultato, osservando il processo concreto del nascere e del perire, e concependolo nella forma della polarità, come la scissione di una forza in due attività qualitativamente diverse, opposte e tendenti a una riunificazione. Ogni qualità si scinde continuamente, separandosi in una coppia di contrari, e continuamente questi contrari tendono poi di nuovo a riunirsi. Il popolo crede bensì di conoscere qualcosa di rigido, compiuto, permanente, ma in verità a ogni momento luce e tenebre, amaro e dolce si avvinghiano strettamente tra loro, come due lottatori, ciascuno dei quali riesce alternativamente a ottenere il sopravvento. Secondo Eraclito, il miele è al tempo stesso amaro e dolce, e il mondo stesso è una mistura che dev'essere continuamente agitata.[11] Dalla guerra tra gli opposti sorge ogni divenire: le qualità determinate, che ci appaiono come durevoli, esprimono soltanto la momentanea prevalenza di uno dei combattenti, ma non per questo la guerra finisce: la lotta continua per l'eternità. Tutto accade in conformità di questa contesa, e proprio questa contesa rivela la giustizia eterna.[12] Si tratta di una concezione mirabile – attinta alla fonte più pura della natura greca – che considera la contesa come il dominio continuo di una giustizia unitaria, rigorosa, legata a leggi eterne. Soltanto un Greco poteva essere in grado di trovare questa idea come fondamento di una cosmodicea: si tratta dell'Eris buona di Esiodo, trasfigurata a principio del mondo, si tratta del pensiero agonistico – dei singoli Greci e dello Stato greco – trasferito dai ginnasi e dalle palestre, dalle competizioni artistiche, dalle lotte reciproche fra partiti politici e fra città, alla sfera più universale, in modo da spiegare i movimenti del meccanismo cosmico. Ogni Greco combatte come se la ragione fosse tutta dalla sua parte, e in ogni istante c'è un giudice che valuta, con un criterio infinitamente sicuro, da quale parte penda la vittoria: allo stesso modo le qualità combattono tra loro, secondo leggi e criteri inviolabili, immanenti alla lotta. Le cose stesse, nella cui consistenza e nella cui durata il cervello ristretto degli uomini e degli animali crede, non hanno affatto una vera esistenza, ma sono il lampeggiare e la scintilla tra due spade che cozzano, sono il fulgore della vittoria nella lotta fra due opposte qualità.

Quella lotta, peculiare di ogni divenire, quella eterna alternanza di vittorie è ancora una volta descritta da Schopenhauer (*Mondo come volontà e rappresentazione*, I, p. 175):[13] «La materia permanente deve mutare di continuo la sua forma mentre, guidate dalla causalità, le apparenze meccaniche, fisiche, chimiche, organiche, si strappano a vicenda la materia – nel loro spingersi bramosamente verso una manifestazione – poiché ciascuna di esse vuole rivelare la sua idea. Questa contesa può essere osservata attraverso tutta quanta la natura, anzi la natura stessa può sussistere soltanto attraverso questa contesa». Le pagine seguenti forniscono le più notevoli illustrazioni di questa contesa: il tono fondamentale di queste descrizioni rimane tuttavia sempre diverso che in Eraclito, in quanto per Schopenhauer la lotta è una dimostrazione della scissione interna alla volontà di vivere, è un autodivorarsi di questo impulso oscuro e ottuso, e un fenomeno sempre terribile che non dà mai felicità. Il campo e l'oggetto di questa lotta è la materia: le forze naturali cercano di strapparsi a vicenda questa materia, come pure lo spazio e il tempo, la cui riunione mediante la causalità costituisce appunto la materia.

6

Mentre l'immaginazione di Eraclito giudicava l'universo incessantemente mosso, la «realtà», con l'occhio di un felice spettatore che vede lottare, in gioiosa tenzone e sotto il controllo di giudici severi, innumerevoli coppie di contendenti, egli fu còlto da un presentimento ancora più alto. Non poté più considerare separatamente le coppie dei contendenti e i giudici: i giudici stessi sembravano combattere, e i combattenti stessi sembravano giudicarsi; e poiché in fondo percepiva soltanto l'eterno dominio di una sola giustizia, egli osò allora esclamare: «La contesa della pluralità costituisce essa stessa la giustizia unica. E in generale, l'unità è la pluralità. Che cosa sono infatti tutte quelle qualità, nella loro essenza? Sono dèi immortali? Sono esseri separati, operanti per sé sin dal principio e senza alcuna fine? E se il mondo che noi vediamo è soltanto un nascere e perire che non ammette alcuna permanenza, forse quelle qualità saranno allora destinate a costituire un mondo metafisico di natura diversa, ossia non già un mondo dell'unità quale era stato cercato da Anassimandro dietro il velo ondeggiante della pluralità, bensì un mondo di eterne ed essenziali pluralità?». Forse Eraclito, allungando la strada, è giunto ancora una volta al duplice ordine del mondo – nonostante che lo avesse violentemente negato – con un Olimpo di numerosi dèi e demoni immortali, cioè di *molte* realtà, e con un mondo umano che vede soltanto il nembo di polvere della lotta olimpica e lo sfavillare delle lance divine, ossia vede soltanto un divenire. Anassimandro era appunto fuggito di fronte alle qualità determinate, rifugiandosi in seno al metafisico «indeterminato»: poiché tali qualità sorgevano e perivano, egli aveva rifiutato a esse un'esistenza vera ed essenziale; ma ora non sembrava forse risultare che il divenire è unicamente il manifestarsi di una lotta fra qualità eterne? Quando noi parliamo del divenire, ciò non dovrà forse attribuirsi alla debolezza peculiare della conoscenza umana? Nell'essenza delle cose, forse, non c'è invece alcun divenire, ma soltanto una coesistenza di molte realtà vere, sottratte al divenire e indistruttibili.

Ma queste sono scappatoie e strade false non degne di Eraclito. Egli esclama ancora una volta: «l'unità è la pluralità». Le molte qualità percepibili non sono né essenze eterne, né fantasmi dei nostri sensi (come essenze eterne le considererà più tardi Anassagora, come fantasmi Parmenide); esse non sono né un immobile sovrano essere, né una fuggevole illusione, che muta nella mente umana. La terza possibilità, l'unica che rimanga ancora a Eraclito, non potrà essere indovinata da nessuno mediante una sagacia dialettica, e per così dire mediante un calcolo. Ciò che egli ha scoperto a questo proposito è infatti una rarità, anche nel campo delle incredibili conoscenze mistiche e delle inattese metafore cosmiche. – Il mondo è il *giuoco* di Zeus, o anche, con un'espressione fisica, è il giuoco del fuoco con se stesso: solo in questo senso l'unità è al tempo stesso la pluralità.

Per spiegare anzitutto l'introduzione del fuoco in quanto forza costitutiva del mondo, voglio ricordare in qual modo Anassimandro aveva rielaborato la teoria dell'acqua in quanto origine delle cose. Pur concedendo fiducia a Talete per quanto riguarda l'essenziale, e pur rafforzando e accrescendo le sue osservazioni, Anassimandro non riusciva tuttavia a convincersi che prima dell'acqua – e per così dire dietro all'acqua – non esistesse nessun grado qualitativo ulteriore: egli pensava piuttosto che l'umido stesso derivasse dal caldo e dal freddo, in modo tale che il caldo e il freddo dovevano risultare stati preparatori dell'acqua, ossia le qualità ancora più originarie. Il divenire comincia con la loro separazione dall'essere primordiale dell'«indeterminato». Eraclito, che in quanto fisico riconosce la preminenza di Anassimandro, interpreta in modo nuovo questo caldo di Anassimandro, intendendolo come soffio, come alito caldo, come esalazione secca, in breve come elemento igneo:[14] di questo fuoco, peraltro, egli dice le stesse cose che Talete e Anassimandro avevano detto dell'acqua, ossia che esso percorre la strada del divenire attraverso innumerevoli trasformazioni, e soprattutto attraverso i tre stati principali del caldo, dell'umido, del solido. L'acqua infatti in parte diventa terra, discendendo, e in parte si trasforma in fuoco, ascendendo; o come sembra essersi espresso più precisamente Eraclito: dal mare si levano soltanto le esalazioni pure, che servono di nutrimento al fuoco divino delle stelle, mentre dalla terra si levano le esalazioni oscure e nebbiose, onde trae il suo nutrimento l'umido. Le esalazioni pure costituiscono il passaggio dal mare al fuoco, e le esalazioni impure il passaggio dalla terra all'acqua. Così le due vie di trasformazione del fuoco corrono continuamente all'in sù e all'in giù, avanti e indietro, l'una accanto all'altra, dal fuoco all'acqua, dall'acqua alla terra, e poi di nuovo dalla terra all'acqua e dall'acqua al fuoco.[15] Mentre Eraclito nelle più importanti di queste concezioni – per esempio nel fatto che il fuoco venga mantenuto dalle esalazioni, oppure nel fatto che dall'acqua si separa in parte la terra e in parte il fuoco – è un seguace di Anassimandro, risulta invece autonomo, e in contrasto con Anassimandro, nell'escludere il freddo dal processo fisico. Anassimandro, per contro, l'aveva posto sullo stesso piano del caldo, per far sorgere da entrambi l'umido. Per Eraclito, senza dubbio, il suddetto atteggiamento era necessario: in effetti, se tutto dev'essere fuoco, non potrà esistere nulla – nonostante ogni possibilità delle sue trasformazioni – che risulti sua antitesi assoluta; egli doveva quindi intendere ciò che viene chiamato il freddo unicamente come grado del caldo e poteva giustificare senza difficoltà tale interpretazione. Ma assai più importante di questo distacco dalla dottrina di Anassimandro è un'ulteriore concordanza: come Anassimandro, anche Eraclito crede in una fine del mondo che si ripete periodicamente, e nel risorgere sempre nuovo di un altro mondo dall'incendio universale che tutto distrugge. Il periodo in cui il mondo si affretta verso quell'incendio cosmico e verso la dissoluzione nel fuoco puro viene da lui caratterizzato, in modo sorprendente, come un desiderio e un bisogno, mentre l'essere divorato completamente dal fuoco è inteso come sazietà.[16] Rimane per noi aperto il problema di stabilire come egli abbia inteso e chiamato il nuovo impulso risorgente verso la ricostituzione del mondo, ossia il riversarsi nelle forme della pluralità. Sembra venirci in aiuto un proverbio greco, con il pensiero: «la sazietà genera la scelleratezza (l'*hybris*)»; e in realtà ci si può domandare per un istante, se Eraclito abbia forse derivato dall'*hybris* quel ritorno alla pluralità. Supponiamo di intendere seriamente questo pensiero: alla sua luce si trasforma dinanzi ai nostri occhi il volto di Eraclito, si spegne il lampo orgoglioso dei suoi occhi e si imprime in quel viso una profonda ruga di dolorosa rinuncia e di impotenza; ci sembra allora di sapere perché l'antichità tarda l'abbia chiamato il «filosofo che piange». L'intero processo cosmico non si presenta ormai come un atto di punizione per l'*hybris*? La pluralità è dunque il risultato di un delitto? La trasformazione del puro nell'impuro è allora una conseguenza dell'ingiustizia? La colpa non viene forse introdotta ora nel nucleo delle cose, in modo tale che il mondo del divenire e degli individui venga liberato da essa, ma al tempo stesso condannato a sopportarne sempre di nuovo le conseguenze?

7

Quella pericolosa parola, *hybris*, è in realtà la pietra di paragone per ogni seguace di Eraclito. È a questo proposito che egli deve mostrare se ha compreso o travisato il maestro. In questo mondo esiste la colpa, l'ingiustizia, la contraddizione, il dolore?
Sì, esclama Eraclito, ma soltanto per l'uomo limitato che guarda le cose staccate e non riunite, non già per il dio che intuisce il tutto: per quest'ultimo tutte le cose contrastanti si raccolgono in un'unica armonia, invisibile certo al comune occhio umano,[17] ma comprensibile per chi, come Eraclito, risulta simile al dio contemplativo. Di fronte al suo sguardo di fuoco, non rimane più nessuna goccia di ingiustizia nel mondo disteso attorno a lui; e persino quella difficoltà capitale – come possa cioè il fuoco puro rivestire forme così impure – viene da lui superata con un'immagine sublime. Un nascere e un perire, un costruire e un distruggere, che siano privi di ogni imputabilità morale e si svolgano in un'innocenza eternamente eguale – si ritrovano in questo mondo solo attraverso il giuoco dell'artista e del fanciullo. Come giuocano il fanciullo e l'artista, così il fuoco eternamente vivo giuoca, costruisce e distrugge in piena innocenza. Questo è il giuoco che l'Eone giuoca con se stesso.[18] Trasformandosi in acqua e in terra, egli costruisce come un fanciullo torri

di sabbia vicino al mare, costruisce e distrugge; di tanto in tanto egli ricomincia daccapo il giuoco. Un attimo di sazietà, e poi egli è colto di nuovo dal bisogno, così come l'artista è costretto a creare dal bisogno. Non è la scelleratezza, bensì è l'impulso a giuocare, risorgente sempre di nuovo, che suscita alla vita altri mondi. Talvolta il fanciullo getta via il suo giocattolo, ma tosto lo riprende, per innocente capriccio. E non appena costruisce, egli collega, adatta e forma in obbedienza a una legge e in base a un ordine intimo.

Soltanto l'uomo estetico può contemplare il mondo in questa maniera: egli ha sperimentato nell'artista e nel sorgere dell'opera d'arte, in quale misura la contesa della pluralità possa tuttavia portare in sé la legge e il diritto, in quale misura l'artista possa contemplare la sua opera e agire in essa, in quale misura necessità e giuoco, contrasto e armonia debbano accoppiarsi per generare l'opera d'arte.

Chi potrà ancora pretendere da tale filosofia un'etica con l'indispensabile imperativo «tu devi», o addirittura rimproverare a Eraclito una tale lacuna? L'uomo non è altro che necessità, sin nelle sue più intime fibre, e risulta assolutamente «non libero», se per libertà si intende l'assurda pretesa di poter mutare arbitrariamente, come un abito, la propria *essentia*, una pretesa, questa, che ogni filosofia seria ha sinora respinto con lo scherno che essa merita. Che così pochi uomini vivano coscientemente nel *logos* e in conformità all'occhio dell'artista che abbraccia ogni cosa,[19] proviene dal fatto che le loro anime sono umide,[20] e che gli occhi e gli orecchi dell'uomo, o in generale il loro intelletto, sono cattivi testimoni,[21] quando «un umido fango occupa le loro anime». Perché le cose stiano a questo modo, non viene domandato, così come non viene domandato perché il fuoco diventi acqua e terra.

Eraclito non ha alcuna ragione per *dover* dimostrare (come accadde invece a Leibniz), che questo mondo è addirittura il migliore di ogni altro: a lui basta dire che esso è il giuoco bello e innocente dell'Eone. Per lui, anzi, l'uomo è in generale un essere irrazionale, né è in contrasto con ciò l'affermazione che in tutto il suo essere si realizzi la legge dell'onnipotente ragione. L'uomo non assume affatto una posizione particolarmente privilegiata nella natura: la manifestazione suprema di questa è il fuoco, per esempio sotto forma di stella, e non già lo sciocco uomo.[22] Se quest'ultimo, attraverso la necessità, ha avuto in sorte una parte di fuoco, egli è allora un po' più razionale; in quanto invece egli è costituito dall'acqua e dalla terra, la sua ragione è scadente. Un obbligo di conoscere il *logos*, per il fatto di essere uomo, non esiste. Ma perché esiste l'acqua, perché esiste la terra? Questo è per Eraclito un problema assai più serio che non l'indagare perché gli uomini siano così stupidi e scadenti. Nell'uomo più alto e in quello più abbietto si rivela una stessa immanente legalità e giustizia. Ma se Eraclito volesse proporre la domanda: perché il fuoco non è sempre fuoco, perché esso è talvolta acqua e talvolta terra? – egli non risponderebbe altro se non: «si tratta di un giuoco, non prendete tutto ciò troppo pateticamente, e soprattutto non intendetelo in senso morale!». Eraclito descrive soltanto il mondo esistente, e trae da esso il diletto contemplativo con cui l'artista contempla il sorgere della sua opera. Eraclito è considerato come cupo, melanconico, lacrimoso, oscuro, bilioso, pessimistico, e in genere odioso, soltanto da coloro che hanno motivo di essere scontenti della sua descrizione naturale dell'uomo. Costoro, peraltro, egli li avrebbe giudicati con indifferenza, assieme a tutte le loro antipatie e simpatie, il loro odio e il loro amore. Forse egli avrebbe anche loro risposto per le rime, con i seguenti ammaestramenti: «i cani abbaiano contro chiunque non conoscano»,[23] oppure: «per l'asino la pula è migliore dell'oro».[24]

Da tali scontenti provengono altresì i numerosi lamenti riguardo all'oscurità dello stile eracliteo: secondo ogni verosimiglianza non c'è mai stato un uomo che abbia scritto in modo più chiaro e luminoso. Senza dubbio in modo assai conciso, e quindi oscuro per i velocisti della lettura. Ma che un filosofo possa scrivere intenzionalmente in modo oscuro – come si suol dire di Eraclito – è del tutto inspiegabile, a meno che egli non abbia motivi per nascondere i suoi pensieri, oppure sia abbastanza furfante da nascondere dietro alle parole la sua mancanza di pensieri. In effetti, come dice Schopenhauer, nelle questioni dell'abituale vita pratica bisogna accuratamente evitare, per mezzo della chiarezza, i fraintendimenti possibili: e allora, si potrà mai concedere un'espressione indeterminata, anzi enigmatica, nei problemi della filosofia, ossia nell'oggetto più difficile, più astruso e quasi irraggiungibile del pensiero? Per quanto riguarda poi la concisione, una buona dottrina è fornita da Jean Paul. «In complesso è giustificato che ogni cosa grande – piena di significato per una mente eccezionale – venga unicamente espressa in modo conciso e (perciò) oscuro, affinché lo spirito gretto preferisca parlare di assurdità piuttosto che tentare una traduzione nelle sue parole vuote di senso. Gli spiriti volgari hanno infatti una brutta attitudine a vedere nei detti più profondi e più ricchi nient'altro che le loro proprie opinioni quotidiane». D'altronde Eraclito, nonostante ciò, non è sfuggito agli «spiriti gretti»; già gli Stoici lo hanno interpretato piattamente, abbassando la sua fondamentale visione estetica del giuoco del mondo a una banale considerazione dei finalismi del mondo, riferiti per di più ai vantaggi degli uomini: in tal modo, in quei cervelli la sua fisica si è trasformata in un crudo ottimismo, con la continua esortazione *plaudite amici*, rivolta a Tizio e a Caio.

8

Eraclito era superbo: e quando in un filosofo si giunge alla superbia, si tratta allora di una grande superbia. Il suo agire non si rivolge mai a un «pubblico», all'applauso delle masse e al coro osannante dei contemporanei. Il percorrere la strada da solo rientra nell'essenza del filosofo. Il suo talento è il più raro, in un certo senso altresì il più innaturale, e per di più esclusivisticamente ostile persino nei confronti dei talenti simili. Le mura della sua autosufficienza devono essere adamantine, se non vogliono venir distrutte e spezzate: tutto infatti è in movimento contro di lui. Il suo viaggio verso l'immortalità è più faticoso e più ostacolato di qualsiasi altro; eppure nessuno può credere con una sicurezza maggiore del filosofo, di giungere appunto per quella via sino alla meta. Egli non sa infatti dove appoggiarsi, se non sulle vaste ali di tutte le epoche, dato che la mancanza di rispetto per ciò che è presente e momentaneo rientra nell'essenza della grande natura filosofica. Egli possiede la verità: la ruota del tempo può condurre dove vuole, ma non potrà mai sfuggire alla verità. È importante, riguardo a tali uomini, il venire a sapere che essi sono realmente vissuti. Mai per esempio si potrebbe immaginare, come pura possibilità, la superbia di Eraclito. Ogni aspirazione verso la conoscenza sembra in sé, nella sua essenza, eternamente insoddisfatta e insoddisfacente. Nessuno perciò potrà credere, a meno di essere ammaestrato dalla storia, in una stima di se stesso talmente regale, in una convinzione di essere l'unico pretendente fortunato della verità. Tali uomini vivono nel loro proprio sistema solare, ed è qui che li si deve ricercare. Anche un Pitagora, un Empedocle considerarono se stessi con una stima sovrumana, anzi con un rispetto quasi religioso; ma il legame della compassione, congiunto alla grande convinzione della trasmigrazione delle anime e dell'unità di tutti gli esseri viventi, li riportò nuovamente verso gli altri uomini, per salvarli e liberarli. Ma del sentimento di solitudine che compenetrava l'eremita del tempio di Artemide in Efeso si può avere un presentimento agghiacciante solo nella più selvaggia desolazione della montagna. Da lui non sgorga nessun sentimento strapotente di commozione compassionevole, nessun desiderio di aiutare, risanare e salvare. Egli è un astro privo di atmosfera. Il suo occhio fiammeggiante, rivolto all'interno, guarda invece solo apparentemente, spento e glaciale, verso l'esterno. Attorno a lui, proprio sul baluardo della sua superbia, irrompono le onde della follia e della perversità. Con disgusto egli volge lo sguardo da tutto ciò. Ma anche gli uomini di animo sensibile evitano una tale maschera fusa in bronzo. Un siffatto essere può apparire più comprensibile soltanto in un santuario appartato, in mezzo alle immagini degli dèi, accanto a un'architettura fredda, serena e sublime. Fra gli uomini Eraclito era, come uomo, incredibile; e anche se lo si poteva vedere mentre prestava attenzione ai giuochi di chiassosi fanciulli, nel far ciò egli pensava senza dubbio a quello che mai altri uomini avevano pensato in siffatte occasioni, ossia al giuoco del grande fanciullo cosmico Zeus.[25] Non aveva bisogno degli uomini, neppure per le sue conoscenze; a lui non importava nulla di tutto ciò che si poteva domandare agli uomini, e che gli altri sapienti prima di lui si erano preoccupati di domandare. Egli parlava con disprezzo di questi uomini che interrogano e raccolgono, in breve degli uomini «storici».[26] «Ho cercato e indagato me stesso»,[27] egli disse di sé, usando una parola con cui si designa la consultazione di un oracolo, quasi che in lui stesso e in nessun altro si fosse veramente realizzato e avverato il precetto delfico: «conosci te stesso».

Ciò che aveva ascoltato da questo oracolo, peraltro, egli lo considerò come sapienza immortale, che è degna di essere eternamente interpretata e ha un'azione illimitata in lontananza, secondo il modello dei discorsi profetici della Sibilla. Ciò deve bastare sino alla più tarda umanità, la quale certo dovrà farsi interpretare come massime oracolari ciò che egli, come il dio delfico, «non dichiara né nasconde».[28] Sebbene egli vaticini «senza sorrisi, senza ornamenti né profumi di unguenti», ma piuttosto con «la schiuma alla bocca»,[29] tutto ciò *dovrà* penetrare nei millenni dell'avvenire. In effetti il mondo ha eternamente bisogno della verità, e quindi ha eternamente bisogno di Eraclito, sebbene Eraclito non abbia bisogno del mondo. Che cosa importa a *lui* la sua gloria? La gloria da parte dei «mortali che sempre scorrono via»,[30] come egli esclama sprezzante. La sua gloria importa qualcosa agli uomini, non già a lui; è l'immortalità dell'umanità che ha bisogno di lui, non è lui che ha bisogno dell'immortalità dell'uomo Eraclito. Ciò che egli ha contemplato, *la dottrina della legge nel divenire e del giuoco nella necessità*, dovrà d'ora in poi essere eternamente contemplato: egli ha alzato il sipario su questo supremo spettacolo.

9

Mentre in ogni parola di Eraclito si esprimono la superbia e la maestà della verità – di una verità tuttavia còlta nell'intuizione, non già della verità verso cui ci si arrampica con la scala di corda della logica – mentre Eraclito contempla in un'estasi degna della Sibilla ma non investiga, mentre conosce ma non calcola, con il suo contemporaneo *Parmenide* viene a porsi al suo fianco un'immagine contrapposta. Anche Parmenide è formato con lo stampo di un profeta della verità, ma egli è fatto, per così dire, di ghiaccio e non di fuoco, e spande attorno a sé una luce fredda e pungente. Parmenide, verosimilmente solo in età avanzata, ha avuto un momento di astrazione assoluta, non turbata da nessuna realtà concreta e del tutto esangue. Questo momento – antigreco come nessun altro, nei due secoli dell'epoca tragica – il cui prodotto è la dottrina dell'essere, diventò per la sua stessa vita una pietra di confine che la separò in due periodi. Al tempo stesso, peraltro, questo medesimo momento divide il pensiero presocratico in due metà, di cui la prima può essere chiamata il periodo di Anassimandro, e la seconda appunto il periodo parmenideo. Il primo periodo della filosofia personale di Parmenide assume ancora il volto di Anassimandro: da esso vien fuori un dettagliato sistema fisico-filosofico, come risposta ai problemi di Anassimandro. Quando più tardi Parmenide fu còlto da quel gelido brivido dell'astrazione, e quando egli impostò il più semplice discorso che parli dell'essere e del non essere, c'era anche il suo proprio sistema fra le molte dottrine più antiche, votate alla distruzione dal nuovo principio. Egli non sembra tuttavia aver perduto completamente l'amore paterno per il vigoroso e ben costruito figlio della sua gioventù, e si trae perciò d'impaccio dicendo: «Esiste, è vero, una sola via giusta: ma se qualcuno vorrà mai percorrerne un'altra, allora soltanto la mia primitiva opinione, quanto a valore e a coerenza, risulta giustificata». Difendendosi con questa scappatoia, egli ha serbato un posto ampio e dignitoso al suo precedente sistema fisico persino in quel grande poema sulla natura che era propriamente destinato a proclamare la nuova conoscenza come l'unica guida verso la verità. Questo riguardo paterno, anche se attraverso di esso doveva insinuarsi un errore, è l'unico resto di sentimento umano in una natura completamente pietrificata dalla rigidità logica e trasformata quasi in una macchina pensante.

Parmenide, il cui contatto personale con Anassimandro non mi sembra incredibile, e il cui riattaccarsi alla dottrina di Anassimandro non soltanto è credibile, bensì evidente, aveva, nei confronti della separazione completa fra un mondo che unicamente è e un mondo che unicamente diviene, la medesima diffidenza che era stata nutrita da Eraclito e aveva spinto quest'ultimo alla negazione dell'essere come tale. Entrambi cercarono di sfuggire a quella contrapposizione e separazione di un duplice ordine del mondo. Quel salto nell'indeterminato e nell'indeterminabile, con cui Anassimandro era sfuggito una volta per tutte al regno del divenire e alle sue qualità empiricamente date, non risultava facile per menti di natura così autonoma come quelle di Eraclito e di Parmenide. Essi cercarono anzitutto di camminare, sintanto che ciò era possibile, e si riservarono il salto per il luogo in cui il loro piede non trovasse più un punto di appoggio e dovesse quindi compiere un balzo per non cadere. Entrambi guardarono ripetutamente proprio quel mondo che

Anassimandro aveva condannato così melanconicamente, e aveva considerato come luogo di scelleratezze e al tempo stesso come sede di espiazione per l'ingiustizia del divenire. Nel contemplare questo mondo, Eraclito scoprì – come già sappiamo – quale mirabile ordine, regolarità e sicurezza si riveli in ogni divenire, e di qui egli dedusse che il divenire come tale non può essere nulla di delittuoso e di ingiusto. Una visione del tutto differente fu quella di Parmenide: egli confrontò fra loro le qualità, e credette di scoprire che esse non sono tutte omogenee, ma devono piuttosto venir ordinate in due classi. Se per esempio confrontava il luminoso e l'oscuro, in tal caso la seconda qualità risultava evidentemente nient'altro che la *negazione* della prima: egli distinse così le qualità positive e quelle negative, seriamente preoccupato di ritrovare e di registrare in tutto il regno della natura quell'antitesi fondamentale. Il suo metodo al riguardo era il seguente: egli prendeva un paio di contrari, per esempio leggero e pesante, raro e denso, attivo e passivo, e li confrontava, come con un modello, con l'antitesi fra luminoso e oscuro; ciò che corrispondeva al luminoso era una qualità positiva, ciò che corrispondeva all'oscuro era una qualità negativa. Se per esempio egli considerava il pesante e il leggero, in tal caso il leggero ricadeva nella sfera del luminoso, e il pesante in quella dell'oscuro: in tal modo il pesante era da lui considerato semplicemente come la negazione del leggero, e il leggero invece come una qualità positiva. Già da questo metodo risulta un'attitudine caparbia, e sorda ai suggerimenti dei sensi, verso un modo di procedere astratto e logico. Il pesante, in realtà, sembra offrirsi insistentemente ai sensi come qualità positiva, ma ciò non trattenne Parmenide dal caratterizzarlo come una negazione. Allo stesso modo egli designò come semplici negazioni per esempio la terra, in antitesi al fuoco; il freddo, in antitesi al caldo; il denso, in antitesi al raro; il femminile, in antitesi al maschile; il passivo, in antitesi all'attivo. Di fronte al suo sguardo, di conseguenza, il nostro mondo empirico si divise in due sfere separate, in quella delle qualità positive – con un carattere luminoso, igneo, caldo, leggero, raro, attivo, maschile – e in quella delle qualità negative. Queste ultime propriamente esprimono soltanto la mancanza, l'assenza delle altre, cioè di quelle positive; egli descrisse dunque la sfera in cui mancano le qualità positive come di carattere oscuro, terrestre, freddo, pesante, denso, e in genere femminile e passivo. In luogo delle espressioni «positivo» e «negativo», egli usò i termini costanti «che è» e «che non è», giungendo così al dogma per cui, in contrasto con Anassimandro, questo nostro mondo contiene qualcosa che è; senza dubbio esso conterrà altresì qualcosa che non è. Ciò che è non si deve ricercarlo al di fuori del mondo, e per così dire al di là del nostro orizzonte: piuttosto di fronte a noi, e ovunque, in ogni divenire, è contenuto ed è in attività qualcosa che è.

Con tutto ciò, gli rimaneva però ancora il compito di fornire una risposta più precisa alla domanda: che cos'è il divenire? Era giunto qui il momento in cui egli doveva saltare per non cadere, sebbene forse, per nature della specie di Parmenide, ogni salto sia già una caduta. Insomma, entriamo qui nella nebbia, nel misticismo delle *qualitates occultae*, e persino un po' nella mitologia. Come Eraclito, così anche Parmenide osserva l'universale divenire e l'universale instabilità: egli non può interpretare il perire se non attribuendone la colpa a ciò che non è. Ciò che è, in effetti, come potrebbe addossarsi la colpa del perire? D'altro canto anche il nascere deve aver luogo con l'aiuto di ciò che non è: ciò che è infatti esiste sempre e da sé solo non potrebbe mai sorgere né spiegare la nascita. Tanto il nascere quanto il perire sono quindi causati dalle qualità negative. Il fatto tuttavia che tutto quanto nasce abbia un contenuto e tutto quanto perisce perda un contenuto presuppone che le qualità positive – ossia appunto quel contenuto – partecipino anch'esse a entrambi i processi. In breve, vien fuori la proposizione: «per il divenire si richiede tanto ciò che è quanto ciò che non è; quando entrambi collaborano, ne risulta un divenire». Ma il positivo e il negativo come possono accostarsi l'uno all'altro? Non dovrebbero forse, al contrario, fuggirsi eternamente, come qualità opposte, rendendo in tal modo impossibile qualsiasi divenire? A questo punto Parmenide si appella a una *qualitas occulta*, a una tendenza mistica che spinge gli opposti ad avvicinarsi e attrarsi, e simboleggia quel contrasto attraverso il nome di Afrodite e attraverso il rapporto reciproco – empiricamente noto – fra il maschile e il femminile.[31] La potenza di Afrodite è quella che accoppia gli opposti, ciò che è con ciò che non è. Un desiderio riunisce assieme gli elementi contrastanti che si odiano: il risultato è un divenire. Se il desiderio è saziato, l'odio e l'intimo dissidio separano nuovamente ciò che è da ciò che non è, e in tal caso l'uomo dice: «la cosa perisce».

10

Ma nessuno può impunemente mettere le mani addosso ad astrazioni così terribili, quali «ciò che è» e «ciò che non è»: il sangue lentamente si raggela, quando le si tocca. Ci fu un giorno in cui Parmenide ebbe una singolare idea, che sembrò togliere valore a tutte le sue precedenti combinazioni, tanto che gli venne voglia di gettarle via come si getta via un borsellino pieno di vecchie monete consunte. Di solito si ritiene che a spingerlo alla scoperta di quel giorno sia stata altresì un'impressione esterna – e non soltanto le conclusioni che egli si sentiva spinto internamente a trarre da concetti quali «che è» e «che non è» – ossia la conoscenza da lui fatta con la teologia del vecchio *Senofane* di Colofone, rapsodo che aveva molto viaggiato e cantore di una mistica divinizzazione della natura. Per tutta una vita straordinaria, Senofane era stato un poeta errabondo, era divenuto attraverso i suoi viaggi un uomo molto istruito che poteva impartire molti insegnamenti, che sapeva interrogare e raccontare; per tale ragione Eraclito lo collocava fra gli individui di grande erudizione, e in genere fra le nature «storiche» nel senso che si è spiegato. Nessuno potrà mai stabilire come e quando gli si sia presentata quell'esigenza mistica di arrestarsi all'unità, a qualcosa che sia eternamente in quiete: si tratta forse della concezione di un vecchio divenuto infine sedentario, al quale, dopo l'agitazione dei viaggi e dopo avere incessantemente imparato e indagato, si presenta dinanzi all'anima il punto massimo e supremo, cioè la visione di una quiete divina, la stasi di tutte le cose entro una primordiale pace panteistica. D'altronde mi sembra puramente casuale che proprio nel medesimo luogo, in Elea, siano vissuti insieme per un certo tempo due uomini, ciascuno dei quali aveva in mente una concezione dell'unità. Essi non formano affatto una scuola e non hanno nulla in comune che l'uno abbia eventualmente potuto imparare dall'altro, per poi trasmetterne l'insegnamento. In effetti, l'origine di quella concezione dell'unità è nell'uno completamente diversa da quella dell'altro, anzi opposta; e se uno di essi ha mai conosciuto la dottrina dell'altro, è necessario che per comprenderla egli l'abbia anzitutto tradotta nel suo proprio linguaggio. Mentre Parmenide giunge all'unità dell'essere unicamente per mezzo di una presunta illazione logica, traendola dal concetto di essere e di non essere, Senofane è invece un mistico religioso e rientra propriamente, con quell'unità mistica, nel sesto secolo. Anche se egli non ha avuto una personalità così rivoluzionaria come Pitagora, mostra però, nei suoi viaggi, lo stesso impulso e la stessa tendenza a migliorare, purificare e salvare gli uomini. Egli è il maestro etico, tuttavia ancora allo stadio di rapsodo; in un'epoca posteriore egli sarebbe stato un sofista. Nella ardita condanna dei costumi e delle valutazioni vigenti egli non trova in Grecia un suo pari; per far questo, egli non si ritirò affatto nella solitudine, come fecero Eraclito e Platone, ma si presentò proprio davanti a quel pubblico di cui aveva sferzato l'entusiastica ammirazione per Omero, l'appassionata propensione verso gli onori delle feste ginnastiche, l'adorazione di pietre in forma umana, condannando tutto ciò con ira e con scherno, pur senza essere un attaccabrighe come Tersite. Con lui la libertà dell'individuo giunge al suo vertice, e in questo abbandono quasi illimitato di tutte le convenzioni egli trova con Parmenide un'affinità assai più stretta che in quella suprema unità divina, da lui contemplata in un momento di visione degno di quel secolo, unità che con l'essere unico di Parmenide ha a stento in comune l'espressione e la parola, ma certo non l'origine.

Lo stato in cui Parmenide trovò la dottrina dell'essere era piuttosto quello contrario. In quel giorno e in questo stato, egli esaminò le sue due antitesi cospiranti, il cui desiderio e il cui odio costituiscono il mondo e il divenire, ossia esaminò ciò che è e ciò che non è, le qualità positive e quelle negative, rimanendo d'un tratto perplesso e diffidente di fronte al concetto della qualità negativa, di ciò che non è. Un qualcosa che non è può infatti essere una qualità? O anche, ponendo la domanda in modo più radicale: un qualcosa che non è, può forse essere? L'unica forma di conoscenza cui noi concediamo senz'altro una fiducia incondizionata, e la cui negazione equivale all'assurdo, è d'altronde la tautologia A = A. Ma proprio questa conoscenza tautologica gli gridava spietatamente: ciò che non è, non è! Ciò che è, è! D'improvviso egli sentì gravare sulla sua vita una terribile colpa logica: senza alcuna esitazione, egli aveva infatti sempre ammesso che *esistano* qualità negative, e in generale che *esista* ciò che non è, ossia che, per esprimerci con una formula, A = non A, il che potrebbe essere sostenuto soltanto da una completa perversione del pensiero. Senza dubbio, come egli si rese conto, la grande moltitudine degli uomini giudica appunto con questa stessa perversione, ed egli stesso aveva semplicemente preso parte all'universale delitto commesso contro la logica. Ma lo stesso istante, che lo incolpa di questo delitto, lo illumina con la gloria di una scoperta: egli ha trovato un principio, la chiave per svelare il segreto del mondo, lontano da tutte le illusioni degli uomini,[32] e ora egli discende, condotto dalla ferma e terribile mano della verità tautologica riguardante l'essere, verso l'abisso delle cose.

Su questa strada egli incontra Eraclito: infelice incontro! A lui, che attribuiva la massima importanza alla più rigorosa separazione fra essere e non essere, doveva riuscire profondamente odioso, proprio ora, il giuoco antinomico di Eraclito. Proposizioni come: «noi siamo e al tempo stesso non siamo»,[33] «essere e non essere sono al tempo stesso la medesima cosa e non la medesima cosa»,[34] proposizioni attraverso cui ridiventava torbido e inestricabile ciò che poco prima egli aveva rischiarato e districato, lo facevano infuriare: «Non voglio più saperne degli uomini – egli gridava – che sembrano avere due teste,[35] eppure non sanno nulla. Per costoro tutto scorre, anche il loro pensiero. Essi guardano ottusamente a bocca aperta le cose, ma devono essere sia sordi che ciechi,[36] per mescolare così fra loro i contrari!». La dissennatezza della massa, glorificata da scherzose antinomie e lodata come vertice di ogni conoscenza, costituiva per lui un'esperienza dolorosa e incomprensibile.

E allora egli si tuffò nel bagno freddo delle sue paurose astrazioni. Ciò che veramente è dev'essere in un eterno presente, e di esso non si può dire né «fu», né «sarà».[37] Ciò che è non può essere nato: in effetti, onde mai avrebbe potuto sorgere? Forse da ciò che non è? Ma ciò che non è non è, e non può produrre nulla.[38] Forse da ciò che è? Ciò che è non potrebbe mai produrre null'altro che se stesso. Lo stesso si dica rispetto al perire: esso è altrettanto impossibile quanto il nascere, quanto ogni mutamento, quanto ogni accrescimento o ogni diminuzione. In generale vale il principio: tutto ciò di cui si può dire «è stato» oppure «sarà», non è,[39] mentre di ciò che è non si potrà mai dire «non è». Ciò che è risulta indivisibile, poiché dove si potrà mai trovare una seconda forza che sia in grado di dividerlo? Esso è immobile, poiché verso dove potrebbe mai muoversi?[40] Esso non può risultare né infinitamente grande, né infinitamente piccolo, poiché è compiuto e poiché un'infinità compiutamente data è una contraddizione. Esso si libra così limitato, compiuto, immobile, ovunque in equilibrio, egualmente perfetto in ogni punto, simile a una sfera,[41] senza peraltro essere in uno spazio, poiché altrimenti questo spazio sarebbe un secondo essere. Ma non possono esistere parecchi esseri, poiché per dividerli dovrebbe sussistere qualcosa che non fosse: una supposizione, questa, che annulla se stessa. Esiste così unicamente l'eterna unità.

E quando Parmenide rivolse ora nuovamente il suo sguardo verso il mondo del divenire – la cui esistenza egli aveva cercato in precedenza di comprendere attraverso combinazioni così significative – si adirò contro il suo occhio, per il fatto che esso continuava a vedere il divenire, e contro il suo orecchio, per il fatto che lo udiva. «Non obbedite però al debole occhio – così suona ora il suo imperativo – non seguite il rimbombante udito o la lingua, ma esaminate unicamente con la forza del pensiero!».[42] Con ciò egli condusse a termine la prima critica dell'apparato conoscitivo, critica oltremodo importante, anche se tuttora insufficiente e fatale nelle sue conseguenze. Con il separare nettamente i sensi dalla capacità di pensare astrazioni, cioè dalla ragione, quasi che si tratti di due facoltà completamente distinte, egli ha distrutto l'intelletto come tale e ha incoraggiato quella separazione del tutto erronea fra «spirito» e «corpo», la quale, soprattutto dopo Platone, grava come una maledizione sulla filosofia. Tutte le percezioni dei sensi, giudica Parmenide, non ci forniscono che inganni; e il loro inganno principale consiste appunto nel farci credere che esista anche ciò che non è, ossia che anche il divenire abbia un essere. Tutta quella pluralità e policromia del mondo conosciuto conformemente all'esperienza, la variazione delle sue qualità, l'ordine in cui si presentano i fenomeni opposti, tutto quanto viene gettato da parte spietatamente, come semplice illusione e follia; da tutto ciò non si può imparare nulla, e quindi è fatica sciupata quella che si impiega nei confronti di questo mondo menzognero, assolutamente nullo e carpito per così dire con inganni dai sensi. Chi giudica in complesso come ha fatto Parmenide cessa con ciò di essere uno studioso della natura nei dettagli: il suo interesse per i fenomeni si inaridisce e interviene persino un odio, nel non poter liberarsi da questo eterno inganno dei sensi. La verità deve ormai ritrovarsi soltanto negli universali più sbiaditi e più astratti, nei vuoti gusci delle parole più indeterminate, dimorando come in un ricettacolo fatto di ragnatele. E accanto a una tale «verità» siede ora il filosofo, del pari esangue come un'astrazione e avvolto tutto all'intorno da una ragnatela di formule. Ma il ragno vuole il sangue delle sue vittime, mentre il filosofo parmenideo odia appunto il sangue della sua vittima, il sangue della conoscenza empirica da lui sacrificata.

11

E questo fu un Greco, la cui vita culmina pressappoco negli stessi anni dello scoppio della rivoluzione ionica. Per un Greco era allora possibile fuggire dalla realtà straripante, considerandola un semplice schematismo fantasmagorico dell'immaginazione, e rivolgersi non già, come Platone, verso la terra delle idee eterne, verso la fucina del costruttore del mondo, per deliziare gli occhi fra le originarie forme immacolate e indistruttibili delle cose, bensì verso la rigida quiete mortale del più freddo e vuoto concetto, dell'essere. Noi ci guarderemo dall'interpretare in base a false analogie un tale memorabile dato di fatto. Quella fuga non era una fuga dal mondo nel senso dei filosofi indiani e a essa Parmenide non era spinto da una profonda convinzione religiosa dell'infelicità, caducità e corruzione dell'esistenza: egli non aspirava a quel fine supremo, la quiete nell'essere, come a un mistico immergersi in

un'unica visione deliziante, che appaga totalmente e che per l'uomo volgare costituisce un enigma e uno scandalo. Il pensiero di Parmenide non ha nulla in sé dell'inebriante e misterioso profumo indiano, che forse non è del tutto estraneo a Pitagora e a Empedocle. Ciò che è singolare, in quest'epoca, nell'esperienza di Parmenide è piuttosto proprio l'assenza di profumo, di colore, di anima e di forma, la mancanza completa di sangue, di religiosità e di calore etico, è l'aspetto astratto e schematico – in un Greco! – ma soprattutto la terribile energia di questa aspirazione verso la *certezza*, in un'epoca estremamente mobile e fantastica, che pensava miticamente. Concedetemi un'unica certezza, o dèi! – tale è la preghiera di Parmenide – ed essa sia, sul mare dell'incertezza, una semplice tavola, larga quel tanto che basti a sostenermi! Prendete pure per voi tutto ciò che diviene, ogni cosa esuberante, variopinta, fiorente, ingannevole, eccitante e viva, e datemi in cambio unicamente una povera e vuota certezza!
Nella filosofia di Parmenide si trova un preludio al tema dell'ontologia. Da nessuna parte l'esperienza gli offriva un essere quale egli pensava, ma dal fatto che poteva pensarlo egli dedusse che esso deve esistere: un'inferenza, questa, fondata sul presupposto che noi possediamo un organo della conoscenza, il quale si spinge sin nell'essenza delle cose ed è indipendente dall'esperienza. La materia del nostro pensiero, secondo Parmenide, non si ritrova affatto nell'intuizione, ma viene offerta da qualche altra parte, da un mondo extrasensibile, cui noi abbiamo direttamente accesso attraverso il pensiero. Aristotele peraltro ha già fatto valere contro tutte le inferenze consimili, che l'esistenza non fa mai parte dell'essenza,[43] ossia che l'esistere non appartiene mai alla natura concettuale della cosa. Proprio per questa ragione non è affatto possibile

pervenire dal concetto di «essere» – la cui *essentia* è appunto unicamente l'essere – a una *existentia* dell'essere. La verità logica di quell'antitesi fra «essere» e «non essere» è del tutto vuota, se non può essere dato l'oggetto che si trova alla base, ossia l'intuizione onde questa antitesi è dedotta attraverso un'astrazione. Senza questo regresso all'intuizione, la verità logica è soltanto un giocare con rappresentazioni, onde in realtà non si giunge ad alcuna conoscenza. In effetti il criterio semplicemente logico della verità, come insegna Kant, cioè l'accordo di una conoscenza con le leggi universali e formali dell'intelletto e della ragione, è senza dubbio la *conditio sine qua non*, cioè la condizione negativa di ogni verità, ma più in là la logica non può andare, e l'errore riguardante non già la forma, bensì il contenuto, non può essere scoperto dalla logica con nessuna pietra di paragone.[11] Non appena peraltro si cerca un contenuto per la verità logica dell'antitesi: «ciò che è, è; ciò che non è, non è», non si trova allora davvero neppure una sola realtà, la quale sia rigorosamente conforme a quell'antitesi. A proposito di un albero, io posso tanto dire: «esso è», in confronto a tutte le altre cose, quanto: «esso diviene», in confronto a lui stesso in un altro momento di tempo, quanto infine: «esso non è», per esempio: «esso non è ancora albero», nel caso in cui io consideri un arbusto. Le parole sono soltanto simboli per designare le relazioni reciproche fra le cose e le relazioni delle cose con noi, e non toccano mai la verità assoluta: la parola «essere», anzi, indica soltanto la relazione più universale che congiunge tutte le cose, analogamente a quanto avviene per la parola «non essere». Ma se non si può assodare l'esistenza delle cose stesse, allora la relazione delle cose tra loro, il cosiddetto «essere» e «non essere», non ci può far progredire neppure di un passo verso la terra della verità. Mediante le parole e i concetti noi non giungeremo mai al di là del muro delle relazioni, né riusciremo a penetrare in una qualche favolosa radice primordiale delle cose; persino con le forme pure della sensibilità e dell'intelletto, cioè con lo spazio, il tempo e la causalità, noi non riusciamo a ottenere nulla che assomigli a una *veritas aeterna*. È assolutamente impossibile per il soggetto voler vedere e conoscere qualcosa al di là di sé, tanto impossibile che il conoscere e l'essere risultano le sfere più contraddittorie fra loro. E se Parmenide – nell'ingenuità inesperta di quella critica dell'intelletto – poteva credere di giungere da un concetto eternamente soggettivo a un essere in sé, oggi invece, dopo Kant, è per sfacciata ignoranza che qua e là si prospetta come compito della filosofia – soprattutto fra i teologi male informati, che vogliono fare la parte del filosofo – «il cogliere l'assoluto con la coscienza», eventualmente nella forma: «l'assoluto è già presente, altrimenti come si potrebbe cercarlo?», come si è espresso Hegel, oppure nel modo di esprimersi di Beneke: «l'essere deve risultare in qualche modo dato, deve risultare in qualche modo raggiungibile da noi, poiché altrimenti non potremmo neppure avere il concetto dell'essere». Il concetto dell'essere! Come se esso non rivelasse già nell'etimologia della parola la più misera origine empirica! *Esse* difatti significa in fondo unicamente «respirare»: quando l'uomo usa tale parola a proposito di tutte le altre cose, egli non fa che trasferire la convinzione di respirare e vivere lui stesso – mediante una metafora, ossia mediante qualcosa di non logico – alle altre cose, intendendo la loro esistenza come un respirare secondo l'analogia umana. Certo il significato originale della parola si cancella ben presto, ma ne rimane pur sempre qualcosa, ossia il fatto che l'uomo si rappresenta l'esistenza delle altre cose in base all'analogia della propria esistenza, cioè antropomorficamente, e in ogni caso mediante una trasposizione non logica. Tuttavia anche per l'uomo – a prescindere quindi da quella trasposizione – il principio: «io respiro, perciò esiste un essere», è del tutto insufficiente: contro di esso dev'essere fatta valere la medesima obiezione che colpisce l'*ambulo, ergo sum*, oppure *ergo est.*

12

L'altro concetto – che ha un contenuto maggiore di quello dell'essere e che del pari è già stato scoperto da Parmenide, pur non essendo da lui usato in modo così abile come dal suo discepolo Zenone – è quello di infinito. Non può esistere nulla di infinito, poiché da una tale supposizione risulterebbe il concetto contraddittorio di un'infinità compiuta. Ora, in quanto la nostra realtà, cioè il nostro mondo concreto, porta ovunque il carattere di quell'infinità compiuta, essa allora costituisce nella sua essenza una contraddizione rispetto alla sfera logica e quindi anche rispetto alla sfera reale, ed è perciò inganno, menzogna, fantasma. Zenone si servì particolarmente del metodo della dimostrazione indiretta; egli disse per esempio: «non può esistere alcun movimento da un luogo a un altro luogo, poiché se esistesse risulterebbe data compiutamente un'infinità, il che peraltro è impossibile». In una gara di corsa fra la tartaruga e Achille, quest'ultimo non può raggiungere la prima, che è partita con un piccolo vantaggio: in effetti, per raggiungere il punto onde parte la tartaruga, egli dovrebbe già aver percorso un infinito numero di parti di spazio, ossia anzitutto la metà di quello spazio, poi la quarta parte, poi l'ottava parte, poi la sedicesima parte, e così via *in infinitum*. Se in realtà egli raggiunge la tartaruga, questo è un fenomeno illogico, ossia non è comunque una verità, una realtà, un vero essere, ma soltanto un inganno. Non sarà mai possibile, difatti, porre un termine all'infinito. Un altro mezzo popolare per esprimere questa dottrina è l'esempio della freccia in movimento e al tempo stesso in quiete. In ogni istante del suo percorso, la freccia ha una posizione, e in tale posizione essa è in quiete. Ma la somma di infinite posizioni di quiete si identificherà con il movimento? La quiete, infinitamente ripetuta, sarà dunque il movimento, cioè la propria antitesi? L'infinito viene qui utilizzato come acido nitrico della realtà: nell'infinito quest'ultima si dissolve. Se i concetti sono solidi, eterni, sono qualcosa che è – essere e pensare coincidono, per Parmenide – se dunque l'infinito non può mai essere completato e la quiete non può mai diventare movimento, allora la freccia in verità non è affatto volata: essa non si è mai spostata, non ha mai abbandonato la quiete, e nessun istante di tempo è trascorso. O anche, con un'altra espressione: in questa cosiddetta realtà – realtà soltanto presunta – non esiste né tempo, né spazio, né movimento. In definitiva la freccia stessa è un inganno, poiché sorge dalla pluralità, dalla fantasmagoria del non-uno prodotta mediante i sensi. Se ammettiamo che la freccia abbia un essere, essa dovrebbe risultare immobile, fuori del tempo, sottratta al divenire, statica ed eterna: l'ipotesi è assurda. Se ammettiamo che il movimento sia veramente reale, non dovrebbe esserci nessuna quiete, perciò nessuna posizione per la freccia, e quindi nessuno spazio: altra ipotesi assurda. Se ammettiamo che il tempo sia reale, esso non potrà allora risultare infinitamente divisibile; il tempo impiegato dalla freccia nel suo percorso dovrebbe consistere in un numero limitato di momenti di tempo, e ciascuno di questi momenti dovrebbe essere un atomo: terza ipotesi assurda. Tutte le nostre ipotesi, non appena il loro contenuto empiricamente dato – e attinto da questo mondo intuitivo – viene inteso come *veritas aeterna*, portano a contraddizioni. Se esiste un movimento assoluto, non esiste allora uno spazio; se esiste uno spazio assoluto, non esiste allora un movimento; se esiste un essere assoluto, non esiste allora una pluralità. Se esiste una pluralità assoluta, non esiste allora una unità. Dovrebbe in tal caso risultare chiaro a chiunque che con tali concetti noi non tocchiamo affatto il cuore delle cose, né sciogliamo il nodo della realtà: Parmenide e Zenone, al contrario, rimangono convinti della verità e della validità universale dei concetti, rifiutando il mondo intuitivo e considerandolo come l'antitesi dei concetti veri e universalmente validi, ossia come una oggettivazione di ciò che è illogico e contraddittorio. In tutte le loro dimostrazioni essi partono dal presupposto del tutto indimostrabile, anzi inverosimile, che la nostra facoltà dei concetti costituisca il criterio supremo e decisivo per distinguere l'essere dal non essere, ossia per stabilire la realtà oggettiva e il suo contrario: quei concetti non devono essere convalidati e corretti dalla realtà, pure essendo di fatto derivati da essa, ma devono al contrario misurare e giudicare la realtà, condannandola addirittura nel caso in cui risulti in contraddizione con l'esigenza logica. Per poter accordare ai concetti questo potere giudiziario, Parmenide dovette attribuire a essi quell'unico essere che egli ammetteva come tale; il pensiero e quella sfera unica, ingenerata e perfetta di ciò che è non si dovevano ormai intendere se non come due differenti specie dell'essere, dato che nell'essere non poteva esistere alcun dualismo. L'idea follemente audace di dichiarare l'identità fra pensare ed essere era così diventata una necessità; non si poteva ricorrere all'aiuto di nessuna forma dell'intuitività, di nessun simbolo, di nessuna immagine; quell'idea non poteva affatto essere rappresentata sensibilmente, ma in cambio era necessaria, e solennizzava così, con la mancanza di ogni possibilità di rappresentazione sotto forma sensibile, il supremo trionfo sul mondo e sulle esigenze dei sensi. Il pensiero e quell'essere rotondo come una ruvida sfera, completamente inanimato e massiccio, rigidamente immobile, devono secondo l'imperativo parmenideo coincidere e identificarsi completamente, a scapito di ogni fantasia. Possa questa identità contraddire ai sensi! Proprio ciò costituisce infatti la garanzia che essa non è stata derivata dai sensi.

13

D'altronde era possibile sollevare contro Parmenide altresì un paio di vigorosi *argumenta ad hominem*, o *ex concessis*, attraverso cui non si poteva certo mettere in luce la verità come tale, ma risultava nondimeno la falsità di quella separazione assoluta tra mondo dei sensi e mondo dei concetti, e dell'identità tra essere e pensare. Anzitutto, se il pensiero della ragione è reale nei concetti, allora anche la pluralità e il movimento devono avere una realtà, poiché il pensiero razionale è mosso, ed esso consiste precisamente in un movimento da concetto a concetto, entro il campo cioè di una pluralità di realtà. Contro di ciò non si può usare nessuna scappatoia, ed è del tutto impossibile designare il pensiero come un qualcosa di rigidamente permanente, come un pensare-se-stessa – eterno e immobile – dell'unità. In secondo luogo, se dai sensi provengono soltanto inganno e illusione, e se in verità esiste unicamente l'identità reale tra essere e pensare, che cosa sono allora i sensi stessi? Si tratta in ogni caso unicamente di illusione, in quanto i sensi non coincidono con il pensare, e il loro prodotto, il mondo dei sensi, non coincide con l'essere. Ma se i sensi come tali sono illusione, per chi sono allora illusione? Come possono essi, in quanto irreali, ancora ingannare? Ciò che non è non può neppure ingannare. Perciò l'origine dell'inganno e dell'illusione rimane un enigma, anzi una contraddizione. Questi *argumenta ad hominem*, noi li chiamiamo l'obiezione della ragione in movimento, e l'obiezione sull'origine dell'illusione. Dalla prima obiezione dovrebbe seguire la realtà del movimento e della pluralità, e dalla seconda l'impossibilità dell'illusione parmenidea, e ciò sempre presupponendo che la dottrina capitale di Parmenide, riguardo all'essere, sia ammessa come fondata.

Questa dottrina capitale peraltro significa soltanto: unicamente ciò che è possiede un essere, mentre ciò che non è non è. Ma se il movimento è un siffatto essere, si può dire a suo riguardo quello che vale per ciò che è in generale e in ogni caso: il movimento sarebbe dunque ingenerato, eterno, indistruttibile, senza accrescimento né diminuzione. Se poi l'illusione viene eliminata da questo mondo, con l'aiuto di quella domanda sull'origine dell'illusione, se la scena del cosiddetto divenire e del mutamento – ossia la nostra esistenza ricca e variopinta, senza quiete e animata da molte figure – viene difesa dalla condanna parmenidea, è allora necessario caratterizzare questo mondo della variazione e del mutamento come una *somma* di tali essenze che veramente sono e che esistono altresì per tutta l'eternità. Anche con questa ipotesi non si può naturalmente affatto parlare, in senso rigoroso, di un mutamento e di un divenire. Ora però la pluralità possiede un vero essere, tutte le qualità hanno un vero essere, e lo stesso si dica del movimento; si dovrebbe poter dire di ogni momento di questo mondo (anche se questi momenti scelti arbitrariamente fossero distanti di millenni l'uno dall'altro): tutte le vere essenze contenute in questo mondo, senza eccezioni, esistono simultaneamente, immutate, integre, senza accrescimenti né diminuzioni. Mille anni più tardi questo mondo è appunto lo stesso, nulla si è trasformato. E se nonostante questo il mondo si presenta in una certa occasione in modo del tutto diverso che in un'altra, ciò non costituisce allora un inganno, non è qualcosa solo apparente, ma risulta una conseguenza del movimento eterno. Ciò che veramente è ora si muove in un certo modo, ora in un altro, si congiunge e si separa, si muove in alto e in basso, in un intrico confuso.

14

Con questa rappresentazione abbiamo già fatto un passo entro la sfera della dottrina di *Anassagora*. Costui muove a Parmenide due obiezioni, in tutta la loro forza, quella del pensiero in movimento e quella dell'origine dell'illusione: quanto al principio capitale, peraltro, Parmenide l'ha soggiogato, come ha soggiogato tutti i filosofi e gli studiosi della natura che vennero dopo di lui. Tutti costoro negano la possibilità del nascere e del perire, quale è intesa dall'animo popolare e quale era stata accolta – con una riflessione più profonda, ma ancora in modo irriflessivo – da Anassimandro e da Eraclito. Un siffatto sorgere mitologico dal nulla, un siffatto svanire nel nulla, un siffatto mutarsi arbitrario del nulla nel qualcosa, un siffatto alternarsi casuale nel rivestire e deporre le qualità diventavano da questo momento privi di senso. Ma del pari, e per le stesse ragioni, un sorgere dei molti dall'uno, delle qualità molteplici da un'unica qualità originaria, e in breve la derivazione del mondo da una materia primordiale, secondo la spiegazione di Talete o di Eraclito, si presentavano ormai come assurdità. Ormai era stato impostato piuttosto il vero problema di trasferire a questo mondo concreto la dottrina dell'essere ingenerato e incorruttibile, senza dover ricorrere alla teoria dell'illusione e dell'inganno attraverso i sensi. Ma se il mondo empirico non dev'essere illusione, se le cose non debbono essere derivate dal nulla e neppure da un unico qualcosa, allora queste cose stesse devono contenere un vero essere, la loro materia e il loro contenuto devono essere incondizionatamente reali, e ogni mutamento può soltanto riferirsi alla forma, cioè alla posizione, all'ordine, al raggruppamento, alla mescolanza e alla separazione di queste essenze eterne, esistenti simultaneamente. Si tratta di qualcosa di simile al giuoco dei dadi: i dadi sono sempre gli stessi, ma cadendo ora in un modo e ora in un altro significano per noi qualcosa di diverso. Tutte le teorie più antiche si erano riportate a un elemento primordiale – inteso come grembo e causa del divenire – non importa se all'acqua, all'aria, al fuoco, oppure all'indeterminato di Anassimandro. Anassagora per contro sostiene ora che dal simile non può mai prodursi il dissimile e che se si parte da un unico essere non si potrà mai spiegare il mutamento. Sia che quell'unica materia assunta venga pensata come rarefatta, sia che venga pensata come condensata, non si raggiungerà mai, attraverso una tale condensazione o una tale rarefazione, ciò che si desidera spiegare: la pluralità delle qualità. Ma se il mondo è realmente pieno delle qualità più diverse, queste allora, nel caso in cui non siano illusione, dovranno avere un essere, ossia dovranno risultare eterne, ingenerate, incorruttibili e sempre esistenti simultaneamente. Esse d'altronde non possono risultare illusione, poiché la domanda sull'origine dell'illusione non aveva avuto risposta, anzi aveva ricevuto una risposta negativa. Gli indagatori più antichi avevano voluto semplificare il problema del divenire col presentare un'unica sostanza che portasse nel suo seno le possibilità di ogni divenire; ora al contrario si dice: esistono infinite sostanze, ma il loro numero non si accresce né diminuisce, e non compaiono mai sostanze nuove. È soltanto il movimento che le rimescola sempre in modo nuovo: ma che il movimento sia una verità e non un'illusione, era stato dimostrato da Anassagora contro Parmenide, in base all'indiscutibile successione delle nostre rappresentazioni nel pensiero. Noi possiamo cioè comprendere nel modo più immediato la verità del movimento e della successione, per il fatto che noi pensiamo e abbiamo rappresentazioni. In ogni caso l'essere rigido, immobile, morto e unico di Parmenide è dunque tolto di mezzo: esistono molte cose che sono, e ciò è altrettanto sicuro quanto il fatto che tutte queste molte cose che sono (esistenze, sostanze) risultano in movimento. Il mutamento è movimento: ma onde sorge il movimento? Questo movimento non lascia forse completamente intatta la vera essenza delle molte sostanze indipendenti e isolate, e non *deve* forse, in base al più rigoroso concetto di ciò che è, risultare in sé estraneo a tali sostanze? Oppure, nonostante ciò, il movimento rientra fra le cose stesse? Siamo qui di fronte a una importante decisione: a seconda della direzione verso cui ci rivolgeremo, entreremo nel campo di Anassagora, oppure in quello di Empedocle, oppure in quello di Democrito. Deve venir proposta la difficile domanda: se esistono molte sostanze, e se queste molte sostanze si muovono, che cosa le muove? Forse che si trasmettono il moto a vicenda? O le muove soltanto la forza di gravità? Oppure esistono nelle cose stesse magiche forze di attrazione o di repulsione? O lo spunto del movimento si trova forse al di fuori di queste molte sostanze reali? O anche, per porre la questione in termini più rigorosi: se due cose mostrano una successione, un comune mutamento nella posizione, ciò deriverà forse da loro stesse? E tutto questo si dovrà spiegare meccanicamente, o magicamente? Oppure, se tale non è il caso, c'è forse un terzo elemento che le muove? È un problema arduo: in effetti, anche ammesso che esistano molte sostanze, Parmenide avrebbe pur sempre potuto dimostrare, contro Anassagora, l'impossibilità del movimento. Egli poteva infatti dire: prendete due nature che in sé sono, ciascuna con un essere incondizionato, autonomo, assolutamente peculiare – di tale specie sono appunto le sostanze di Anassagora – e in tal caso esse non potranno mai urtarsi a vicenda, non potranno mai muoversi, non potranno mai attrarsi, tra di loro non esisterà nessuna causalità, nessun ponte, esse non si toccheranno, non si disturberanno, non avranno nessun interesse l'una per l'altra. L'urto è allora altrettanto inspiegabile quanto l'attrazione magica: due cose incondizionatamente estranee non possono esercitare nessuna specie di azione l'una sull'altra, non possono quindi né imprimere un movimento l'una all'altra, né essere mosse l'una dall'altra. Parmenide avrebbe addirittura aggiunto: l'unica via di uscita che vi rimanga è di attribuire il movimento alle cose stesse; ma in tal caso tutto ciò che voi conoscete e vedete come movimento è unicamente un'illusione, e non già il vero movimento, poiché l'unica specie di movimento che possa toccare a quelle sostanze incondizionatamente indipendenti sarebbe soltanto un movimento spontaneo privo di alcun effetto. Voi supponete invece il movimento, per poter spiegare quelle azioni di spostamento nello spazio, di mutamento, di variazione, in breve i rapporti di causalità e le relazioni delle cose fra di loro. Proprio queste azioni, d'altro canto, non risultano spiegate e rimangono problematiche come prima: non si può dunque comprendere perché sarebbe necessaria l'ipotesi di un movimento, dato che esso non può fare ciò che si desidererebbe da lui. Il movimento non spetta all'essenza delle cose, e rimane eternamente estraneo a queste.

Per sbarazzarsi di una tale argomentazione, quegli avversari dell'immobile unità eleatica caddero vittime di un pregiudizio che derivava dalla sensibilità. Tutto ciò che è veramente – tale è il pensiero apparentemente inconfutabile – risulta un corpo che riempie lo spazio, cioè un pezzo di materia, grande o piccolo, ma in ogni caso spazialmente esteso: di conseguenza, in un medesimo spazio non possono esserci due o più di questi pezzi. Partendo da questo presupposto, Anassagora, come più tardi Democrito, ritenne che i corpi debbano urtarsi, quando nei loro movimenti giungono l'uno vicino all'altro, ossia ritenne che essi debbano contendersi un medesimo spazio e che questa lotta causi appunto ogni mutamento. In altre parole, quelle sostanze del tutto isolate, completamente eterogenee ed eternamente immutabili non erano tuttavia pensate come assolutamente eterogenee, ma avevano tutte quante, oltre a una qualità specifica e del tutto particolare, anche un sostrato totalmente omogeneo, erano pezzi di materia che riempie lo spazio. Nel partecipare della materia, tutte le sostanze erano uguali, e potevano perciò agire le une sulle altre, cioè urtarsi.

Ogni mutamento non dipendeva in generale dall'eterogeneità di quelle sostanze, bensì dalla loro omogeneità, dalla loro materia. A questo proposito le idee di Anassagora si basano su un errore logico: in effetti, ciò che è veramente in sé dev'essere del tutto incondizionato e unitario, e non può quindi presupporre nulla come sua causa, mentre tutte quelle sostanze di Anassagora hanno ancora una condizione, cioè la materia, e presuppongono già la sua esistenza. La sostanza «rosso», per esempio, era per Anassagora non soltanto il rosso in sé, ma inoltre, implicitamente, un pezzo di materia priva di qualità. Solo mediante questa il «rosso in sé» agiva sulle altre sostanze: ciò non avveniva mediante il rosso, bensì mediante ciò che non è rosso, non è colorato, e in genere non è determinato qualitativamente. Se il rosso fosse stato inteso rigidamente come rosso, come la vera sostanza stessa, cioè a prescindere da quel sostrato, in tal caso Anassagora non avrebbe certo osato parlare di un'azione del rosso su altre sostanze, con l'eventuale precisazione che il «rosso in sé» trasmette mediante l'urto il movimento ricevuto dal «carnoso in sé». In tal caso sarebbe risultato chiaramente che ciò che veramente è – in quel senso – non potrà mai venir mosso.

15

Si debbono considerare gli avversari degli Eleati, per poter valutare i pregi straordinari della teoria di Parmenide. Gravi perplessità – cui Parmenide era sfuggito – attendevano Anassagora e tutti coloro che avrebbero creduto in una pluralità di sostanze. Tali perplessità si esprimono nella domanda: «quale è il numero delle sostanze?». Anassagora chiuse gli occhi, spiccò il salto e disse: «un numero infinito». In tal modo egli aveva almeno evitato la dimostrazione incredibilmente faticosa di un numero determinato di elementi materiali. Poiché tali elementi dovrebbero esistere secondo lui in numero infinito, sin dall'eternità, senza alcun accrescimento né mutamento, così in quella teoria risultava già contenuta la contraddizione di una infinità che si deve pensare come chiusa e compiuta. In breve la pluralità, il movimento, l'infinità, messi in fuga da Parmenide con lo stupefacente principio dell'essere unico, ritornavano indietro dall'esilio, e scagliavano le loro frecce contro gli avversari di Parmenide, per provocare ferite insanabili. Evidentemente questi avversari non possiedono una coscienza sicura della forza terribile di quei pensieri eleatici: «non può esistere nessun tempo, nessun movimento, nessuno spazio, poiché noi possiamo pensare tutto ciò unicamente come infinito, e precisamente, da un lato come infinitamente grande, e d'altro lato come infinitamente divisibile; tutto ciò che è infinito non possiede peraltro nessun essere, non esiste», il che non può essere messo in dubbio da chiunque intenda rigorosamente il senso della parola «essere» e ritenga impossibile l'esistenza di un qualcosa di contraddittorio, per esempio di una infinità compiuta. E se poi proprio la realtà ci mostra tutto quanto unicamente sotto la forma dell'infinità compiuta, salta allora all'occhio che essa contraddice se stessa, ossia non è una vera realtà. Se peraltro quegli avversari avessero voluto obiettare: «ma nel vostro stesso pensiero esiste pure la successione, e perciò anche il vostro pensiero non può essere reale e non può quindi dimostrare nulla», allora Parmenide – come Kant in un caso simile e di fronte a una medesima obiezione – avrebbe forse risposto: «io posso certo dire che le mie rappresentazioni si susseguono le une alle altre, ma ciò significa soltanto che noi siamo coscienti di esse come in una successione temporale, cioè secondo la forma del senso interno. Il tempo quindi non è un qualcosa in sé e neppure una determinazione inerente oggettivamente alle cose».[45] Si dovrebbe perciò distinguere il pensiero puro, che risulta fuori del tempo come l'essere parmenideo, dalla coscienza di questo pensiero, e tale coscienza tradurrebbe già il pensiero nella forma dell'apparenza, cioè della successione, della pluralità e del movimento. Verosimilmente Parmenide si sarebbe servito di questa via di uscita: d'altronde già allora avrebbe dovuto essergli obiettato ciò che A. Spir (*Pensiero e realtà*, p. 264)[46] obietta a Kant. «Ma è chiaro in primo luogo che io non posso sapere nulla di una successione in quanto tale, se non possiedo al tempo stesso nella mia coscienza i suoi termini susseguentisi. La rappresentazione di una successione non è quindi essa stessa successiva, e perciò è qualcosa di completamente differente dalla successione delle nostre rappresentazioni. In secondo luogo la tesi di Kant implica assurdità così manifeste, che è davvero strano come egli non se ne sia avveduto. Secondo questa tesi, Cesare e Socrate non sono realmente morti: essi vivono ancora, così come vivevano duemila anni fa, e sembrano semplicemente essere morti, in conseguenza di una particolare struttura del mio "senso interno". Gli uomini futuri vivono già ora, e se oggi essi non si presentano ancora come viventi, ciò va imputato del pari a quella struttura del "senso interno". Ma qui si domanda anzitutto: l'inizio e la fine della vita cosciente come tale, assieme a tutti i suoi sensi interni ed esterni, come può esistere semplicemente nella concezione del senso interno? Un dato di fatto è che non si può assolutamente negare la realtà del mutamento. Se la si getta dalla finestra, essa si introdurrà nuovamente attraverso il buco della chiave. Anche se si dice: "Semplicemente mi sembra che gli stati e le rappresentazioni mutino", tuttavia questa stessa apparenza è un qualcosa di oggettivamente sussistente e in essa la successione ha una realtà indubitabilmente oggettiva, ossia in quella apparenza c'è qualcosa che realmente si sussegue. – Oltre a ciò si deve osservare che l'intera critica della ragione può avere un fondamento e una giustificazione solo in base al presupposto, che le nostre *rappresentazioni* ci appaiano così come esse sono. In effetti, se anche le rappresentazioni ci apparissero diversamente da quello che esse sono in realtà, allora neppure a riguardo di esse si potrebbe sostenere una qualsiasi asserzione valida, e quindi non si potrebbe costruire alcuna teoria della conoscenza, né si potrebbe condurre un'indagine "trascendentale" di validità oggettiva. Peraltro è fuori discussione che le nostre stesse rappresentazioni ci appaiono come successive».

La considerazione di questa mobilità e di questa successione indubbiamente sicura ha spinto Anassagora a una ipotesi degna di nota. Evidentemente le rappresentazioni muovono se stesse, non ricevono alcun impulso e non hanno fuori di sé alcuna causa del movimento. Perciò esiste un qualcosa, egli si disse, che porta in se stesso l'origine e l'inizio del movimento; ma egli tiene presente, in secondo luogo, che questa rappresentazione non muove soltanto se stessa, ma anche alcunché di completamente diverso, cioè il corpo. Egli scopre dunque nell'esperienza più immediata un'azione delle rappresentazioni sulla materia estesa, azione che si manifesta come movimento di quest'ultima. Ciò fu considerato da lui come un dato di fatto, e solo in via subordinata egli si sentì spinto a spiegare altresì questo dato di fatto. Insomma, egli aveva uno schema regolativo per il movimento contenuto nel mondo:

tale movimento, egli lo pensò ormai o come un movimento delle essenze vere e isolate, per opera del soggetto rappresentante, il *nus*, oppure come movimento per opera di un qualcosa già mosso. Che questa seconda specie, cioè il trasferimento meccanico di movimenti e di urti, contenga ugualmente un problema, rispetto alla sua concezione fondamentale, gli è probabilmente sfuggito: la natura banale e quotidiana di un'azione mediante urto offuscò il suo sguardo di fronte all'enigmaticità di tale fenomeno. Egli sentì invece benissimo la natura problematica, anzi contraddittoria, di un'azione di rappresentazioni su sostanze che sono in sé, e cercò quindi di ricondurre anche questa azione a uno spostamento e a un urto, meccanici e per lui spiegabili. In ogni caso anche il *nus* era una tale sostanza – che è in sé – e fu caratterizzato da lui come una materia delicatissima e sottilissima, che ha la qualità specifica del pensiero. Accettando un siffatto carattere, l'azione di questa materia sull'altra materia doveva senza dubbio avere la medesima natura dell'azione esercitata da un'altra sostanza su di una terza, ossia un'azione meccanica che muove mediante la pressione e l'urto. In ogni caso egli possedeva ora una sostanza che muove se stessa e altre cose, e il cui movimento non proviene dall'esterno e non dipende da nessun'altra cosa: sembra per contro quasi indifferente la spiegazione di questo automovimento, che forse si dovrà pensare come uno spostarsi qua e là di delicatissime e piccolissime sferette di mercurio. Fra tutte le questioni riguardanti il movimento, la più fastidiosa è quella che si riferisce all'inizio del movimento. In realtà, se tutti gli altri movimenti si possono pensare come conseguenze ed effetti, dovrà però ancor sempre venir spiegato il primo movimento originario. Riguardo ai movimenti meccanici, peraltro, il primo termine della catena non potrà comunque ritrovarsi in un movimento meccanico, poiché ciò equivarrebbe a ricorrere al concetto assurdo di *causa sui*. Non è del pari conveniente attribuire un movimento proprio – per così dire dall'inizio, come attribuzione della loro esistenza – alle cose eterne e incondizionate. In effetti il movimento non può esistere senza una direzione determinata, né si può quindi rappresentare unicamente come un riferimento e una condizione; d'altro canto, di una cosa non si può più dire che è in sé e incondizionatamente, se essa si riferisce per sua natura necessariamente a un qualcosa che esiste all'infuori di essa. In questo imbarazzo, Anassagora ritenne di trovare uno straordinario aiuto e una salvezza in quel *nus* che muove se stesso ed è per il resto indipendente. L'essenza di quest'ultimo è appunto sufficientemente oscura e velata, da poter suscitare l'illusione che in fondo non sia implicita nella sua assunzione quella proibita *causa sui*. Per la considerazione empirica è anzi fuori discussione che l'attività del rappresentare non sia una *causa sui*, bensì un effetto del cervello. Tale modo di considerare vede già come una singolare intemperanza il separare lo «spirito», il prodotto cerebrale, dalla sua *causa*, e il credere che esso esista ancora dopo questo isolamento. Ciò fu fatto da Anassagora, che dimenticò il cervello, la sua stupefacente costruzione, la delicatezza e l'intrico delle sue circonvoluzioni e dei suoi canali, e decretò lo «spirito in sé». Questo «spirito in sé» possedeva l'arbitrio, era l'unica fra tutte le sostanze che lo possedesse: mirabile conoscenza! Tale spirito poteva in un qualsiasi momento dare inizio al movimento delle cose fuori di lui, e poteva per contro occuparsi per un tempo sconfinato di se stesso: in breve, Anassagora poteva ammettere in un'epoca primordiale un *primo* istante del movimento, inteso come punto germinale di tutto il cosiddetto divenire, cioè di ogni mutamento, e quindi di ogni spostamento e trasposizione delle sostanze eterne e delle loro particelle. Anche se lo spirito stesso è eterno, esso non è affatto costretto a preoccuparsi sin dall'eternità di spostare i granelli degli elementi materiali: e in ogni caso è esistito un tempo, uno stato di quegli elementi – non importa se di breve o lunga durata – in cui il *nus* non aveva ancora agito su di essi, e in cui essi erano ancora immobili. Questo è il periodo del caos di Anassagora.

16

Il caos di Anassagora non è una concezione senz'altro evidente: per coglierla, si deve aver compreso l'idea che il nostro filosofo si è formato riguardo al cosiddetto «divenire». In sé, difatti, lo stato di tutte le esistenze elementari eterogenee, prima di ogni movimento, non dà affatto luogo necessariamente a una mescolanza assoluta di tutti i «semi delle cose».[47] Tale è l'espressione di Anassagora: una mescolanza, che egli si era immaginato come compenetrazione completa, spinta sino alle più piccole parti, dopo che tutte quelle esistenze elementari erano state pestate come in un mortaio ed erano state dissolte in un pulviscolo di atomi, cosicché esse potevano allora venir mescolate come in un recipiente agitato! Si potrebbe dire che questa concezione del caos non abbia nulla di necessario: piuttosto, non c'è bisogno di ammettere altro se non un'arbitraria e contingente situazione di tutte quelle esistenze, non già una loro infinita divisibilità; basta già una coesistenza priva di regole, e non è necessaria alcuna compenetrazione, tanto meno poi una compenetrazione così totale. Com'era giunto dunque Anassagora a questa concezione difficile e complicata? Come si è detto, attraverso la sua visione del divenire empiricamente dato. Dalla propria esperienza egli attinse anzitutto un principio davvero sorprendente riguardo al divenire, e questo principio condusse necessariamente, come conseguenza, a quella dottrina del caos.

Fu l'osservazione dei fenomeni riguardanti la nascita nella natura, e non già un influsso di un precedente sistema, ciò che ispirò ad Anassagora la dottrina che *tutto sorge da tutto*: si trattava del convincimento di uno scienziato della natura, della persuasione fondata su una ripetuta induzione, che in fondo era però naturalmente poverissima. Egli dimostrò la cosa a questo modo: se persino il contrario può sorgere dal contrario, per esempio il nero dal bianco, allora tutto sarà possibile; ma tale fenomeno si verifica appunto nel disciogliersi della bianca neve nella nera acqua. Egli spiegò il nutrimento del corpo col supporre che nei cibi siano contenute parti costitutive – tanto piccole da essere invisibili – di carne, o di sangue, o di ossa, le quali poi nell'assimilazione si separano e si riuniscono con le parti omogenee contenute nel corpo. Se peraltro tutto può sorgere da tutto, il solido dal fluido, il duro dal molle, il nero dal bianco, la carne dal pane, allora tutto deve altresì essere contenuto in tutto. I nomi delle cose esprimono in tal caso soltanto la prevalenza di una sostanza sulle altre sostanze, anch'esse presenti in misura minore, spesso neppure percettibile. Nell'oro, ossia in ciò che si designa *a potiore* con il nome «oro», devono essere contenuti altresì l'argento, la neve, il pane e la carne, tuttavia in parti insignificanti. Il tutto riceve il suo nome in base all'elemento prevalente, in questo caso in base alla sostanza aurea.

Ma com'è possibile che una sostanza prevalga e invada

una cosa in misura maggiore a quella posseduta in questo caso dalle altre sostanze? L'esperienza mostra che questa prevalenza può essere prodotta gradualmente solo attraverso il movimento e che la prevalenza è il risultato di un processo da noi chiamato comunemente divenire; per contro il fatto che tutto sia in tutto non è il risultato di un processo, ma al contrario è il presupposto di ogni divenire e di ogni esser mosso, ed è quindi anteriore a ogni divenire. In altre parole, l'esperienza insegna che il simile viene continuamente ad aggiungersi al simile, per esempio attraverso il nutrimento: di conseguenza, in origine gli elementi simili non sono vicini e raccolti assieme, bensì separati. Negli avvenimenti empirici che si svolgono di fronte ai nostri occhi, piuttosto, il simile viene sempre estratto e messo in moto a partire dal dissimile (per esempio, nel nutrimento le particelle di carne derivano dal pane, eccetera), e perciò la compenetrazione delle differenti sostanze è la forma più antica della costituzione delle cose, e precede nel tempo ogni divenire e ogni muovere. Se quindi ogni cosiddetto divenire è un separare e presuppone una mescolanza, si domanda allora quale grado debba avere avuto in origine questa mescolanza, questo compenetrarsi. Sebbene il processo consista in un movimento del simile verso il simile, e sebbene il divenire duri già da un tempo smisurato, si può nonostante ciò riconoscere come anche oggi siano ancora racchiusi in tutte le cose i resti e i grani seminali di tutte le altre cose – residui che attendono la loro separazione – e come una prevalenza sia stata costituita solo isolatamente; la mescolanza originaria dev'essere stata completa, cioè spinta sino all'infinitamente piccolo, dato che il processo di separazione richiede un tempo infinito. In tutto ciò ci si attiene rigorosamente al pensiero che ogni elemento in possesso di un essere essenziale è divisibile all'infinito, senza perdere il suo carattere specifico.

In base a questi presupposti, Anassagora si rappresenta l'esistenza primordiale del mondo come simile a una massa polverizzata di punti compenetrati e infinitamente piccoli, ciascuno dei quali è specificamente semplice e possiede una sola qualità, in modo tale però che ogni qualità specifica venga rappresentata in un numero infinito di singoli punti. Tali punti sono stati chiamati da Aristotele omeomerie,[48] in considerazione del fatto che essi sono le parti, fra loro omogenee, di un tutto omogeneo rispetto alle sue parti. Ci si sbaglierebbe tuttavia assai, se si equiparasse quell'originario compenetrarsi di tutti questi punti, di questi «granelli seminali delle cose», all'unica materia primordiale di Anassimandro: quest'ultima, chiamata l'«indeterminato», è infatti una massa del tutto unitaria, di una sola specie, mentre nell'altro caso si ha un aggregato di elementi materiali. Di questo aggregato di elementi, è vero, si può dire la stessa cosa che dell'«indeterminato» di Anassimandro, come fa appunto Aristotele:[49] esso non può risultare né bianco, né grigio, né nero, né colorato in qualsiasi altro modo, esso è privo di gusto, privo di odore, e nel suo complesso né determinato quantitativamente, né determinato qualitativamente. Sin qui si può stabilire un'eguaglianza fra l'indeterminato di Anassimandro e la mescolanza primordiale di Anassagora. Ma a prescindere da questa eguaglianza negativa, le due dottrine si distinguono positivamente per il fatto che la mescolanza di Anassagora è un composto, mentre l'indeterminato di Anassimandro è un'unità. Assumendo il suo caos, Anassagora aveva per lo meno il vantaggio, rispetto ad Anassimandro, di non aver bisogno di derivare la pluralità dall'unità, il divenire dall'essere.

Nella sua mescolanza universale dei semi, è vero, egli doveva ammettere un'eccezione: il *nus* non vi era incluso, e anche ora del resto esso non è mescolato a nessuna cosa. In effetti, se fosse mescolato anche a una sola cosa che è, dovrebbe allora ritrovarsi, per le infinite divisioni, in tutte le cose. Questa eccezione è estremamente pericolosa dal punto di vista logico, soprattutto quando si consideri la natura materiale – prima descritta – del *nus*: l'eccezione ha qualcosa di mitologico e sembra arbitraria, ma era invece rigidamente necessaria in base alle premesse di Anassagora. Lo spirito, d'altronde divisibile all'infinito come ogni altra materia – con la differenza che quando si divide, esso si divide non già per opera di altri elementi materiali, bensì per opera di se stesso, raccogliendosi ora in masse più grandi ora in masse più piccole – ha una massa complessiva e una qualità uguali da tutta l'eternità: e ciò che in questo momento è spirito, in tutto il mondo, negli animali, nelle piante e negli uomini lo era già or è un millennio, senza nulla in più o in meno, anche se la distribuzione poteva essere differente. Ma ogni volta che esso entra in rapporto con un'altra sostanza, non si mescola mai con essa, ma la afferra spontaneamente, la muove e la sposta secondo il suo arbitrio, e in breve la domina. Esso, che soltanto in sé trova un movimento, è anche l'unico essere che possieda il dominio nel mondo, e mostra tale dominio muovendo i germi sostanziali. Ma verso dove li muove? Oppure è pensabile un movimento privo di direzione, privo di una traiettoria? Nei suoi urti, l'arbitrio dello spirito è sempre un arbitrio di poter urtare o poter non urtare? In breve, nel campo del movimento regna il caso, ossia la più cieca arbitrarietà? A questo punto varchiamo la soglia del luogo più sacro che si possa scoprire nel campo delle idee di Anassagora.

17

Che cosa si doveva fare, rispetto a quella caotica compenetrazione dello stato originario anteriore a ogni movimento, affinché da esso sorgesse – senza alcuna aggiunta di nuove sostanze e di nuove forze – il mondo presente, con le orbite regolari delle stelle, con le forme – stabilite secondo una legge – dei periodi dell'anno e del giorno, con la molteplice bellezza e il suo ordine, in breve, perché dal caos sorgesse un cosmo? Quest'ultimo può essere soltanto la conseguenza del movimento, di un movimento però determinato e indirizzato saggiamente. Questo movimento stesso è lo strumento del *nus*: lo scopo di questo consisterebbe nella perfetta separazione dell'uguale, e tale scopo non è sinora stato raggiunto, poiché il disordine e la mescolanza erano da principio infiniti. Questo scopo si potrà raggiungere soltanto attraverso un processo sconfinato, e non si può realizzare d'un tratto, con un mitologico colpo di bacchetta magica. Se poi un giorno, in un tempo futuro infinitamente lontano, si giungerà al punto che tutto l'omogeneo sia raccolto assieme e le esistenze primordiali, indivise, risultino ormai disposte in bell'ordine l'una accanto all'altra, se ogni particella avrà trovato le sue compagne e la sua patria, se dopo la grande divisione e scissione delle sostanze sarà intervenuta la grande pace e non vi sarà più nulla di scisso e di diviso, allora il *nus* ritornerà nuovamente al suo movimento spontaneo, senza ormai attraversare il mondo, senza ormai essere diviso esso stesso, sia in masse più grandi, sia in masse più piccole, come spirito vegetale o spirito animale, e senza ormai prendere dimora in altra materia. Per il momento questo compito non è ancora condotto a fine, ma la specie di movimento che il *nus* ha escogitato per adempiere al suo compito dimostra un mirabile finalismo, poiché attraverso questo movimento il raggiungimento del fine si avvicina sempre, in ogni nuovo istante. Tale movimento ha infatti il carattere di un progressivo e concentrico moto circolare: esso ha preso inizio in un qualche punto della mescolanza caotica, in forma di una piccola rotazione, e attraverso traiettorie sempre più grandi questo moto circolare percorre tutta la realtà esistente, spingendo ovunque il simile verso il simile. Dapprima questo impulso rotatorio porta tutto il denso accanto al denso, tutto il rado accanto al rado, e allo stesso modo tutto l'oscuro, tutto il luminoso, tutto l'umido, tutto il secco accanto al loro simile: al di sopra di queste classi generali ne esistono ancora altre più vaste, l'etere, ossia tutto ciò che è caldo, luminoso e rado, e l'aria, che designa tutto ciò che è oscuro, freddo, pesante e solido. Mediante la separazione delle masse eteree da quelle aeree si forma – come effetto immediato di quella rotazione muoventesi in cerchi sempre più grandi – qualcosa di simile a quanto avviene in occasione di un vortice provocato da qualcuno in un'acqua stagnante: le parti pesanti vengono portate al centro e qui sono compresse assieme. Allo stesso modo nel caos quel vortice progressivo è formato all'esterno dalle parti eteree, rarefatte e luminose, e all'interno dalle parti nebulose, pesanti e umide. E allora, nello sviluppo di questo processo, dalla massa aerea che si raccoglie all'interno si separa l'acqua, e dall'acqua a sua volta l'elemento terrestre, mentre dal terrestre, sotto l'azione dei terribili freddi, si separano le rocce. D'altro canto, per la violenza della rotazione certe masse di pietra vengono strappate lateralmente dalla terra, e gettate nel dominio dell'etere caldo e luminoso; lassù, arroventate in quell'elemento igneo e trascinate nell'etereo movimento circolare, esse irradiano luce, illuminano e riscaldano – sotto forma di sole e di stelle – la terra in sé oscura e fredda. Tutta questa concezione è di una mirabile arditezza e semplicità, non possiede nulla di quella teleologia balorda e antropomorfica, che è stata spesso riferita al nome di Anassagora. La suddetta concezione trova la sua grandezza e il suo vanto nel fatto di derivare l'intero cosmo del divenire da un movimento circolare, mentre Parmenide considerava ciò che veramente è come una morta sfera in quiete. Se il primo movimento è quel vortice circolare che ha ricevuto la spinta dal *nus*, allora ogni ordine, legalità e bellezza del mondo è la conseguenza naturale di quel primo impulso. Si fa davvero torto ad Anassagora, quando gli si rimprovera il suo saggio astenersi – come risulta in questa concezione – dalla teleologia, e quando si parla con disprezzo del suo *nus*, come di un *deus ex machina*. Al contrario Anassagora, proprio per avere eliminato miracolosi interventi mitologici e teistici, e inoltre scopi utilitari e antropomorfici, avrebbe potuto servirsi di quelle orgogliose parole che Kant ha usato nella sua *Storia naturale del cielo*. È infatti un pensiero sublime, il ricondurre a un moto semplice, puramente meccanico – e per così dire a una figura matematica in movimento – quella magnificenza del cosmo e quella stupefacente struttura delle orbite stellari. In tal modo non si ricorre alle intenzioni e alle mani invadenti di un dio miracolistico, ma unicamente a una specie di vibrazione, la quale, una volta che è stata impressa, risulta necessaria e determinata nel suo svolgimento, e raggiunge effetti che equivalgono – pur senza che ciò sia vero – al più saggio calcolo dell'intelligenza e al più meditato finalismo. Kant dice: «Senza l'aiuto di invenzioni arbitrarie, e ispirato invece da assodate leggi del movimento, io godo nel veder prodursi un tutto bene ordinato, il quale si presenta così simile al nostro sistema cosmico che io non posso fare a meno di identificarlo con esso. Mi sembra che qui, in un certo senso, si potrebbe dire senza eccesso di audacia: datemi la materia, e con essa costruirò un mondo».[50]

18

Anche presupponendo che l'inferenza di quella mescolanza primordiale venga ammessa come corretta, certe difficoltà di natura meccanica sembrano tuttavia opporsi immediatamente al grande abbozzo della costruzione cosmica. Quand'anche cioè lo spirito produca un movimento circolare in un determinato luogo, la prosecuzione di esso – soprattutto in quanto dev'essere infinita e deve gradualmente trascinare in giro tutte le masse esistenti – sarà tuttavia assai difficilmente rappresentabile. Sin dal principio si potrebbe supporre che la pressione di tutta la rimanente materia debba schiacciare questo piccolo movimento circolare appena sorto; il non verificarsi di ciò presuppone, da parte del *nus* efficiente, un improvviso intervento iniziale con una terribile forza, e in ogni caso con una tale rapidità che dovremo dare a questo movimento il nome di vortice, simile a quel vortice che fu altresì immaginato da Democrito. E poiché questo vortice dev'essere infinitamente forte, per non venire impedito dall'intero mondo sovrastante dell'infinito, esso dovrà allora risultare infinitamente rapido, poiché la forza può originariamente manifestarsi soltanto nella rapidità. Quanto più ampi sono per contro gli anelli concentrici, tanto più lento sarà questo movimento; se un giorno il movimento potesse raggiungere la fine di un mondo infinitamente dispiegato, allora esso dovrebbe avere ormai una velocità di rotazione infinitamente piccola. Viceversa, se pensiamo il movimento come infinitamente forte, ossia come infinitamente veloce – nel primissimo insorgere cioè del movimento – allora anche il cerchio iniziale dev'essere stato infinitamente piccolo: otteniamo perciò come inizio un punto che ruota attorno a se stesso, con un contenuto materiale infinitamente piccolo. Ma questo punto non spiegherebbe affatto l'ulteriore movimento: si potrebbe addirittura pensare tutti i punti della massa originaria come rotanti vorticosamente attorno a se stessi, e nonostante ciò l'intera massa rimarrebbe immobile e non separata. Nel caso invece in cui quel punto materiale di infinita piccolezza – afferrato e fatto vibrare dal *nus* – non sia stato fatto ruotare attorno a se stesso, ma abbia descritto una circonferenza più grande a piacere, ciò sarebbe già bastato per urtare, mettere in movimento, scagliare, far rimbalzare altri punti materiali, suscitando così gradualmente un tumulto di movimenti propagantisi all'intorno, dove, come risultato immediato, dovrebbe essersi verificata quella separazione delle masse aeree da quelle eteree. E come lo spunto del movimento stesso è un atto arbitrario del *nus*, così è anche arbitrario il modo di questo spunto, in quanto il primo movimento descrive un cerchio il cui raggio è scelto secondo una misura maggiore a piacere di un punto.

19

Si potrebbe qui senza dubbio domandare che cosa sia allora venuto in mente così d'improvviso al *nus*, per urtare a casaccio, fra tutto quel numero di punti, un certo puntolino materiale, e per trascinarlo in una danza vorticosa; e si potrebbe inoltre domandare perché questa idea non sia venuta prima in mente al *nus*. A ciò Anassagora risponderebbe: «Il *nus* ha il privilegio dell'arbitrio, può imprimere un inizio a suo piacimento, e dipende da sé solo, mentre tutto il resto è determinato dall'esterno. Il *nus* non ha alcun dovere, e perciò nessuno scopo che esso sia costretto a perseguire: se in una certa occasione diede inizio a quel movimento e si propose uno scopo, si trattò soltanto – la risposta è difficile, ma Eraclito può dare un aiuto – di un *giuoco*».

Questa parola sembra che abbia costituito sempre l'ultima soluzione, o l'ultima scappatoia, sempre pronta sulle labbra dei Greci. Lo spirito anassagoreo è un artista, e precisamente è il più potente genio della meccanica e dell'architettura, che crea con i mezzi più semplici le forme e le orbite più grandiose, costruendo per così dire una mobile architettura, ma fondandosi sempre su quell'arbitrio irrazionale che sta nascosto nelle profondità dell'artista. Sembra quasi che Anassagora accenni a Fidia, e di fronte a quella sconfinata opera d'artista che è il cosmo, come di fronte al Partenone, sembra che egli esclami, rivolto a noi: «Il divenire non è un fenomeno morale, bensì unicamente un fenomeno artistico». Aristotele narra che Anassagora, alla domanda perché l'esistenza in genere fosse per lui piena di valore, abbia risposto: «per contemplare il cielo e l'intero ordine del cosmo».[51] Egli considerava le cose fisiche con la stessa devozione e con lo stesso misterioso timore, con cui noi ci poniamo di fronte a un tempio antico; la sua dottrina diventò una specie di esercizio religioso da liberi pensatori, proteggendosi con l'*odi profanum vulgus et arceo*[52] e scegliendo con cautela i suoi seguaci dalla società più alta e più nobile di Atene. Nella comunità chiusa dei discepoli ateniesi di

Anassagora la mitologia del popolo era ormai ammessa soltanto come un linguaggio simbolico; tutti i miti, tutti gli dèi, tutti gli eroi venivano qui considerati unicamente come geroglifici per l'interpretazione della natura, e persino i poemi omerici dovevano essere il canto canonico sul dominio del *nus*, sulle lotte e leggi della *physis*. Qua e là, da questa società di spiriti liberi e sublimi giungeva un'eco sino al popolo; e soprattutto il grande Euripide, sempre audace e assetato di novità, osò far dire attraverso la maschera tragica molte cose che trafiggevano come una freccia l'animo della massa, e da cui quest'ultima riusciva poi a liberarsi solo con buffonesche caricature e con ridicole trasposizioni.

Il più grande fra tutti i seguaci di Anassagora è peraltro Pericle, il più potente e il più degno uomo del mondo; proprio riguardo a lui Platone fornisce la testimonianza, che fu unicamente la filosofia di Anassagora a imprimere uno slancio sublime al genio di Pericle.[53] Quando egli si presentava di fronte al suo popolo come oratore pubblico, nella bella rigidità e immobilità di un marmoreo dio olimpico, e quietamente, avvolto nel mantello, sotto un panneggiamento inalterato, senza mai mutare l'espressione del volto, senza sorridere, con un tono forte e costante della voce – ossia in una maniera del tutto contraria a quella di Demostene, appunto nella maniera periclea – parlava, tuonava, fulminava, annientava e liberava, egli si presentava allora come un'abbreviazione del cosmo di Anassagora, come l'immagine del *nus*, che si è costruito il più bello e il più degno ricettacolo, e per così dire come l'incarnazione visibile della forza costruttiva, motrice, che separa e ordina, sinottica, artisticamente non determinata, del genio. Anassagora stesso ha detto che l'uomo è l'essere più razionale, ossia deve albergare in sé il *nus* in quantità più grande di tutti gli

altri esseri, già per il fatto che possiede organi degni di ammirazione come le mani.[54] Egli concluse quindi che quel *nus*, a seconda della grandezza e della massa con cui si impadronisce di un corpo materiale, costruirà sempre con questa materia gli strumenti corrispondenti al proprio grado quantitativo, e foggerà quindi gli strumenti più belli e più conformi a un fine, quando si presenterà nella massima ampiezza. E allo stesso modo che l'atto più mirabile, e più conforme a un fine, del *nus* doveva essere quel primordiale movimento circolare, in quanto allora lo spirito era ancora indiviso e raccolto in sé, così l'azione del discorso pericleo apparve spesso, ad Anassagora che ascoltava, come un'immagine simbolica di quel primordiale movimento circolare; anche in questo caso, difatti, egli si accorse anzitutto di un vortice di pensiero che si muoveva con forza paurosa, ma ordinatamente, che afferrava gradualmente nei suoi cerchi concentrici le persone più vicine e quelle più lontane, trascinandole con sé, e che, una volta giunto alla sua fine, aveva trasformato l'intero popolo, ordinandolo e separandolo.
I filosofi posteriori dell'antichità ritennero che il modo in cui Anassagora aveva fatto uso del suo *nus* per spiegare il mondo era strano, anzi difficilmente perdonabile; essi ritennero che Anassagora avesse scoperto uno splendido strumento, ma non l'avesse compreso bene, e cercarono di recuperare ciò che era stato trascurato dallo scopritore. Essi non riconobbero quindi il significato della rinunzia di Anassagora, suggerita dal più puro spirito del metodo pertinente alle scienze naturali, un atteggiamento che in ogni caso si preoccupa unicamente di indagare ciò mediante cui qualcosa è (*causa efficiens*), e non già per quale ragione qualcosa sia (*causa finalis*). Il *nus* è stato introdotto da Anassagora solo per rispondere alla domanda specifica: «onde

sorge il movimento e onde sorgono movimenti regolari?». Secondo quanto Platone gli rimprovera, tuttavia, egli avrebbe dovuto dimostrare, ma non avrebbe invece dimostrato, che ogni cosa – nel suo modo di esistere e nel suo luogo – esiste appunto con la massima bellezza, eccellenza e finalità.[55] Ma Anassagora non avrebbe osato sostenere questo neppure in un solo caso: per lui il mondo esistente non era neppure il più perfetto che si potesse pensare, poiché egli vedeva sorgere ogni cosa da ogni cosa e osservava che la separazione delle sostanze per opera del *nus* non risultava compiuta e conclusa né negli esseri singoli, né alla fine dello spazio riempito del mondo. Per la sua conoscenza bastava perfettamente aver trovato un movimento, tale da poter creare da un caos totalmente mescolato – attraverso una semplice azione continua – l'ordine visibile; egli si guardò bene di porre la questione sul perché del movimento, sul fine razionale del movimento. Se infatti il *nus* avesse dovuto realizzare attraverso il movimento uno scopo necessario secondo la propria essenza, non sarebbe allora più dipeso dal suo arbitrio il dare inizio in una certa occasione al movimento; in quanto è eterno, il *nus* avrebbe già dovuto eternamente essere determinato da questo scopo, e in tal caso non avrebbe potuto esistere alcun momento di tempo in cui mancasse ancora il movimento, anzi sarebbe stato vietato, dal punto di vista logico, l'assumere un punto iniziale per il movimento: in tal modo l'idea del caos originario, cioè il fondamento dell'intera interpretazione anassagorea del mondo, sarebbe stata a sua volta logicamente impossibile. Per sfuggire a tali difficoltà, create dalla teleologia, Anassagora dovette sempre affermare, con la massima energia e solennità, che lo spirito è libero; tutti i suoi atti, anche quello del movimento primordiale, sono atti della «volontà libera», mentre tutto il resto del mondo si forma, dopo quel momento primordiale, in modo rigorosamente determinato e, per essere precisi, determinato meccanicamente. Quella volontà assolutamente libera, peraltro, può essere pensata solo come priva di fini, all'incirca come un giuoco di fanciulli o come un giuoco artistico. È un errore addossare ad Anassagora la solita confusione fatta dal teleologo, il quale, ammirando lo straordinario finalismo, l'accordo fra le parti e il tutto, specialmente nel mondo organico, presuppone che quanto esiste per l'intelletto si sia altresì introdotto per opera dell'intelletto, e che quanto l'intelletto costituisce solo sotto la guida del concetto di fine deve essere stato realizzato altresì dalla natura, mediante la riflessione e i concetti finalistici (Schopenhauer, *Mondo come volontà e rappresentazione*, vol. 2, p. 373).[56] Pensati alla maniera di Anassagora, al contrario, l'ordine e il finalismo delle cose sono direttamente soltanto il risultato di un cieco movimento meccanico; e unicamente per poter provocare questo movimento, per poter in un qualche tempo venir fuori dalla quiete mortale del caos, Anassagora assunse il *nus* libero, dipendente da sé solo. In quest'ultimo egli apprezzò proprio la qualità di comportarsi a proprio piacimento, ossia di poter agire incondizionatamente, indeterminatamente, senza essere guidato né da cause né da fini.

SU VERITÀ E MENZOGNA IN SENSO EXTRAMORALE

I

In un angolo remoto dell'universo scintillante e diffuso attraverso infiniti sistemi solari c'era una volta un astro, su cui animali intelligenti scoprirono la conoscenza. Fu il minuto più tracotante e più menzognero della «storia del mondo»: ma tutto ciò durò soltanto un minuto. Dopo pochi respiri della natura, la stella si irrigidì e gli animali intelligenti dovettero morire.[1] – Qualcuno potrebbe inventare una favola di questo genere, ma non riuscirebbe tuttavia a illustrare sufficientemente quanto misero, spettrale, fugace, privo di scopo e arbitrario sia il comportamento dell'intelletto umano entro la natura. Vi furono eternità in cui esso non esisteva; quando per lui tutto sarà nuovamente finito, non sarà avvenuto nulla di notevole. Per quell'intelletto, difatti, non esiste una missione ulteriore che conduca al di là della vita umana. Esso piuttosto è umano, e soltanto chi lo possiede e lo produce può considerarlo tanto pateticamente, come se i cardini del mondo ruotassero su di lui. Se noi riuscissimo a intenderci con la zanzara, apprenderemmo che anch'essa nuota attraverso l'aria con questo *pathos* e si sente il centro – che vola – di questo mondo. Non vi è nulla di abbastanza spregevole e scadente nella natura, che con un piccolo e leggero alito di quella forza del conoscere non si gonfi senz'altro come un otre. E come ogni facchino vuole avere i suoi ammiratori, così il più orgoglioso fra gli uomini, il filosofo, crede che da tutti i lati gli occhi dell'universo siano rivolti telescopicamente sul suo agire e sul suo pensare.

È degno di nota che tutto ciò sia prodotto dall'intelletto, il quale è concesso – unicamente come aiuto – agli esseri più infelici, più delicati e più transitori, allo scopo di trattenerli per un minuto nell'esistenza, onde essi altrimenti, senza quell'aggiunta, avrebbero ogni motivo di sfuggire tanto rapidamente quanto il figlio di Lessing.[2] Quell'alterigia connessa col conoscere e col sentire, sospesa come nebbia abbagliante dinanzi agli occhi e ai sensi degli uomini, li inganna dunque sul valore dell'esistenza, portando in sé la più lusinghevole valutazione riguardo al conoscere. Il suo effetto più universale è l'inganno, ma anche gli effetti più particolari portano in sé qualcosa del medesimo carattere.

L'intelletto, come mezzo per conservare l'individuo,[3] spiega le sue forze principali nella finzione. Questa infatti è il mezzo con cui gli individui più deboli e meno robusti si conservano, in quanto a essi è preclusa una lotta per l'esistenza da condursi con le corna o con gli aspri morsi degli animali feroci. Nell'uomo quest'arte della finzione raggiunge il suo culmine: qui l'illudere, l'adulare, il mentire e l'ingannare, il parlar male di qualcuno in sua assenza, il rappresentare, il vivere in uno splendore preso a prestito, il mascherarsi, le convenzioni che nascondono, il far la commedia dinanzi agli altri e a se stessi, in breve il continuo svolazzare attorno alla fiamma della vanità costituisce a tal punto la regola e la legge, che nulla, si può dire, è più incomprensibile del fatto che fra gli uomini possa sorgere un impulso onesto e puro verso la verità. Essi sono profondamente immersi nelle illusioni e nelle immagini del sogno, il loro occhio scivola sulla superficie delle cose, vedendo «forme», il loro sentimento non conduce mai alla verità, ma si accontenta di ricevere stimoli e, per così dire, di accarezzare con un giuoco tattile il dorso delle cose. Oltre a ciò, di notte l'uomo si lascia ingannare nel sogno, per tutta la vita, senza che il suo sentimento morale cerchi mai di impedire ciò;

devono invece esistere uomini che con la forza di volontà hanno eliminato il russare. In senso proprio, che cosa sa l'uomo su se stesso? Forse che, una volta tanto, egli sarebbe capace di percepire compiutamente se stesso, quasi si trovasse posto in una vetrina illuminata? Forse che la natura non gli nasconde quasi tutto, persino riguardo al suo corpo, per confinarlo e racchiuderlo in un'orgogliosa e fantasmagorica coscienza, lontano dall'intreccio delle sue viscere, dal rapido flusso del suo sangue, dai complicati fremiti delle sue fibre? La natura ha gettato via la chiave, e guai alla fatale curiosità che una volta riesca a guardare attraverso una fessura dalla cella della coscienza, in fuori e in basso, e che un giorno abbia il presentimento che l'uomo sta sospeso nei suoi sogni su qualcosa di spietato, avido, insaziabile e, per così dire, sul dorso di una tigre. In una tale costellazione, da quale parte del mondo sorgerà mai l'impulso verso la verità?

In quanto l'individuo, di fronte ad altri individui, vuole conservarsi, esso utilizza per lo più l'intelletto, in uno stato naturale delle cose, soltanto per la finzione: ma poiché al tempo stesso l'uomo, per bisogno o per noia, vuole esistere socialmente come in un gregge, egli è spinto a concludere la pace, e tende a far scomparire dal suo mondo almeno il più rozzo *bellum omnium contra omnes*. Questo trattato di pace porta in sé qualcosa che si presenta come il primo passo per raggiungere quell'enigmatico impulso alla verità. A questo punto viene fissato *ciò* che in seguito dovrà essere la «verità»; in altre parole, viene scoperta una designazione delle cose uniformemente valida e vincolante, e la legislazione del linguaggio fornisce altresì le prime leggi della verità. Sorge qui infatti, per la prima volta, il contrasto tra verità e menzogna. Il mentitore adopera le designazioni valide, le parole, per fare apparire come reale ciò che non è reale. Egli dice per esempio: «io sono ricco», mentre per il suo stato la designazione esatta sarebbe proprio «povero». Egli fa cattivo uso delle salde convenzioni, scambiando arbitrariamente, o addirittura invertendo i nomi. Quando egli fa questo in modo egoistico, che può d'altronde recare danno, la società non si fiderà più di lui e così lo escluderà da sé. Nel far ciò gli uomini cercano di evitare, non tanto l'essere ingannati, quanto l'essere danneggiati dall'inganno: anche su questo piano essi in fondo non odiano l'inganno, bensì le conseguenze brutte e ostili di certe specie di inganni. In tale senso limitato, l'uomo vuole soltanto la verità: egli desidera le conseguenze piacevoli – che preservano la vita – della verità, è indifferente di fronte alla conoscenza pura, priva di conseguenze, mentre è disposto addirittura ostilmente verso le verità forse dannose e distruttive. Oltre a ciò come stanno le cose rispetto alle suddette convenzioni del linguaggio? Sono forse prodotti della conoscenza, del senso della verità, forse che le designazioni e le cose si sovrappongono? Il linguaggio è dunque l'espressione adeguata di tutte le realtà?

Solo attraverso l'oblio l'uomo può giungere a credere di possedere una «verità» nel grado sopra designato. Quando egli non si accontenta della verità in forma di tautologia, ossia non si appaga di gusci vuoti, baratterà sempre verità e illusioni. Che cos'è una parola? Il riflesso in suoni di uno stimolo nervoso. Ma il concludere da uno stimolo nervoso a una causa fuori di noi è già il risultato di una applicazione falsa e ingiustificata del principio di ragione. Se nella genesi del linguaggio la verità fosse risultata decisiva, se nelle designazioni fosse stato decisivo unicamente il punto di vista della certezza, come potremmo ancora dire:

la pietra è dura, quasi che «duro» ci fosse noto anche altrimenti, e non soltanto come uno stimolo del tutto soggettivo? Noi dividiamo le cose in generi, designiamo l'albero come maschile e la pianta come femminile: quali trasposizioni arbitrarie! Che distacco dal canone della certezza! Noi parliamo di un «serpente»: la designazione non riguarda altro se non la tortuosità, e potrebbe quindi spettare altresì al verme. Quali delimitazioni arbitrarie, quali preferenze unilaterali, accordate ora all'una ora all'altra proprietà di una cosa! Le diverse lingue, poste l'una accanto all'altra, mostrano che nelle parole non ha mai importanza la verità, né un'espressione adeguata. In caso contrario non esisterebbero infatti così tante lingue. La «cosa in sé» (la verità pura e priva di conseguenze consisterebbe appunto in ciò) è d'altronde del tutto inafferrabile per colui che costruisce il linguaggio, e non è affatto degna per lui di essere ricercata. Egli designa soltanto le relazioni delle cose con gli uomini e ricorre all'aiuto delle più ardite metafore per esprimere tali relazioni. Uno stimolo nervoso, trasferito anzitutto in un'immagine: prima metafora. L'immagine è poi plasmata in un suono: seconda metafora. Ogni volta si ha un cambiamento completo della sfera, un passaggio a una sfera del tutto differente e nuova. Si può immaginare un uomo che sia completamente sordo e non abbia mai avuto una sensazione del suono e della musica: allo stesso modo che costui, per esempio, si meraviglia di fronte alle figure acustiche di Chladni,[4] disegnate sulla sabbia, trova le loro cause nelle vibrazioni della corda ed è disposto a giurare di sapere ormai che cosa sia ciò che gli uomini chiamano «suono», così avviene a tutti noi riguardo al linguaggio. Noi crediamo di sapere qualcosa sulle cose stesse, quando parliamo di alberi, di colori, di neve e di fiori, eppure non possediamo

nulla se non metafore delle cose che non corrispondono affatto alle essenze originarie. Come il suono si presenta in quanto figura nella sabbia, così l'enigmatico *x* della cosa in sé ora si presenta come stimolo nervoso, ora come immagine, ora infine come suono. In ogni caso il sorgere della lingua non segue un procedimento logico, e l'intero materiale su cui e con cui più tardi lavorerà e costruirà l'uomo della verità, l'indagatore, il filosofo, proviene, se non da una Nefelococcigia,[5] certo però non dall'essenza delle cose.
Soffermiamoci ancora particolarmente sulla formazione dei concetti. Ogni parola diventa senz'altro un concetto, per il fatto che essa non è destinata a servire eventualmente per ricordare l'esperienza primitiva, non ripetuta e perfettamente individualizzata, ma deve adattarsi al tempo stesso a innumerevoli casi più o meno simili, cioè – a rigore – mai uguali, e quindi a casi semplicemente disuguali. Ogni concetto sorge con l'equiparazione di ciò che non è uguale. Se è certo che una foglia non è mai perfettamente uguale a un'altra, altrettanto certo è che il concetto di foglia si forma mediante un arbitrario lasciar cadere queste differenze individuali, mediante un dimenticare l'elemento discriminante, e suscita poi la rappresentazione che nella natura, all'infuori delle foglie, esiste un qualcosa che è «foglia», quasi una forma primordiale, sul modello della quale sarebbero tessute, disegnate, circoscritte, colorate, increspate, dipinte – ma da mani maldestre – tutte le foglie, in modo tale che nessun esemplare risulterebbe corretto e attendibile in quanto copia fedele della forma originale. Noi chiamiamo un uomo «onesto». Perché costui si è comportato oggi così onestamente? – domandiamo. La nostra risposta è di solito: a causa della sua onestà. L'onestà! Ciò significa nuovamente: la foglia è la causa delle foglie.

Non sappiamo assolutamente nulla di una qualità essenziale che si chiami l'onestà; e conosciamo invece numerose azioni individuali, e quindi disuguali, che noi equipariamo tra loro, lasciando cadere ciò che vi è di disuguale, e che allora designiamo come azioni oneste. Partendo da esse formuliamo infine una *qualitas occulta*, con il nome: l'onestà.

Il trascurare ciò che vi è di individuale e di reale ci fornisce il concetto, allo stesso modo che ci fornisce la forma, mentre la natura non conosce invece nessuna forma e nessun concetto, e quindi neppure alcun genere, ma soltanto una *x*, per noi inattingibile e indefinibile. Altresì la nostra antitesi tra individuo e genere è infatti antropomorfica e non sgorga dall'essenza delle cose, anche se non osiamo dire che tale antitesi non corrisponde a tale essenza. Questa sarebbe infatti un'asscrzionc dogmatica, c comc talc altrcttanto indimostrabile quanto la sua contraria.

Che cos'è dunque la verità? Un mobile esercito di metafore, metonimie, antropomorfismi, in breve una somma di relazioni umane che sono state potenziate poeticamente e retoricamente, che sono state trasferite e abbellite, e che dopo un lungo uso sembrano a un popolo solide, canoniche e vincolanti: le verità sono illusioni di cui si è dimenticata la natura illusoria, sono metafore che si sono logorate e hanno perduto ogni forza sensibile, sono monete la cui immagine si è consumata e che vengono prese in considerazione soltanto come metallo, non più come monete. Sinora noi non sappiamo onde derivi l'impulso verso la verità; sinora infatti abbiamo inteso parlare soltanto dell'obbligo imposto dalla società per la sua esistenza: essere veritieri, cioè servirsi delle metafore usuali. L'espressione morale di ciò è dunque la seguente: sinora abbiamo inteso parlare soltanto dell'obbligo di mentire secondo una salda convenzione, ossia di mentire come si conviene a una moltitudine, in uno stile vincolante per tutti. Senza dubbio l'uomo si dimentica che le cose stanno a questo modo; egli mente dunque nella maniera suddetta, incoscientemente e per una abitudine secolare, giungendo al sentimento della verità proprio *attraverso questa incoscienza*, proprio attraverso questo oblio. Con il sentimento di essere obbligati a designare una cosa come rossa, un'altra come fredda, una terza come muta, si risveglia un sentimento morale riferentesi alla verità. Fondandosi sul contrasto dell'uomo menzognero, di cui nessuno si fida e che tutti evitano, l'uomo dimostra a se stesso che la verità è degna di rispetto e di fiducia, e altresì utile. Come essere *razionale*, egli pone ora il suo agire sotto il controllo delle astrazioni; non ammette più di essere trascinato dalle impressioni istantanee e dalle intuizioni, generalizza tutte queste impressioni, traendone concetti scoloriti e tiepidi, per aggiogare a essi il carro della sua vita e della sua azione. Tutto ciò che distingue l'uomo dall'animale dipende da questa capacità di sminuire le metafore intuitive in schemi, cioè di risolvere un'immagine in un concetto. Nel campo di quegli schemi è possibile cioè qualcosa che non potrebbe mai riuscire sotto il dominio delle prime impressioni intuitive: costruire un ordine piramidale, suddiviso secondo caste e gradi, creare un nuovo mondo di leggi, di privilegi, di subordinazioni, di delimitazioni, che si contrapponga ormai all'altro mondo intuitivo delle prime impressioni come qualcosa di più solido, di più generale, di più noto, di più umano, e quindi come l'elemento regolatore e imperativo. Mentre ogni metafora intuitiva è individuale e risulta senza pari, sapendo perciò sempre sfuggire a ogni registrazione, la grande costruzione dei concetti mostra invece la rigida regolarità di un colombario romano e manifesta nella logica quel rigore e quella freddezza che sono propri della matematica. Chi è ispirato da questa freddezza difficilmente crederà che il concetto – osseo come un dado, spostabile e munito di otto vertici come questo – sussista unicamente come il *residuo di una metafora*, e che l'illusione del trasferimento artistico di uno stimolo nervoso in immagini, se non è la madre, sia tuttavia l'antenata di ogni concetto. In questo concettuale giuoco di dadi si chiama peraltro «verità» il servirsi di ogni dado secondo la sua designazione, il contare con esattezza i punti segnati su ogni faccia, il costruire rubriche giuste e il non turbare mai l'ordinamento di caste e la serie gerarchica delle classi. Come i Romani e gli Etruschi dividevano il cielo con rigide linee matematiche e in ciascuna di queste caselle, come in un *templum*, relegavano un dio, così ogni popolo trova sopra di sé un siffatto ciclo concettuale suddiviso matematicamente, e per esigenze della verità intende il ricercare ogni dio concettuale unicamente nella *sua* sfera. Senza dubbio si può a questo proposito ammirare l'uomo come un potente genio costruttivo, che riesce – su mobili fondamenta, e per così dire, sull'acqua corrente – a elevare una cupola concettuale infinitamente complicata; certo, per raggiungere una stabilità su siffatte fondamenta, occorrerà una costruzione fatta di ragnatele, tanto tenue da non essere trascinata via dalle onde e tanto solida da non essere spazzata via al soffiare di ogni vento. Come genio costruttivo, l'uomo si innalza a questo modo al di sopra delle api: queste costruiscono con la cera che raccolgono ricavandola dalla natura, mentre l'uomo costruisce con la materia assai più tenue dei concetti che egli deve fabbricarsi da sé. In ciò egli è degno di grande ammirazione, non già tuttavia a causa del suo impulso verso la verità e la conoscenza pura delle cose. Se qualcuno nasconde qualcosa dietro un cespuglio, se lo ricerca nuovamente là e ve lo ritrova, in questa ricerca e in questa scoperta non vi è molto da lodare: eppure le cose stanno a questo modo riguardo alla ricerca e alla scoperta della «verità», entro il territorio della ragione. Se io formulo la definizione del mammifero, e in seguito, vedendo un cammello, dichiaro: «ecco un mammifero», in tal caso viene portata alla luce senza dubbio una verità, ma quest'ultima ha un valore limitato, a mio avviso; è completamente antropomorfica e non contiene neppure un solo elemento che sia «vero in sé», reale e universalmente valido, a prescindere dall'uomo. L'indagatore di queste verità in fondo cerca soltanto la metamorfosi del mondo nell'uomo, si sforza di comprendere il mondo come una cosa umana e nel caso migliore riesce a raggiungere il sentimento di una assimilazione. Allo stesso modo in cui l'astrologo considerava le stelle al servizio degli uomini e in collegamento con la loro felicità e con i loro dolori, così un tale indagatore considera il mondo intero come connesso con l'uomo, come l'eco infinitamente ripercossa di un suono originario, cioè dell'uomo, come il riflesso moltiplicato di un'immagine primordiale, cioè dell'uomo. Il suo metodo considera l'uomo come misura di tutte le cose: nel far ciò tuttavia egli parte da un errore iniziale, credere cioè che egli abbia queste cose immediatamente dinanzi a sé, come oggetti puri. Egli dimentica così che le metafore originarie dell'intuizione sono pur sempre metafore, e le prende per le cose stesse.

Solo quando l'uomo dimentica quel primitivo mondo di metafore, solo quando la massa originaria di immagini – che sgorgano con ardente fluidità dalla primordiale facoltà della fantasia umana – si indurisce e irrigidisce, solo quando si crede, con una fede invincibile, che *questo* sole, *questa* finestra, questo tavolo siano verità in sé: in breve, solo quando l'uomo dimentica se stesso in quanto soggetto, e precisamente in quanto soggetto *artisticamente creativo*, solo allora egli può vivere con una certa calma, sicurezza e coerenza. Se egli potesse uscire soltanto per un attimo dalle mura segregatrici di questa fede, la sua «autocoscienza» si dissolverebbe allora d'un tratto. Già gli costa molta fatica l'ammettere che l'insetto o l'uccello percepiscono un mondo del tutto differente da quello umano, e che la questione di determinare quale delle due percezioni del mondo sia la più giusta è del tutto priva di senso, poiché una misura in proposito dovrebbe essere stabilita in base al criterio della *percezione esatta*, cioè in base a un criterio *che non esiste*. In generale poi la percezione esatta – il che significherebbe l'espressione adeguata di un oggetto nel soggetto – mi sembra un'assurdità contraddittoria: in effetti tra due sfere assolutamente diverse, quali sono il soggetto e l'oggetto, non esiste alcuna causalità, alcuna esattezza, alcuna espressione, ma tutt'al più un rapporto *estetico*, intendo dire una trasposizione allusiva, una traduzione balbettata in una lingua del tutto straniera, il che richiederebbe in ogni caso una sfera intermedia e una capacità intermedia che fossero capaci di poetare e di inventare liberamente. La parola apparenza contiene molte tentazioni, e perciò la evito per quanto è possibile: non è infatti vero che l'essenza delle cose appaia nel mondo empirico. Un pittore, cui manchino le mani e che voglia esprimere con il canto l'immagine che gli sta di fronte, lascerà indovinare, con questo scambio di sfere, più di quanto il mondo empirico non lasci indovinare riguardo all'essenza delle cose. Persino il rapporto tra uno stimolo nervoso e l'immagine prodotta non è in sé affatto necessario: ma quando la medesima immagine viene prodotta milioni di volte e viene trasmessa ereditariamente attraverso molte generazioni umane, apparendo infine a tutta quanta l'umanità ogni volta come conseguenza della medesima occasione, essa in conclusione acquista per l'uomo il medesimo significato che le spetterebbe se fosse l'unica immagine necessaria, e se quel rapporto fra l'originario stimolo nervoso e l'immagine prodotta fosse un rigido rapporto di causalità. Allo stesso modo un sogno, eternamente ripetuto, sarebbe sentito e giudicato interamente come realtà. Ma l'indurirsi e l'irrigidirsi di una metafora non offre assolutamente alcuna garanzia per la necessità e per l'autorità esclusiva di questa metafora.

Ogni uomo cui tali considerazioni siano familiari ha senza dubbio sentito una profonda diffidenza verso ogni idealismo cosiffatto, ogni volta che egli si sia convinto con grande chiarezza dell'eterno rigore, dell'onnipresenza e dell'infallibilità delle leggi naturali. Egli è giunto alla seguente conclusione: in questo campo – sin dove possiamo giungere, verso l'altezza del mondo telescopico e verso la profondità del mondo microscopico – tutto è sicuro, costruito, infinito, conforme a leggi e senza lacune; la scienza potrà eternamente scavare questi pozzi con successo, e tutto ciò che sarà trovato risulterà concordante e non contraddittorio. Tutto ciò assomiglia davvero poco a un prodotto della fantasia: se tale fosse il caso, difatti, da qualche parte dovrebbe trasparire l'illusione e l'irrealtà. Invece occorre dire: se ciascuno di noi, per sé, avesse una differente sensazione, se noi stessi potessimo percepire ora come uccelli, ora come vermi, ora come piante, oppure se uno di noi vedesse il medesimo stimolo come rosso e un altro lo vedesse come azzurro, se un terzo udisse addirittura tale stimolo come suono, nessuno potrebbe allora parlare di una tale regolarità della natura, ma la intenderebbe unicamente come una creazione estremamente soggettiva. Oltre a ciò, che cos'è per noi, in generale, una legge della natura? Essa ci è nota non già in sé, bensì soltanto nei suoi effetti, cioè nelle sue relazioni con altre leggi naturali, che a loro volta ci sono note soltanto come somme di relazioni. Tutte queste relazioni rimandano perciò sempre l'una all'altra, e nella loro essenza risultano per noi perfettamente incomprensibili: in tutto ciò ci è realmente noto soltanto quello che noi stessi aggiungiamo, il tempo, lo spazio, ossia rapporti di successione e numeri. Peraltro l'intero elemento miracoloso – proprio quello che ammiriamo nelle leggi naturali – che esige una nostra spiegazione e potrebbe indurci a diffidare dell'idealismo consiste proprio unicamente nel rigore matematico e nell'inviolabilità delle rappresentazioni di tempo e spazio. Queste, tuttavia, noi le produciamo in noi, traendole da noi stessi con quella necessità con cui il ragno tesse la sua tela; se siamo costretti a comprendere tutte le cose unicamente in base a queste forme, non c'è allora più da meravigliarci che in tutte le cose noi possiamo appunto comprendere, propriamente, soltanto queste forme: tutte quante debbono infatti portare in sé le leggi del numero e il numero è appunto l'elemento più stupefacente che esista nelle cose. Ogni conformità a leggi, la quale ci fa talmente impressione nel corso degli astri e nei processi chimici, coincide in fondo con quelle proprietà che noi stessi introduciamo nelle cose, cosicché siamo noi che facciamo impressione a noi stessi. Da ciò risulta senza dubbio che quella formazione artistica di metafore, con cui comincia in noi ogni sensazione, presuppone già quelle forme, ossia viene compiuta in esse; è soltanto la salda permanenza di queste forme originarie, che può spiegare la possibilità della susseguente costituzione, in base alle metafore stesse, dell'edificio dei concetti. Tale edificio è infatti un'imitazione dei rapporti temporali, spaziali e numerici sul terreno delle metafore.

2

Alla costruzione dei concetti lavora originariamente, come abbiamo visto, il *linguaggio*, e in epoche posteriori la *scienza*. Come l'ape costruisce le sue celle e al tempo stesso le riempie di miele, così la scienza lavora incessantemente a quel grande colombario dei concetti – cimitero delle intuizioni – costruisce in quell'edificio piani nuovi e più alti, consolida, ripulisce, rinnova le antiche celle, e soprattutto si sforza di riempire quella costruzione a scomparti, innalzata a un livello eccelso, e di ordinarvi l'intero mondo empirico, ossia il mondo antropomorfico. Se già l'uomo di azione lega la sua vita alla ragione e ai concetti razionali, per non essere trascinato via dalla corrente e per non perdersi, all'indagatore poi spetta addirittura di costruire la sua capanna a ridosso della torre della scienza, per poter contribuire alla sua edificazione e per poter trovare egli stesso un riparo ai piedi del baluardo già costruito. E di protezione egli ha bisogno, poiché esistono forze terribili che premono continuamente su di lui, contrapponendo alla «verità» scientifica altre «verità» di natura del tutto diversa e munite dei più svariati stemmi.

Quell'impulso a formare metafore, quell'impulso fondamentale dell'uomo da cui non si può prescindere neppure per un istante, poiché in tal modo si prescinderebbe dall'uomo stesso, risulta in verità non già represso, ma a stento ammansito, dal fatto che con i suoi prodotti evanescenti, i concetti, sia stato costruito per lui un nuovo mondo, regolare e rigido, come roccaforte. Tale impulso si cerca allora un nuovo campo di azione, un altro alveo per la sua corrente, e trova tutto ciò nel *mito*, e in generale nell'*arte*. Confonde continuamente le rubriche e gli scomparti dei concetti, presentando nuove trasposizioni, metafore, metonimie; continuamente svela il desiderio di dare al mondo sussistente dell'uomo desto una figura così variopinta, irregolare, priva di conseguenze, incoerente, eccitante ed eternamente nuova, quale è data dal mondo del sogno. In sé, anzi, l'uomo desto trae una chiara convinzione di essere sveglio unicamente dalla rigida e regolare ragnatela dei concetti, e talvolta è portato a credere di sognare, appunto perché quella ragnatela concettuale in certe occasioni viene strappata dall'arte. Pascal ha ragione quando sostiene che, se ogni notte ci si presentasse il medesimo sogno, noi ci occuperemmo altrettanto di esso quanto delle cose che vediamo ogni giorno: «se un artigiano fosse sicuro di sognare ogni notte, per dodici ore filate, di essere re, io credo allora» dice Pascal «che egli sarebbe altrettanto felice quanto un re che sognasse tutte le notti, per dodici ore, di essere un artigiano».[6] La veglia di un popolo – per esempio degli antichi Greci – ispirato miticamente risulta, a causa dei miracoli continuamente operanti quali sono accolti dal mito, realmente più simile al sogno che non alla veglia del pensatore scientificamente disincantato. Quando ogni albero può avere l'occasione di parlare, nascondendo una ninfa, quando sotto la figura di un toro un dio può trascinar via le vergini, quando la stessa dea Atena viene vista improvvisamente, su un bel cocchio, attraversare le piazze di Atene in compagnia di Pisistrato – e tutto ciò è creduto dai buoni

Ateniesi – allora in ogni momento tutto è possibile, come nel sogno, e tutta la natura si agita attorno all'uomo, quasi fosse unicamente una mascherata degli dèi, contenti di fare uno scherzo all'uomo con ogni specie di metamorfosi ingannevoli.

L'uomo stesso peraltro ha un'invincibile tendenza a lasciarsi ingannare ed è come incantato di felicità, quando il rapsodo gli racconta come vere delle favole epiche, o quando nel dramma l'attore fa la parte del re in modo ancora più regale di quanto sia mostrato dalla realtà. L'intelletto, maestro di finzione, è libero e sottratto al suo normale servizio da schiavo, sintanto che può ingannare senza recare *danno*, e celebra allora i suoi Saturnali. In nessun'altra occasione esso è più esuberante, più ricco, più orgoglioso, più abile e più audace: con gusto creativo mescola le metafore e sposta i confini dell'astrazione, cosicché per esempio designa il fiume come la mobile strada che porta l'uomo là dove di solito egli giunge camminando. Esso ha ormai gettato via da sé il segno della soggezione: un tempo preoccupato, con triste operosità, di mostrare la via e gli strumenti a un povero individuo che ha un ardente desiderio di vivere, un tempo pronto a rapinare e a predare come lo è un servo per il suo padrone, ora invece è divenuto padrone e può cancellare dal suo volto l'espressione della miseria. Tutto ciò che fa adesso, a confronto con le sue azioni precedenti, porta in sé il segno della finzione, così come ciò che aveva fatto in precedenza portava in sé il segno della caricatura. Ora copia la vita umana, ma la prende come una cosa buona e sembra davvero contentarsi di essa. Quella enorme impalcatura e travatura di concetti, aggrappandosi alla quale il misero uomo riesce a salvarsi lungo la sua vita, costituisce, per l'intelletto divenuto libero, soltanto un'armatura e un trastullo per i suoi audaci artifici. E se manda in frantumi tutto ciò, se lo mescola, lo ricompone ironicamente, accoppiando le cose più estranee e separando le cose più affini, con ciò esso fa vedere di non aver bisogno di quei ripieghi della miseria e di essere ormai guidato, non già da concetti, bensì da intuizioni. Non esiste una strada regolare, che partendo da queste intuizioni conduca nella terra degli schemi spettrali, delle astrazioni: la parola non è fatta per le intuizioni, e l'uomo ammutolisce quando si trova dinanzi a esse, oppure parla unicamente con metafore proibite e con inauditi accozzamenti di concetti, per adeguarsi creativamente – almeno con la distruzione e la derisione delle vecchie barriere concettuali – all'impressione della possente intuizione attuale.

Vi sono epoche in cui l'uomo razionale e l'uomo intuitivo stanno l'uno accanto all'altro, il primo con la paura dell'intuizione, il secondo con il disprezzo per l'astrazione. Quest'ultimo è altrettanto non razionale, quanto il primo è non artistico. Entrambi desiderano di dominare sulla vita: l'uomo razionale, in quanto sa affrontare i più importanti e i più impellenti bisogni con la previdenza, la prudenza e la regolarità; l'uomo intuitivo, in quanto non vede – come «eroe supremamente giocondo» – quei bisogni e considera come reale soltanto la vita trasformata dalla finzione in parvenza e in bellezza. Se l'uomo intuitivo – come è avvenuto nell'antica Grecia – sa usare le sue armi più vittoriosamente e più potentemente dell'avversario, può configurarsi, in caso favorevole, una civiltà e può fondarsi il dominio dell'arte sulla vita: quella finzione, quel rinnegamento della miseria, quello splendore delle intuizioni metaforiche, e in generale quell'immediatezza dell'inganno accompagnano tutte le manifestazioni di una siffatta vita. Né l'abitazione, né l'andatura, né l'abbigliamento, né l'orcio d'argilla lasciano scorgere di essere stati inventati da un bisogno impellente. Sembra quasi che attraverso tutte queste cose debba esprimersi una sublime felicità, una serenità olimpica, e per così dire un giocare con ciò che è serio. Mentre l'uomo guidato dai concetti e dalle astrazioni non riesce per mezzo loro che a respingere l'infelicità, senza riuscire egli stesso a procurarsi la felicità dalle sue astrazioni, mentre cioè egli si sforza per quanto è possibile di liberarsi dal dolore, l'uomo intuitivo invece, ergendosi in mezzo a una civiltà, raccoglie dalle sue intuizioni, oltre che una difesa dal male, un'illuminazione, un rasserenamento, una redenzione, che affluiscono incessantemente. Senza dubbio egli soffre più violentemente, *quando* soffre: egli soffre anzi più spesso, poiché non sa imparare dall'esperienza e cade sempre di nuovo nel medesimo pozzo in cui era caduto una volta. Nel dolore poi è tanto irrazionale quanto nella felicità: egli grida forte e non trova consolazione. Quanto diverso è il comportamento, di fronte a un'eguale sventura, dell'uomo stoico, ammaestrato dall'esperienza, il quale si domina con l'aiuto dei concetti! Lui, che altrimenti cerca soltanto la rettitudine, la verità, la libertà dagli inganni e la difesa dalle sorprese seducenti, ora invece, nella sventura, mette in mostra il capolavoro della dissimulazione, come quell'altro aveva fatto nella felicità: egli non rivela un volto umano mobile e vibrante, ma per così dire una maschera, con un dignitoso equilibrio nei tratti; egli non grida e non cambia nemmeno la sua voce. Se un nuvolone temporalesco si rovescia su di lui, egli si avvolge nel suo mantello e se ne va a lento passo sotto il temporale.[7]

APPELLO AI TEDESCHI

Vogliamo essere ascoltati, poiché parliamo per ammonire, e sempre la voce di chi ammonisce, chiunque egli sia e dovunque essa risuoni, è nel suo diritto; in cambio voi, cui si rivolge l'appello, avete il diritto di decidere se volete prendervi come vostri ammonitori uomini onesti e chiaroveggenti, che fanno sentire la loro voce soltanto perché siete in pericolo, e si spaventano di trovarvi così muti, indifferenti e ignari. Ma a noi è lecito attestare di noi stessi, che parliamo con cuore puro, e che vogliamo e ricerchiamo il nostro soltanto in quanto è anche il vostro – cioè il bene e l'onore dello spirito tedesco e del nome tedesco.
Vi è stata annunziata la solennità che, nel maggio dell'anno scorso, è stata celebrata a *Bayreuth*: si trattava di porre laggiù una possente prima pietra, sotto la quale credevamo di seppellire per sempre molti timori, e dalla quale credevamo che le nostre più nobili speranze fossero confermate per sempre: o piuttosto, come oggi dobbiamo dire, ci illudevamo che così fosse. Infatti in tutto ciò, ahimè!, vi era molta illusione: ancora persistono quei timori; e se anche non abbiamo affatto disimparato a sperare, il nostro appello odierno, con il quale rivolgiamo un ammonimento e chiediamo aiuto, fa capire che più che sperare temiamo. Il nostro timore peraltro riguarda voi: potreste non saper affatto che cosa accade, e forse addirittura impedire, per ignoranza, che qualcosa accada. È vero che alla lunga non si può restare così ignari; anzi sembra quasi impossibile che vi sia ancor oggi qualcuno che non sa nulla, dopo che il grande, coraggioso, inflessibile e irresistibile combattente che si chiama *Richard Wagner* si batte, ormai da decenni, richiamando la tesa attenzione di quasi tutte le nazioni, per quegli ideali cui nella sua opera d'arte bayreuthiana egli ha dato l'ultima e suprema forma e una perfezione veramente vittoriosa.

Se ora continuate a impedirgli anche solo di elevare il tesoro che egli vuole donarvi, che cosa credete di ottenere per voi? Bisogna che proprio questo ancor sempre vi sia fatto presente in modo aperto e insistente, affinché sappiate che cosa sta maturando e affinché non vi sia più lecito recitare la parte di chi non sa. Infatti d'ora in poi gli stranieri saranno testimoni e giudici dello spettacolo che voi date; e nel loro specchio potrete quasi trovare la vostra immagine, la stessa che i posteri, nella loro giustizia, dipingeranno di voi.
Posto che vi riesca per ignoranza, sfiducia, ironia, calunnia, ridurre a una inutile rovina l'edificio costruito sulla collina di Bayreuth; posto che neppure permettiate, per intollerante malvolere, che l'opera compiuta diventi realtà, eserciti un'azione e renda testimonianza di se stessa, dovrete paventare il giudizio di quei posteri nella stessa misura in cui dovrete vergognarvi agli occhi dei contemporanei, fuori della Germania. Se un uomo, in Francia o in Inghilterra o in Italia, sfidando tutte le potenze e le opinioni pubbliche, avesse donato ai teatri cinque opere di uno stile così peculiare, grande e possente, che vengono continuamente richieste e applaudite da nord a sud; se un tal uomo esclamasse: «I teatri esistenti non corrispondono allo spirito della nazione, essi sono, come arte pubblica, una vergogna! Aiutatemi a preparare una dimora per lo spirito nazionale!» – forse che non accorrerebbero tutti ad aiutarlo, non foss'altro che per senso dell'onore? E in verità, non è solamente il senso dell'onore, e neppure la cieca paura di una cattiva fama, che deve spingervi, perché, se vi decidete a collaborare, a Bayreuth potrete sentire, imparare, sapere tutti insieme, potrete gioire dal più profondo del cuore. Tutte le vostre scienze vengono generosamente dotate di costosi laboratori: e voi volete restare da parte, inerti,

quando dovrebbe essere costruito un simile laboratorio per lo spirito audace e sperimentatore dell'arte tedesca? Potete nominare un qualsiasi momento nella storia della nostra arte, nel quale siano stati posti problemi più importanti e sia stata offerta un'occasione migliore per esperienze feconde che nel momento attuale, in cui l'idea definita da Wagner con le parole «opera d'arte dell'avvenire» deve diventare qualcosa di presente, concreto e visibile?

Quale movimento di idee, azioni, speranze e talenti ha inizio per il fatto che davanti agli occhi di rappresentanti consapevoli del popolo tedesco si erige da terra, secondo il ritmo prescrittogli dal suo creatore, il gigantesco edificio nibelungico dalle quattro torri? Questo movimento raggiunge le plaghe più lontane, più feraci, più ricche di speranza: chi potrebbe essere abbastanza temerario da voler avere anche soltanto un presentimento di ciò che accade? E in ogni caso non sarebbe colpa dell'iniziatore del movimento se l'onda dovesse di nuovo ritrarsi, e la superficie riapparire liscia, come se niente fosse accaduto. Infatti, se la nostra prima sollecitudine deve essere che l'opera in generale venga compiuta, tuttavia non meno ci opprime, come seconda preoccupazione, il dubbio che potremmo non essere abbastanza maturi e preparati, per approfondire e preparare il primo effetto, senza dubbio immenso.

Crediamo di aver notato che, dovunque il nome di Wagner susciti o sia solito suscitare scandalo, è nascosto un grande e fecondo problema per la nostra cultura; ma, quando questo scandalo serve soltanto a censure e a ironie presuntuose, e così raramente a meditare, ciò ci ispira talvolta l'umiliante sospetto che forse il famoso «popolo di pensatori» abbia già finito di pensare e magari abbia barattato il pensiero con la presunzione. Quante obiezioni incomprensive debbono essere confutate, soltanto per impedire che l'avvenimento bayreuthiano del maggio 1872 sia preso per la fondazione di un nuovo teatro, e d'altra parte per spiegare perché nessun teatro esistente può rispondere al significato di quell'impresa: quale fatica costa rendere chiaroveggenti coloro che sono, volontariamente o involontariamente, ciechi, perché non si intenda con la parola «Bayreuth» soltanto un certo numero di persone, o magari un partito con specifiche preferenze musicali, bensì la nazione; per fare capire anzi che, anche oltre i confini della nazione tedesca, sono chiamati a una attiva e seria partecipazione tutti coloro cui sta a cuore nobilitare e purificare l'arte drammatica, e che hanno compreso la mirabile intuizione di Schiller, secondo cui dall'opera avrebbe forse potuto svilupparsi la tragedia in una forma più nobile.[1] Chi non ha ancora disimparato a riflettere – e sia pure soltanto per il senso dell'onore – deve sentire e favorire un'impresa artistica come un fenomeno *moralmente* memorabile, se essa viene assunta in tale grado, con volontà disposta al sacrificio e disinteressata, da tutti coloro che vi partecipano, e se è consacrata dalla loro professione di fede, consapevolmente enunciata, nel significato alto e nobile dell'arte, e soprattutto riguardo alla musica tedesca e alla sua influenza trasfigurante sul dramma nazionale, nella speranza che essa sia il fattore più importante di una nuova originale vita dall'impronta tedesca. Crediamo anzi in qualcosa di più alto e di più universale: il Tedesco potrà apparire degno d'onore e apportatore di salvezza davanti alle altre nazioni, se avrà dimostrato che è temibile e che tuttavia *con la tensione delle sue energie artistiche e culturali più alte e più nobili vuol far dimenticare di essere stato temibile.*

Abbiamo ritenuto nostro dovere ricordare questo nostro compito tedesco proprio ora che dobbiamo esortarvi ad appoggiare con tutte le vostre forze una grande impresa artistica del genio tedesco. Dove, nella nostra epoca agitata, siano ancora vivi focolai di meditazione severa, attendiamo di udire una adesione gioiosa e viva; in particolare le università, le accademie e le scuole d'arte tedesche non saranno chiamate invano a dichiararsi, singolarmente o insieme, a favore dell'appoggio richiesto: allo stesso modo i rappresentanti politici del bene pubblico della Germania, nel parlamento nazionale e nei parlamenti regionali, hanno un'occasione importante per riflettere che il popolo ha bisogno, ora più che mai, di essere purificato e consacrato dall'incanto sublime dell'autentica arte tedesca; salvo che gli istinti possentemente eccitati della passione politica e nazionale, e le caratteristiche prescritte alla fisionomia della nostra vita dalla caccia al piacere e al godimento non debbano indurre i nostri discendenti ad ammettere che noi Tedeschi cominciammo a perderci proprio quando, finalmente, ci eravamo ritrovati.

CRONOLOGIA

LA VITA DI NIETZSCHE DALLA PRIMAVERA DEL 1869 ALLA FINE DEL 1873

1869, aprile - metà luglio, Basilea

Il 19 aprile 1869 Nietzsche giunge a Basilea; abita in Spalenthorweg. Primi rapporti con l'economista Gustav Friedrich Schönberg e il giurista Gustav Hartmann, ambedue professori all'università di Basilea.

Da Lipsia il 14 maggio H. Romundt segnala a Nietzsche per la prima volta un saggio di Eduard von Hartmann sulla filosofia di Schopenhauer. Egli ricorda anche l'inverno 1868-1869 trascorso con Nietzsche a Lipsia e le discussioni sulla tragedia greca, la filosofia di Schopenhauer, il dramma di Wagner.

A Ritschl: «Tutte le mattine tengo alle 7 la mia lezione, i primi tre giorni della settimana sulla storia della lirica greca, gli altri tre sulle *Coefore* di Eschilo . . . il lunedì ho il seminario . . . martedì e venerdì insegno due volte al ginnasio, il mercoledì e il giovedì una volta: fino a questo momento lo faccio con piacere. Con la lettura del *Fedone* ho l'occasione di infettare di filosofia i miei scolari; con le traduzioni improvvise, che qui sono un esercizio inaudito, li risveglio molto bruscamente dal loro sonno grammaticale . . . Dei Basileesi e del loro filisteismo aristocratico ci sarebbe molto da scrivere e ancor più da parlare. – Qui si può guarire dal repubblicanesimo» (10 maggio).

Il 17 maggio prima visita a Richard Wagner e Cosima von Bülow a Tribschen, presso Lucerna. Nietzsche stesso (probabilmente nel settembre 1879) ha steso un riassunto delle sue prime visite a Tribschen che si trova nel quaderno P II 9b, pp. 184-185:

Richard Wagner. 1869.

Il sabato prima di Pentecoste [15 maggio] *partii per Lucerna e, siccome avevo tempo fino all'ora del vaporetto, andai un po' indeciso a Tribschen. Rimasi a lungo in silenzio davanti alla casa e udii un accordo doloroso, ripetuto continuamente. Invito a pranzo, rimandato a lunedì* [17 maggio] *a causa della progettata gita sulla Tellsplatte. Nel frattempo allegre giornate con Osenbrüggen, Loretius, Exner e la sorella di costui, nella pensione Imhof.*

Lunedì [17 maggio] *con il vapore del mattino a Tribschen.* (*Dal «Rössli» con la carrozza*). *Baronessa von Bülow. Fotografia. Di ritorno con Wagner al Rössli, invito molto cordiale.*

Venerdì [21 maggio], *prima del suo compleanno* [22 maggio sabato] *invito della signora von Bülow. Telegramma. Lettera per il compleanno. Risposta e invito per la prossima settimana: ci vado sabato* [5 giugno] *alle 4 del pomeriggio. In giardino, solitudine,* [-] *la sera letto «il signor Devrient e il suo stile». Domenica mattina* [6 maggio] *la signora von Bülow malata. Io in giardino. A mezzogiorno i bambini a tavola* [questo è stato il 4 o l'8 giugno?]. *In seguito vengo a sapere che quella notte era nato Siegfried. Per un pezzo non vado: ferie. Tornato da Interlaken trovo una lettera di Wagner con invito. Sabato* [31 luglio] *e domenica pomeriggio, poi sul Pilatus. Il terzo atto del* Sigfrido *finito. Sabato il signor Serow, consigliere di Stato russo, con signora; articoli su Berlioz nel* Journal de Petersbourg.

Su mia preghiera Wagner suona la scena di Fafner. La mattina della domenica mi viene a trovare e mi dà dei manoscritti: le novelle parigine, poi sullo Stato e la religione, programma, ecc. In seguito io mando alla signora von Bülow l'articolo di Lübke sui Maestri Cantori *e Dühring: lettera e invito. Qui viene la gita sul Pilatus. Poi mando Semper sugli stili architettonici. Invio del terzo atto del* Sigfrido *al re, un secondo esemplare a Richter. Suonato molto. Lettera col mio saggio sulla personalità di Omero. Telegramma* [27 agosto] *e lettera* [26 agosto] *della signora von Bülow: arrivo della famiglia Brockhaus. Telegramma sull'*Oro del Reno.

Nietzsche riceve l'invito a trascorrere il compleanno di Wagner a Tribschen; ma è costretto a rifiutarlo per gli obblighi accademici: «A lei e a Schopenhauer io debbo, se fino ad oggi sono rimasto fedele alla serietà germanica della vita, ad una considerazione approfondita di questa esistenza così enigmatica e problematica» (lettera a Wagner per il suo compleanno, 22 maggio).

Nietzsche tiene la sua prolusione «sulla personalità di Omero» (pubblicata in seguito in forma privata sotto il titolo «Omero e la filologia classica»). Inviti nella società di Basilea. «Fin dagli inizi sono entrato in rapporti più stretti con Jacob Burckhardt; cosa di cui mi rallegro sinceramente giacché scopriamo una mirabile congruenza dei nostri paradossi estetici» (a Rohde, 29 maggio).

Nietzsche a Tribschen dal 5 al 7 giugno: il 6 giugno nascita di

Siegfried Wagner, figlio di Richard Wagner e Cosima von Bülow.

All'amico Erwin Rohde, che si trova in Italia, Nietzsche scrive a proposito di Wagner: «Egli realizza tutti i nostri desideri: il mondo non conosce affatto la grandezza umana e la singolarità della sua natura, nella sua vicinanza imparo molto: questo è il mio corso pratico di filosofia schopenhaueriana. La vicinanza di Wagner è la mia consolazione». Nella stessa lettera (16 giugno) Nietzsche prega Rohde di procurargli alcune collazioni: «infatti io e Usener abbiamo intenzione di pubblicare un *corpus* di storia della filosofia, al quale io partecipo con Laerzio, lui con Stobeo, Pseudoplutarco, ecc.».

Dai primi di luglio Nietzsche abita sullo Schützengraben, 45 (oggi 47).

Dalla metà di luglio alla metà di agosto, Interlaken (Tribschen), Pilatus, Badenweiler

Nei primi giorni delle ferie estive Nietzsche soggiorna a Interlaken. Il 26 luglio scrive alla signora Sophie Ritschl: «Ella dunque comprenderà con quale nostalgia e quali sentimenti di gratitudine io pensi all'atmosfera di Lipsia e al Rosenthal. Ma non creda che io voglia lodare gli uomini di Basilea, in particolare i miei stimatissimi colleghi, a spese delle donne: la natura ha negato a quasi tutti la grazia e lo slancio artistico, e persino Jacob Burckhardt, sebbene sia un uomo facoltoso, vive in una indigenza priva di gusto e tutte le sere se ne va alla birreria con i filistei di Basilea. Se poi aggiunge l'assurdo patriottismo svizzero (che come il formaggio svizzero viene dalle pecore e ha lo stesso aspetto giallastro e invidioso di quello), le arie di superiorità con cui essi considerano le condizioni della Germania, e talora perfino noi Tedeschi: molte cose congiurano insieme per costringere a una vita solitaria, specialmente una persona come me che ha poche attitudini alle virtù sociali».

Nietzsche trascorre il sabato 31 luglio e la domenica 1° agosto da Wagner a Tribschen. Compie poi una escursione sul Pilatus, dove, a causa del cattivo tempo, resta più a lungo del previsto. Il 2 agosto scrive di qui a Friedrich Ritschl: «...per la prima volta nel pieno godimento delle ferie provo qualcosa che non conoscevo più da quando ero scolaro. Infatti il periodo universitario non significa altro che un favoloso vagabondare nei campi della filologia e dell'arte: sicché pieno di gratitudine verso di Lei riconosco il destino della mia vita passata e la necessità, anzi la tempestività di quella chiamata che mi ha trasformato da stella errante in stella fissa e di nuovo mi fa gustare il piacere del lavoro difficile ma regolare e della meta fermamente sicura ... qui sulla cima del Pilatus, avvolto dalle nubi, senza alcuna possibilità di guardare in lontananza, tutta la condotta della mia vita passata mi appare in una luce così mirabile, e la vicinanza a Lei, che mi fu concessa tanto a lungo, mi si rivela come una leva così importante della mia vita esterna e interiore, che debbo immediatamente prendere la penna per comunicarLe il sentimento spontaneo e caloroso della mia gratitudine».

In una lettera a Carl von Gersdorff (4 agosto) Nietzsche fa menzione per la prima volta della *Filosofia dell'inconscio* di Hartmann. Egli trascorre il resto delle ferie estive a Badenweiler.

Metà agosto - primi di ottobre, Basilea

«Noi siamo di nuovo in piena e regolare attività», scrive Nietzsche alla madre sulla sua vita a Basilea. Dal 21 al 23 agosto visita a Wagner a Tribschen.

Nietzsche invia a Tribschen il manoscritto della sua prolusione «sulla personalità di Omero». Cosima commenta: «Ieri sera tra Goethe, Schiller e Beethoven abbiamo letto col massimo interesse la Sua conferenza, e ora Ella non solo può cercare il grande Eschilo a Tribschen ma anche il suo Omero. Lo troverà vivente e ancora efficace» (26 agosto). La famiglia Brockhaus (parenti di Wagner) si reca in visita a Tribschen: anche Nietzsche accorre laggiù su invito di Cosima, e vi resta il 28 e il 29 agosto. Ritornando a Basilea, Nietzsche invia da Lucerna il 29 agosto un telegramma di Wagner, annunciante il di lui arrivo a Monaco: causa di questo viaggio che Wagner intraprese il 31 agosto era l'imminente esecuzione dell'*Oro del Reno* a Monaco, contro la sua volontà (questa esecuzione ebbe però luogo ciò nonostante il 22 settembre).

A Rohde: «Del resto anche io ho la mia Italia, come te; con la differenza che io vi posso trovare la mia salvezza solo il sabato e la domenica. Si chiama Tribschen e mi è ormai completamente familiare. Negli ultimi tempi sono stato là, a brevi intervalli, quattro volte e inoltre quasi ogni settimana una lettera parte nella stessa direzione. Carissimo amico, ciò che io laggiù imparo e vedo, ascolto e intendo, è indescrivibile. Schopenhauer e Goethe, Eschilo e Pindaro vivono ancora, credimi» (3 settembre).

Visita di Nietzsche a Tribschen dal 21 al 22 settembre. Dopo una discussione con Wagner Nietzsche si convince ad abbandonare il vegetarianesimo, e fa opera di persuasione in questo senso anche presso l'amico von Gersdorff (lettera del 28 settembre). Nella stessa lettera Nietzsche scrive a proposito dei suoi piani di lavoro: «Il prossimo inverno avrò occasione di essere utile nel *nostro* senso, poiché ho annunciato storia della filosofia preplatonica e una lezione su Omero e Esiodo. Inoltre terrò due discorsi pubblici: "sull'estetica dei tragici greci e sul dramma musicale antico"; Wagner verrà da Tribschen . . . Quanto alla mia attività accademica, il cui primo semestre ho testé concluso felicemente, posso ben esserne soddisfatto. Riscontro infatti nei miei ascoltatori la più attenta partecipazione e reale simpatia per me, che si manifesta nel fatto che essi spesso e volentieri ricorrono ai miei consigli».

4-18 ottobre, Naumburg

Nietzsche trascorre le ferie autunnali a Naumburg presso la madre e la sorella. Si reca a Lipsia per visitare Ritschl e incontrarsi con Romundt.

19 ottobre - 24 dicembre, Basilea

Nietzsche a Basilea per l'inizio del semestre universitario invernale. «Qui a Basilea ho di nuovo un bel po' di fatiche dovute agli esami e ai voti da dare agli studenti. Inoltre mi arrabbio per le mie lezioni di questo semestre che tengo davanti a tre *stupidi* ascoltatori!» (a Ritschl, fine ottobre).

Tra la fine di ottobre e i primi di novembre visita a Tribschen. Discussione epistolare con Rohde sulla *Filosofia dell'inconscio* di Hartmann (lettera di Rohde del 5 novembre, di Nietzsche dell'11 novembre).

Il 7 novembre Nietzsche prende in prestito dalla biblioteca universitaria di Basilea «Aglaophamus» di Lobeck. In novembre nuova visita a Tribschen. Il 27 novembre prende in prestito dalla biblioteca universitaria: Anselm Feuerbach, *Der vatikanische Apollo*; Müller, *Theorie der Kunst*. Per incarico di Wagner Nietzsche, dai primi di dicembre, segue la stampa privata della *Autobiografia*, presso il tipografo Bonfantini a Basilea.

Dal 24 dicembre 1869 al 2 gennaio 1870, Nietzsche trascorre le ferie natalizie a Tribschen. Cosima gli legge lo schizzo del *Parsifal*; in proposito essa scrive nel suo diario: «Impressione terribile». Colloqui di Nietzsche con Wagner sulla filosofia della musica (prime idee del *Beethoven* di Wagner). Cosima scrive nel suo diario in data 3 gennaio 1870: «Per una settimana intera non ho scritto. Passato tutto questo tempo con Nietzsche che ieri ci ha lasciato. Per S. Silvestro avevamo acceso di nuovo l'albero».

1870, gennaio - luglio, Basilea

Il 18 gennaio Nietzsche tiene a Basilea la conferenza dal titolo «Il dramma musicale greco». A proposito di questa conferenza Cosima gli scrive il 27 gennaio: «. . . le lodi più sincere perché Ella ha fatto risorgere l'opera d'arte dell'avvenire mediante quella del passato, la prima si trova sepolta nei rifiuti e nella muffa come la seconda . . . È già molto che Ella abbia trovato a Basilea una persona come Burckhardt; pensatori originali è impossibile trovarne in paesi interi».

Lettera a Rohde: «Mi innamoro sempre più della grecità: non si hanno mezzi migliori per avvicinarsi a essa, se non un'instancabile formazione della nostra piccola persona. Ho ora raggiunto il grado della più umiliante confessione della mia ignoranza. L'esistenza filologica con aspirazioni critiche, ma mille miglia lontano dalla grecità, mi diventa sempre più impossibile. Del resto dubito di potere ormai diventare un vero filologo. Se non giungo a ciò collateralmente e casualmente, la cosa è irrealizzabile. La disgrazia infatti è che non ho alcun modello e corro il rischio di diventare un pazzo per conto mio. Il mio progetto immediato è di passare quattro anni con un lavoro culturale da solo, e poi un anno di viaggi – forse con te. Abbiamo davvero una vita molto difficile; la dolce ignoranza sotto la guida di maestri e tradizioni era così beata e sicura!» (fine di gennaio).

Il 1° febbraio Nietzsche tiene una seconda conferenza, dal titolo «Socrate e la tragedia». Ne manda il testo a Tribschen. Wagner gli scrive: «Ieri sera ho letto il Suo lavoro all'amica. Dopo di che ho dovuto darmi da fare un bel po' per calmarla . . . Quanto a me, ho provato per lo più un certo spavento per l'ardire con cui

Ella, così concisamente e categoricamente, comunica un'idea talmente nuova a un pubblico presumibilmente non troppo suscettibile di essere educato, sicché Ella potrà ricevere l'assoluzione soltanto se da quella parte nessuno capirà nulla. Persino coloro che sono iniziati alle mie idee potrebbero, a loro volta, spaventarsi, se a causa di queste idee si trovassero in conflitto con la loro fede in Sofocle e, persino, in Eschilo. Io – per quanto riguarda la mia persona – Le grido: così è! Ella ha colpito nel giusto, e ha indicato esattamente e con la massima acutezza l'aspetto decisivo, sicché attendo, pieno di meraviglia, il Suo ulteriore sviluppo, per convincermi del comune pregiudizio dogmatico. Ma mi preoccupo per Lei, e mi auguro con tutto il cuore che Ella non abbia a rompersi il collo. Perciò vorrei consigliarLa di non palesare più idee così sensazionali in lavori che mirano, per fastidiose considerazioni, a un effetto superficiale; bensì se Ella – come riconosco – ne è così profondamente convinto, raccolga le Sue forze per un lavoro più ampio e di più vasta portata su questo argomento. Allora, certamente, troverà anche le parole giuste per gli errori divini di Socrate e di Platone, i quali erano nature così possentemente creative, che, sebbene ci allontaniamo da loro, dobbiamo tuttavia venerarli» (4 febbraio). E Cosima: «Quando lessi la Sua dichiarazione che la dialettica ha distrutto la tragedia, pensai agli ultimi rampolli di questa dialettica, alle tragedie di Racine e di Corneille; anche gli Spagnoli ne soffrono, e persino in Goethe si sente la traccia del demone cattivo . . . dubito che Lei sia stato compreso da qualcuno se non da Burckhardt, e anche costui, come noi, avrà desiderato che Lei si faccia ascoltare più ampiamente e profondamente. Del resto il Suo invio e l'interesse che ha suscitato segnano una svolta dello stato d'animo a Tribschen. Eravamo così turbati che alla sera non abbiamo più letto nulla . . .» (5-6 febbraio).

In una lettera seguente Wagner scrive ancora: «Ella potrebbe liberarmi da una buona parte, anzi da una intera metà della mia missione. Mentre Ella forse seguirebbe interamente la Sua missione. Guardi in che situazione mi sono trovato io con la filologia, e come invece è bene che Ella si sia trovato all'incirca allo stesso modo con la musica. Se Lei fosse diventato musicista sarebbe all'incirca ciò che sarei diventato io se mi fossi ostinato nella filologia. Ma la filologia me la sento sempre dentro come una questione di primaria importanza, anzi essa mi dirige in quanto 'musicista'. Perciò resti filologo, per farsi dirigere come tale dalla musica ... Proprio da Lei io ho appreso quanto indegna è la cerchia entro cui ora un filologo specializzato deve aggirarsi, e da me Ella avrà appreso in quali cianfrusaglie matematiche oggi (nel migliore dei casi) un musicista assoluto si disperde. Ora, faccia vedere a qual fine la filologia esiste e mi aiuti a instaurare il grande 'Rinascimento', nel quale Platone abbraccia Omero, e Omero, pieno delle idee di Platone, diventa proprio ora l'Omero più grande di tutti». Visita di Nietzsche a Tribschen il 12 e il 13 febbraio.

Lettera a Rohde: «Ho tenuto qui una conferenza su Socrate e la tragedia, che ha suscitato paure e fraintendimenti. Con essa per contro si è annodato ancora più strettamente il legame con i miei amici di Tribschen ... Ma non voglio inquietarmi: ambizioni propriamente letterarie non ne ho affatto, e non ho bisogno di seguire modelli dominanti, perché non aspiro a posizioni brillanti e famose. Quando sarà tempo, per contro, voglio esprimermi in modo serio e franco quanto più è possibile. In me vanno sviluppandosi assieme a tal punto scienza, arte e filosofia, che in ogni caso partorirò un giorno centauri» (15 febbraio).

Il 15 febbraio prende in prestito dalla biblioteca universitaria di Basilea *L'epoca di Costantino il Grande* di Burckhardt.

Il 28 marzo Nietzsche scrive al suo maestro Ritschl: «Adesso sono complessivamente davvero gravido di speranze riguardo alla mia filologia. Naturalmente non a causa dei piccoli lavori che Le ho citato, bensì perché percepisco in ogni senso, nelle intuizioni fondamentali, ecc., una crescita che mi annuncia una buona messe. Bisogna però che mi lasci il tempo necessario per produrre qualcosa di fondamentale. Ecco che ho tenuto duro per un anno nella mia professione accademica. Sì, le cose vanno! Ma il liceo mi ruba molto tempo ed energia. In autunno verrò a trovarLa a Lipsia».

A proposito della conferenza su «Socrate e la tragedia», Romundt scrive a Nietzsche: «L'intero corso e àmbito dei tuoi pensieri mi era, come sai, non ignoto dall'inverno passato, ma io trovo in ogni senso i contorni di allora svolti e riempiti da una ricca esperienza e da conoscenze particolari, e tutti quei pensieri belli e fecondi ravvivati e rinvigoriti da una fresca intuizione. Il modo con cui tu parti da Euripide, ne indaghi e spieghi senza anticipazioni tendenziose la maniera, annullando poi il concetto di euripidismo in quello di socratismo, e infine dimostri che il socratismo è una malattia anteriore e posteriore a Socrate, una malattia eterna: tutto ciò io lo trovo esemplare» (25 marzo).

Il 9 aprile Nietzsche viene nominato ordinario. Il 13 aprile vengono a trovarlo la madre e la sorella: essi trascorrono insieme le ferie di Pasqua (fino alla fine di aprile) sul lago di Ginevra.

Il 21 maggio Nietzsche scrive a Wagner per il suo compleanno: «Se è vero ciò che Ella una volta – con mio orgoglio – ha scritto, che cioè la musica mi dirige, Ella è in ogni caso il direttore di questa mia musica; anche Lei mi ha detto che perfino un pezzo mediocre, se ben diretto, può dare un'impressione soddisfacente. In questo senso Le invio il più insolito di tutti gli auguri: possa tutto ciò restare così, si fermi l'attimo: è così bello!».

Alla fine di maggio, di ritorno dall'Italia, Rohde si ferma a Basilea per due settimane. L'8 giugno passeggiata con Rohde e Burckhardt a Muttenz. Gita di Nietzsche con la madre, la sorella e Rohde nello Oberland bernese. Dall'11 al 13 giugno Nietzsche fa visita a Tribschen insieme a Rohde. Cosima annota nel suo diario a proposito di Rohde: «Egli mi sembra senz'altro più notevole di Nietzsche». Nietzsche fa ricopiare e rilegare insieme le sue conferenze: «Il dramma musicale greco» e «Socrate e la tragedia» per Cosima. Nella lettera di accompagnamento Nietzsche accenna al suo progetto di abbandonare per qualche anno la sua attività accademica a favore dell'impresa di Bayreuth.

Il 1 luglio la madre di Nietzsche fa ritorno a Naumburg, la sorella rimane con lui fino al 12 agosto. Durante questa estate Nietzsche lavora, a parte l'interruzione della guerra, alla «Visione dionisiaca del mondo».

13 luglio: il re Guglielmo I di Prussia respinge ad Ems la richiesta francese che la Prussia rinunci alla candidatura del principe Leopoldo di Hohenzollern per il trono di Spagna. Bismarck formula in termini volutamente duri il rifiuto del re («telegramma di Ems»). Nietzsche manifesta incertezza a proposito della guerra imminente tra Prussia e Francia; Cosima annota nel suo diario: «Io gli rispondo e cerco di entusiasmarlo come posso per il buon diritto tedesco dei Prussiani».

19 luglio: la Francia dichiara guerra alla Prussia. Nietzsche a Rohde: «... un terribile colpo di fulmine: è stata dichiarata la

guerra franco-tedesca, e tutta la nostra logora civiltà crolla tra le braccia del demone più terribile. Che cosa mai dovremo vivere! Amico, carissimo amico, noi ci siamo visti ancora una volta nel crepuscolo della pace. Come te ne ringrazio! Se ora l'esistenza dovesse diventarti insopportabile, torna da me. Che cosa sono mai tutti i nostri fini! Possiamo già trovarci al principio della fine! Che desolazione! Avremo di nuovo bisogno di conventi. E noi saremo i primi *fratres*» (19 luglio).

Luglio - agosto, Axenstein presso Brunnen, Maderanerthal

Nietzsche trascorre le ferie estive con la sorella ad Axenstein. Cosima indignata per il fatto che Nietzsche «vada ad Axenstein. A quanto pare egli vuole sfuggire ai Francesi come ai Tedeschi» (dal diario). L'8 agosto da Maderanerthal Nietzsche chiede alle autorità accademiche basileesi di essere temporaneamente esonerato dall'insegnamento, per partecipare come infermiere alla guerra franco-tedesca, dato che nella sua qualità di insegnante in una università svizzera non gli è permesso di impugnare le armi. Cosima disapprova questo passo di Nietzsche.

9 agosto - 20 ottobre, Basilea, Erlangen, teatro delle operazioni in Francia, Erlangen, Naumburg

L'università di Basilea concede l'11 agosto a Nietzsche il permesso richiesto. Il 13 agosto, dopo aver rimandato la sorella a Naumburg, Nietzsche si trova a Erlangen. Qui insieme al pittore Adolf Mosengel segue un corso accelerato di dieci giorni per prepararsi come infermiere. La sua attività in guerra dura dal 23 agosto al 7 settembre, quando – tornato a Erlangen – si ammala di dissenteria e difterite. Dall'8 al 14 settembre, sempre a Erlangen, viene curato da Mosengel, e quindi rimandato a casa. L'11 settembre invia a Richard Wagner le congratulazioni per il matrimonio con Cosima von Bülow, avvenuto il 25 agosto.

Da Naumburg il 20 ottobre Nietzsche scrive a Gersdorff, che si trova ancora sul campo di battaglia: «Tutto quanto mi scrivi mi ha commosso profondissimamente, soprattutto il tono serio e generoso con cui tu parli della prova del fuoco cui è stata sottoposta la nostra comune visione del mondo. Anche io ho fatto la stessa esperienza, anche per me questi mesi significano un'epoca in cui quelle dottrine fondamentali si sono dimostrate saldamente radicate: con esse è possibile morire; questo è di più che se si dicesse: con esse è possibile vivere».

Basilea, 21 ottobre - 24 dicembre

Il 25 ottobre Nietzsche prende in prestito dalla biblioteca universitaria di Basilea il libro di K. F. Köppen, *La religione di Buddha e la sua nascita*, Berlino 1857.

A Gersdorff: «Ieri sera (8 novembre) ho avuto un godimento che avrei voluto donare soprattutto a te. Jacob Burckhardt ha tenuto una libera conferenza sulla 'grandezza nella storia', e l'ha fatto proprio secondo la nostra sfera di pensieri e di sentimenti. Questo uomo anziano, estremamente singolare, è incline se non certo a falsificare sì a tacere la verità, ma nelle passeggiate confidenziali chiama Schopenhauer il 'nostro filosofo'. Ascolto di lui le lezioni che egli tiene una volta alla settimana sullo studio della storia (le cosiddette «Considerazioni sulla storia universale»). Il futuro della cultura provoca in me la massima preoccupazione. Temo che dovremo pagare i nostri inauditi successi nazionali troppo cari in una sfera nella quale io almeno non riesco a rassegnarmi ad alcuna perdita. In confidenza: io ritengo la Prussia attuale una potenza estremamente pericolosa per la cultura» (9 novembre).

Rispondendo all'invio del *Beethoven* di Wagner, Nietzsche gli scrive: «Quanto debba premermi di conoscere la Sua filosofia della musica, – o meglio la filosofia della musica, – potrei spiegarGlielo particolarmente con un saggio che ho scritto per me stesso questa estate ed è intitolato 'La visione dionisiaca del mondo'» (10 novembre).

Il 19 e 20 novembre Nietzsche fa visita a Tribschen.

In questo periodo Nietzsche continua il suo lavoro al libro sulla tragedia greca; uno dei titoli è «La tragedia e gli spiriti liberi. Considerazioni sul significato etico-politico del dramma musicale»; a questo periodo risale anche il progetto di un dramma su Empedocle.

A Rohde: «Alla lunga, infatti, mi accorgo che cosa voglia dire la teoria schopenhaueriana sulla filosofia delle università. Un'esistenza radicalmente dedicata alla verità, non vi è possibile. In particolare, qualcosa che sia veramente sovvertitore non potrà mai prendere le mosse dall'università . . . Dunque una volta o l'altra ci libereremo di questo giogo, per me questa cosa è assolutamente certa. E allora formeremo una nuova Accademia greca... Un libro di Wagner su Beethoven che è stato pubblicato da poco, potrà farti capire molto di ciò che io adesso voglio dal futuro... Anche se avremo pochi compagni di fede, credo che potremo riuscire a strapparci via – certo con qualche perdita – da questa corrente e approdare a una piccola isola, sulla quale non avremo più bisogno di tapparci gli orecchi con la cera. Allora saremo i nostri maestri reciproci, i nostri libri saranno soltanto ami gettati per conquistare qualcuno alla nostra comunità claustrale-artistica» (15 dicembre).

24 dicembre 1870 - 1° gennaio 1871, Lucerna, Tribschen

Il 24 dicembre a Lucerna Nietzsche assiste, su invito di Wagner, alla prova dell'«Idillio di Tribschen» (in seguito: *Idillio di Sigfrido*), una composizione musicale che Wagner fece poi eseguire a Tribschen la mattina del 25 dicembre, per il compleanno di Cosima. Nietzsche regala a Cosima il proprio manoscritto della «Nascita del pensiero tragico» (una ulteriore e parziale stesura della «Visione dionisiaca del mondo», con alcune correzioni); a Wagner l'incisione di Dürer: *Il cavaliere, la morte e il diavolo*. A sua volta Nietzsche riceve in regalo un'edizione completa dei saggi di Montaigne e il primo esemplare e l'adattamento per pianoforte del primo atto del *Sigfrido*. A proposito della «Nascita del pensiero tragico» Cosima scrive nel suo diario: «La profondità e grandiosità delle visioni offerte con una concisione massima è assolutamente singolare. Noi seguiamo il corso dei suoi pensieri col più grande e più vivo interesse. In particolare mi dà gioia che le idee di Richard possano venire estese in questo campo».

1871, gennaio - metà febbraio, Basilea

18 gennaio: Guglielmo I di Prussia viene proclamato imperatore dei Tedeschi nella sala degli specchi di Versailles; fondazione dell'impero tedesco. 28 gennaio: capitolazione di Parigi.

Nietzsche pone la sua candidatura alla successione della cattedra di filosofia all'università di Basilea divenuta vacante per la partenza del filosofo Gustav Teichmüller, e propone come proprio successore per l'insegnamento della filologia classica Erwin Rohde.

Lo stato di salute di Nietzsche peggiora; egli lamenta insonnia, sofferenze emorroidali, grande stanchezza. Durante l'inverno il suo lavoro sulla tragedia greca ha il titolo «Origine e scopo della tragedia».

Il 15 febbraio le autorità accademiche basileesi concedono a Nietzsche, per ragioni di salute, un periodo di riposo fino alla fine del semestre invernale.

16 febbraio - primi di aprile, Lugano

Il 16 febbraio Nietzsche arriva con sua sorella a Lugano. Durante il viaggio sul Gottardo incontro con Giuseppe Mazzini.

26 febbraio: preliminari di pace a Versailles: cessione dell'Alsazia e di una gran parte della Lorena alla Germania; la Francia si impegna a pagare 5 miliardi di franchi alla Germania. 18 marzo: Insurrezione della Comune a Parigi.

A Lugano Nietzsche continua a lavorare ad una nuova stesura del suo libro sulla tragedia greca («Sokrates und die griechische Tragoedie», pubblicato come tale da H.-J. Mette, München 1933).

Sulla situazione di Parigi e sui combattimenti tra Versaillesi e Comunardi Nietzsche è tenuto al corrente dall'amico Gersdorff.

A Rohde: «Purtroppo la mia salute lascia ancora a desiderare; di due notti ne passo sempre una insonne; sebbene sia molto più sereno e tranquillo e complessivamente mi senta bene, non posso ancora fare piani di viaggio; dell'Italia ho afferrato un lembo e lo lascerò ben presto cadere. Non ho visto neppure il lago di Como e il lago Maggiore, e sono già da più di sei settimane a Lugano ... Tra i molti stati d'animo di depressione e di indifferenza, ne ho avuti anche taluni di vera esaltazione, e ne rimarrà una traccia nel piccolo scritto di cui t'ho parlato. Vivo, rispetto alla filologia, in una estraniazione insolente che peggiore non si potrebbe pensare ... Quale sensazione vedere diventare davanti a sé rotondo e pieno il proprio mondo, come un bel globo! Talvolta vedo crescere un pezzo di nuova metafisica, talvolta una nuova estetica: talaltra mi interessa un nuovo principio educativo, per cui disprezzo tutti i nostri ginnasi e università. Ormai non imparo più nulla che non trovi già pronto un buon posto in qualche angolo di quello che già c'è; e più di tutto sento crescere questo mio mondo quando, non con freddezza ma con serenità, considero tutta la cosiddetta storia universale degli ultimi dieci mesi, e l'adopero soltanto come mezzo per le mie buone intenzioni, senza alcun esagerato rispetto per questo mezzo» (29 marzo).

7 aprile - metà luglio, Tribschen, Basilea

Nietzsche a Tribschen (7-9 aprile?), mentre sua sorella lo precede a Basilea. Discute con Wagner la nuova stesura del suo libro; in base alle sue indicazioni Nietzsche ne inizia la rielaborazione sotto il titolo «Musica e tragedia», tenendo conto in misura maggiore dell'arte di Wagner.

La candidatura di Nietzsche alla cattedra di filosofia all'università di Basilea viene respinta. Il 12 aprile Nietzsche prende in prestito dalla biblioteca dell'università la *Griechische Götterlehre* di Welcker. Propone la pubblicazione di «Musica e tragedia» all'editore W. Engelmann di Lipsia.

Romundt si rivolge a Nietzsche, il 23 aprile, chiedendogli nuovi lavori sui «problemi che tu hai discusso così spesso con me in quel nostro bell'inverno»; questa ed altre dichiarazioni simili di Romundt dimostrano che le prime idee di Nietzsche sulla tragedia greca risalgono all'inverno 1868-69. 10 maggio: pace di Francoforte tra la Francia e la Germania (viene confermata la pace preliminare di Versailles).

Dal 15 aprile Richard e Cosima Wagner hanno intrapreso il loro primo viaggio nel «Reich»; passando da Bayreuth, Lipsia e Dresda, giungono a Berlino, dove Wagner tiene la sua conferenza «Sulla destinazione dell'opera», dirige due concerti e viene ricevuto da Bismarck. Di ritorno da Berlino i Wagner passano da Lipsia, da dove, il 12 maggio, viene dato il primo annuncio ufficiale riguardante il piano di Bayreuth: il festival è fissato per l'estate del 1873.

Nietzsche a Tribschen dal 22 al 24 maggio, piani con Wagner riguardanti una «rivista per la riforma».

Durante la cosiddetta «settimana di maggio» (21-28 maggio), la Comune di Parigi viene affogata in un bagno di sangue. Il 24 maggio i Comunardi incendiano le Tuileries; in questa occasione si diffonde anche la notizia, falsa, secondo cui essi avrebbero incendiato il Louvre. Nietzsche è sconvolto dalla notizia del presunto incendio del Louvre.

Per Pentecoste Nietzsche si reca a Tribschen con la sorella (28-29 maggio). A proposito dei massacri parigini Cosima scrive a Nietzsche il 2 giugno: «Le confesso che questo eterno assassinio adesso mi indigna terribilmente. Un nostro buon conoscente, membro della Comune, è pure stato fucilato».

Poiché l'editore Engelmann esita nell'accettare la stampa della sua opera, Nietzsche ne fa stampare una parte a proprie spese sotto il titolo «Socrate e la tragedia greca».

Il 18 giugno prende in prestito dalla biblioteca universitaria: J. Bachofen, *Versuch über die Gräbersymbolik der Alten* (1859); F. Creuzer, *Symbolik und Mythologie der alten Völker* (1836-43); il 1 luglio, di nuovo, *L'età di Costantino il Grande* di Burckhardt.

Romundt riferisce a Nietzsche da Lipsia: «Il tuo saggio ha suscitato qui una grande sensazione, da tutte le parti mi si fanno domande in proposito; ma tutti quelli che lo conoscono, anche i Ritschl, desiderano uno sviluppo più esauriente e più chiaro dei concetti di apollineo e dionisiaco» (14 luglio).

Metà luglio - primi d'agosto, Gimmelwald presso Mürren

Per le ferie estive Nietzsche si reca con la sorella e Carl von Gersdorff a Gimmelwald nelle Alpi bernesi. Rohde scrive a Nietzsche, a proposito di «Socrate e la tragedia greca»: «Il tuo discorso su Socrate mi ha commosso fino nel più profondo dell'anima: ecco la via giusta per immergersi in modo veramente filosofico in quei mirabili processi della nascita della più misteriosa delle arti, davanti alla quale noi epigoni altrimenti non proviamo alcun sentimento particolare. Provo un sentimento gioioso a immergermi, sotto la tua guida, in questa oscurità purpurea».

Al termine delle ferie Nietzsche si reca con Gersdorff a Tribschen.

Primi di agosto - 27 settembre, Basilea

Dai primi di agosto Nietzsche è di nuovo a Basilea. Prende in prestito dalla biblioteca universitaria i *Mathematische Beiträge* di G. Cantor. Alla fine di agosto la sorella di Nietzsche torna a Naumburg.

In settembre nuova visita a Tribschen.

Alla madre: «Della mia salute non posso ancora dirmi soddisfatto, credo più che mai che l'aria di Basilea non mi si addica. Durerà molto a lungo prima che io superi l'antipatia spontanea per tutta quanta l'esistenza svizzera: fino a oggi non sono riuscito neppure a giungere al punto di raffreddamento rappresentato dall'indifferenza» (2 settembre).

Il 5 settembre Romundt va a trovare Nietzsche a Basilea; insieme essi compiono una gita a Grenzach.

28 settembre - 21 ottobre, Naumburg

Nietzsche trascorre le ferie autunnali a Naumburg. Dal 12 al 14 ottobre si incontra a Lipsia con Rohde e Gersdorff (incontri anche con i Ritschl, la famiglia Brockhaus, Ernst Windisch). In questa occasione Nietzsche consegna all'editore E. W. Fritzsch (che è anche l'editore di Wagner) la sua *Nascita della tragedia dallo spirito della musica.* Il 15 ottobre a Naumburg festeggia il suo 27° compleanno insieme a Rohde, Gersdorff e gli amici della giovinezza Krug e Pinder. Il 20 ottobre Ulrich von Wilamowitz-Moellendorff si reca a trovare Nietzsche a Naumburg.

22 ottobre - fine dicembre, Basilea

Il 23 ottobre Nietzsche si trova da Burckhardt: «Ho festeggiato la consacrazione ai demoni da Jacob Burckhardt nel suo studio; egli ha partecipato alla cerimonia sacrificale e abbiamo versato nella strada due grossi bicchieri colmi di vino del Rodano... Tornando a casa di notte, in uno stato d'animo piuttosto demoniaco, mi sono trovato davanti con grande meraviglia il nostro amico Deussen, con cui mi sono aggirato per la strada fino alle due di notte. È partito col primo treno. Ho di lui un ricordo quasi spettrale, perché l'ho visto solo al fioco lume dei lampioni e della luna» (a Gersdorff, 18 novembre).

Il 5 dicembre Nietzsche prende in prestito dalla biblioteca universitaria *La filosofia della storia* di J. Bahnsen. Il 12 dicembre conclude l'invio a Lipsia del manoscritto della *Nascita della tragedia.*

Il 16 dicembre Nietzsche trascorre la serata con Cosima Wagner a Basilea, e con lei prosegue il viaggio per Mannheim: qui Wagner tiene un concerto il 20 dicembre.

In questo autunno, pieno dei ricordi dei suoi incontri con gli amici a Lipsia e a Naumburg, Nietzsche – dopo sei anni di interruzione – riprende a comporre musica; nasce così la composizione «Notte di S. Silvestro» che egli regala a Cosima per il suo compleanno.

Cosima Wagner: «Il giorno di S. Silvestro deve ringraziare per i suoni della notte di S. Silvestro; impressioni comuni, divenute un ricordo, hanno salutato con le campane di mezzanotte il mio compleanno, e io dico all'amico 'melomane': grazie! Lei ci è mancato molto per il nostro albero di Natale; le cose amichevoli tendono facilmente a diventare abitudine, e nel leggere le Sue righe così rallegranti ho avuto l'impressione che anche Lei fosse in questo stato d'animo. Ma quest'anno abbiamo anticipato la festa di Natale a Mannheim e così vogliamo considerare che la catena non sia stata interrotta» (30 dicembre). 16 anni dopo, Cosima Wagner scriverà a Felix Mottl: «... pensi ... che una volta a Tribschen ricevetti 'campane di S. Silvestro'. Mi misi al pianoforte e suonai. Jacob Stock, il mio servitore di allora ... rimase fermo in mezzo alla stanza mentre sparecchiava, stette attentamente ad ascoltare, finché si voltò dicendo 'Non mi sembra buono!'. Le confesso che, nonostante la nostra grande amicizia di quel tempo, fui presa da un tale riso convulso che non mi riuscì di continuare a suonare».

Il maestro di Nietzsche, Ritschl, annota nel suo diario a proposito della *Nascita della tragedia* sotto la data del 31 dicembre: «Libro di Nietzsche Nascita della tragedia (= Stravaganza geniale)».

1872, gennaio - metà maggio, Basilea

Il 2 gennaio Nietzsche invia un esemplare della *Nascita della tragedia* a Richard Wagner: «... quanto a me, se ritengo di avere ragione nella questione principale, ciò vuol dire soltanto che Ella con la Sua arte non può non avere ragione per l'eternità. In ogni pagina troverà che cerco soltanto di ringraziarLa per tutto ciò che mi ha dato: e in me si insinua soltanto il dubbio, se veramente io abbia accolto in modo giusto ciò che Ella mi ha dato. Forse in seguito mi riuscirà di dire meglio parecchie cose: e 'in seguito' qui per me vuol dire l'epoca dell'adempimento, l'epoca della civiltà di Bayreuth». Wagner scrive: «... non ho mai letto nulla di più bello del Suo libro! Tutto è magnifico! Adesso Le scrivo in fretta, perché questa lettura mi eccita oltre ogni dire e devo attendere un poco di ragionevolezza per leggerlo *come si deve*. A Cosima ho detto che dopo lei viene subito Ella: poi di gran lunga nessuno fino a *Lenbach*, il quale mi ha fatto un ritratto di una verità commovente!». Nuova importante lettera di Wagner a Nietzsche sulla *Nascita della tragedia*, il 10 gennaio. In essa Wagner tocca con franchezza anche la problematicità dei suoi rapporti personali con Nietzsche e gli esprime preoccupazione per lo stato della sua salute: «... questo Suo ammalarsi ci ha già spaventato spesso, non perché ci facesse temere seriamente per le Sue condizioni fisiche, bensì per quelle psichiche».

16 gennaio: Nietzsche tiene la sua prima conferenza «Sull'avvenire delle nostre scuole». Lettera di Cosima sulla *Nascita* (16 gennaio). Il 20 e il 21 gennaio Nietzsche è a Tribschen. Il 24 a Basilea si incontra con Wagner, che è in viaggio per Berlino. A Rohde: «Ho concluso un'alleanza con Wagner. Non puoi immaginare nemmeno quanto siamo vicini e quanti punti di contatto hanno i nostri piani» (28 gennaio).

Nietzsche risponde negativamente alla proposta ufficiosa di andare all'università di Greifswald. Gli studenti basileesi lo festeggiano con una fiaccolata a causa di questa sua decisione. L'amministrazione dell'università di Basilea gli aumenta lo stipendio (29 gennaio).

Wagner torna da Berlino: «Oggi sono molto felice. Ed Ella, caro amico, è la prima persona a saperlo da me!» (5 febbraio, da Lucerna).

6 febbraio: seconda conferenza «Sull'avvenire delle nostre scuole».

Nel mese di febbraio Nietzsche respinge l'offerta di accompagnare il figlio di Felix Mendelssohn, Karl (professore a Friburgo), in un viaggio in Grecia.

Ritschl a Nietzsche sulla *Nascita della tragedia* (l'abbozzo di questa lettera sembra sia stato steso dalla moglie Sophie): «. . . Secondo la mia intera natura io – e questa è la cosa principale – appartengo alla corrente *storica* e alla considerazione storica delle cose umane, in modo così risoluto che non mi è mai sembrato si potesse trovare la redenzione del mondo in questo o quel sistema filosofico; che neppure mi potrò mai indurre a definire 'suicidio' il naturale appassirsi di un'epoca o di un fenomeno; che non sono in grado di vedere un regresso nella individualizzazione, né di credere che le forme e le potenze della vita spirituale di un popolo, in un certo senso privilegiato e raramente dotato per natura e grazie allo sviluppo storico, siano da considerare come una norma assoluta per tutti i popoli e le epoche – allo stesso modo che *una* religione non basta per le varie individualità nazionali, non è mai bastata, né mai basterà. – Lei non può pretendere da un «alessandrino», da uno «scienziato» di condannare la *conoscenza* e di scorgere *solo* nell'arte la forza riplasmatrice, redentrice e liberatrice del mondo» (14 febbraio). Il 15 febbraio Ritschl annota nel suo diario: «Lettera fantastica di Nietzsche (= megalomania)».

Rohde: «Capisco benissimo perché ti faccia piacere la concezione storico-filologica di Burckhardt. In gente superficiale... potrebbe nascere quasi l'idea singolare che nel libro venga predicata una specie di abiura dalla 'ragione e dalla scienza' [secondo le parole famose di Mefistofele nel *Faust*]: sicché l'utilizzazione scientifica del tuo libro da parte di un uomo che vede in profondità è da salutare con grande gioia» (26 febbraio).

27 febbraio: terza conferenza «Sull'avvenire delle nostre scuole».

Lettera entusiastica di Franz Liszt sulla *Nascita della tragedia*, 29 febbraio.

5 marzo: quarta conferenza «Sull'avvenire delle nostre scuole».

23 marzo: quinta conferenza «Sull'avvenire delle nostre scuole».

Nietzsche a Tribschen il 31 marzo. Tornato a Basilea compone la «Meditazione sul Manfredi» (ricavandola per metà dalla «Notte di S. Silvestro»), fino al 15 aprile. Prime osservazioni critiche su Wagner.

Burckhardt a Arnold von Salis: «Sulle conferenze di Nietzsche (riguardanti gli studi alle nostre università) avrà notizie più precise dal signor B.; egli deve ancora tenerci l'ultima [questa «ultima» conferenza non fu più tenuta], e da essa ci attendiamo la soluzione per i problemi e per le critiche che ha posto in modo così ardito e grandioso... Avrebbe dovuto sentirlo! In certi punti la cosa entusiasmava; ma poi si intuiva di nuovo una profonda tristezza, e io non vedo ancora come gli *auditores humanissimi* possano davvero ricavarne qualche consolazione per sé. Una cosa la si aveva con certezza: l'uomo di grande levatura che possiede e trasmette tutto di prima mano» (21 aprile).

Ultima visita di Nietzsche a Tribschen dal 25 al 27 aprile. Nella sua biografia, che utilizza i diari ancora inediti di Cosima, Dumoulin-Eckart racconta: «Quindi venne Nietzsche per il commiato. La trovò in mezzo a casse e cassette, già pronte. Solo il pianoforte era ancora lì, e lei lo pregò di sonarle qualcosa, mentre lavorava. Egli lo fece in modo così toccante e mise nelle sue fantasie pensieri musicali così meravigliosi, da farla profondamente stupire; ad essi mancava soltanto il legame. Anche Nietzsche era profondamente commosso per quel commiato».

Sulla «Rivista Europea» di Firenze appare la prima recensione in assoluto della *Nascita della tragedia*. Nietzsche fa inviare esemplari della sua opera a Hans von Bülow, al musicologo Ambros di Vienna, e a Eduard von Hartmann.

Sotto il nome fittizio di un suo «amico inglese» (George Chatham) Nietzsche annuncia l'invio di una composizione musicale a E. W. Fritzsch (quasi sicuramente la «Meditazione sul Manfredi»), il 29 aprile. Il 30 aprile Rohde ottiene la cattedra di filologia classica all'università di Kiel.

Dal primo maggio Burckhardt comincia a tenere (per la prima volta durante la sua attività accademica) il suo corso di «storia della civiltà greca».

18-23 maggio, Bayreuth

Nietzsche a Bayreuth coi suoi amici Gersdorff e Rohde per la posa della prima pietra del teatro wagneriano: il 22 maggio Wagner dirige la *Nona sinfonia* di Beethoven. Nietzsche fa la conoscenza di Malwida von Meysenbug, vecchia amica intima di Richard e Cosima Wagner.

Fine maggio - fine settembre, Basilea

Il 31 maggio Nietzsche ha notizia da Gersdorff dell'attacco di Wilamowitz contro la *Nascita della tragedia* (in un opuscolo dal titolo: *Zukunftsphilologie! eine Erwiderung auf Friedrich Nietzsches Geburt der Tragoedie*). Wilamowitz concludeva il suo *pamphlet* invitando Nietzsche a scendere dalla cattedra, di cui si sarebbe rivelato indegno.

Dal primo giugno Elisabeth Nietzsche a Basilea (dove resterà presso il fratello fino alla fine di settembre).

Nietzsche chiede a Gersdorff l'opuscolo di Wilamowitz, 3 giugno, e lo riceve pochi giorni dopo. A Rohde: «... da ieri sono in possesso di quello scritto e sono assolutamente tranquillo. Non sono né così ignorante come mi dipinge l'autore, né così privo di amore per la verità: la meschina erudizione di cui egli fa mostra bisogna certo essersela lasciata indietro, prima di poter dire qualcosa su problemi del genere. Soltanto la più sfrontata interpretazione gli permette di ottenere ciò che vuole. Del resto mi ha letto male, giacché non mi capisce né nel complesso né nel particolare. Deve essere ancora assai immaturo – evidentemente lo hanno utilizzato, stimolato, incitato – in tutto si sente l'aria di Berlino [cioè degli avversari di Ritschl, maestro di Nietzsche e colpevole di averlo «portato in cattedra» troppo presto]. Pensa che l'autunno scorso mi è venuto a trovare a Naumburg esternandomi la sua venerazione, e che io stesso gli ho consigliato di prendere sul serio l'opera che stavo per pubblicare. A suo modo l'ha fatto. Non c'è scampo, bisogna conciarlo per le feste, sebbene il ragazzino sia stato sedotto. Ma, a causa del cattivo esempio e a causa dell'influenza prevedibilmente enorme che quell'opuscolo pieno di bugie avrà, ciò è necessario. In ringraziamento del fatto che tu lo concerai per le feste, riceverà una cattedra in qualche posto, e sarà contento» (8 giugno). Dieci giorni dopo, ancora a Rohde, che si è detto pronto a rintuzzare l'attacco di Wilamowitz, Nietzsche scrive: «Se la cosa va, cerca di cancellare l'impressione che il mio scritto parli di esseri lunari e non dei Greci».

Il 23 giugno sulla «Norddeutsche Allgemeine Zeitung» Wagner prende posizione contro Wilamowitz in una «lettera aperta» indirizzata a Nietzsche, sotto la data «Bayreuth, 12 giugno». In essa Wagner scrive tra l'altro: «... il Dr. phil. U. W. von Moellendorff viene a dirci che lo scopo vero e proprio della scienza filologica è di fare in modo che la gioventù della Germania 'possa attingere dall'antichità classica l'unica cosa imperitura che promette il favore delle Muse, e che soltanto l'antichità classica può dare nella sua pienezza e purezza: il contenuto ai loro cuori e la forma alla loro mente'. Entusiasmato dalla magnifica chiusa del suo libello, mi guardo attorno nel nuovo Reich tedesco, e cerco i risultati, che senza dubbio dovrebbero essere evidenti, di questa benedetta efficacia della scienza filologica che, conchiusa in se stessa senza mai essere disturbata e inavvicinabile, dovrebbe avere indirizzato finora la gioventù tedesca secondo le sue massime da nessuno mai contestate. Prima di tutto mi è parso sorprendente il fatto che tutti coloro i quali presso di noi proclamano di dipendere dal favore delle Muse, – dunque tutti i nostri poeti e artisti, – se la cavano magnificamente senza ricorrere alla filologia ... Sicché, a ben vedere, sono soltanto i filologi che si istruiscono a vicenda, e probabilmente all'unico scopo di allevare – di nuovo – soltanto filologi, vale a dire insegnanti di ginnasio e professori universitari, i quali, a loro volta, dovranno formare insegnanti di ginnasio e professori universitari ... Quanto a me, un'esperienza come quella che devo fare nel caso presente mi rattrista profondamente. Ella sa con quale insistenza nel mio lavoro sull'*Arte tedesca e la politica tedesca* tempestavo perché gli studi classici fossero coltivati, e mi pareva di dover presagire una piega sempre peggiore per le sorti della nostra educazione nazionale, perché i nostri artisti trascuravano sempre più quegli studi... *Che cosa è dei nostri istituti di cultura tedeschi?* Questa domanda la poniamo proprio a Lei, che – chiamato in così giovane età e preferito da un eccellente maestro di filologia a molti altri – ha occupato una cattedra, e si è guadagnato così grande fiducia, da poter osare di uscire con ardita sicurezza da un ambiente viziato e indicarne con gesto creativo le magagne... Ciò che attendiamo da Lei può essere soltanto il compito di una vita intera, cioè della vita dell'uomo che ci è estremamente necessario, dell'uomo che Ella promette di essere per tutti coloro che esigono dalla più nobile fonte dello spirito tedesco, – la serietà profonda in tutto ciò che esso intraprende, – chiarimenti e indicazioni su come debba essere la cultura tedesca per aiutare la nazione risorta a raggiungere le sue più nobili mete».

Romundt giunge a Basilea per abilitarsi in quella università. D'ora in poi Nietzsche vive in stretti rapporti con Romundt e Overbeck nella stessa abitazione dello Schützengraben (fino al 1875). Il 24 giugno egli risponde commosso alla lettera aperta di Wagner. La sua salute, tuttavia, lascia ancora a desiderare. Risposta preoccupata di Wagner, il 25 giugno: «A pensarci bene, Ella è, dopo mia moglie, l'unico acquisto della mia vita: è vero che a voi si è aggiunto Fidi! [il piccolo Siegfried] ma tra lui e me occorre un anello intermedio, e soltanto Ella può esserlo, un po' come il figlio rispetto al nipote. Per Fidi non nutro alcuna apprensione, ma per Lei – e in questo senso, quindi, anche per Fidi – sì. Ora queste preoccupazioni sono banalissimamente borghesi: io vorrei il Suo benessere, ma proprio un benessere molto ordinario, giacché il resto mi sembra perfettamente assicurato».

Dal 28 al 30 giugno Nietzsche è a Monaco con Gersdorff e Malwida von Meysenbug per assistere a una rappresentazione di *Tristano e Isotta*, diretta da Hans von Bülow.

Il 2 luglio Wagner accetta che Rohde gli dedichi la sua replica a Wilamowitz. Nietzsche invia la sua «Meditazione sul Manfredi» a Bülow, 20 luglio.

24 luglio: giudizio distruttivo di Bülow sulla «Meditazione» di Nietzsche.

Alla fine di luglio Deussen fa visita a Nietzsche, a Basilea.

Nietzsche legge le *Memorie* di Alexander Herzen nella traduzione tedesca della Meysenbug. Quest'ultima lo visita a Basilea insieme a Olga Herzen (figlia di Alexander) e al di lei fidanzato Gabriel Monod.

9 agosto: Nietzsche prende in prestito dalla biblioteca universitaria di Basilea la *Symbolik* di Creuzer.

28 settembre - circa 10 ottobre, Zurigo, Coira, Spluga

Nietzsche, dopo il ritorno della sorella in Germania, trascorre una serena e raccolta vacanza, fermandosi, dopo alcune peripezie di viaggio, sullo Spluga. Meditazioni filosofiche (in un frammento di sette anni dopo, Nietzsche dice di avere avuto sullo Spluga le idee per la sua considerazione inattuale dedicata alla storia).

Ottobre - dicembre, Basilea

Il giorno del proprio compleanno (15 ottobre), Nietzsche scrive a Wagner una lunga e serena lettera: «Io so che Ella resterà per me anche nel mio nuovo anno di vita ciò che è stato: l'àncora sicura, che mi tiene e mi impedisce di essere trascinato dalla cattiva corrente dell'epoca, il simbolo del coraggio più gagliardo e tenace. Quando penso a Lei, sento sempre l'impulso più forte a diventare migliore, più maturo, più sereno; non so donde dovrei prendere questo impulso, se non avessi Lei». Commossa e amichevole risposta di Wagner.

Nietzsche lavora in questo autunno sul «rapporto della filosofia di Schopenhauer con una cultura tedesca». Prende in prestito, il 6 novembre, dalla biblioteca universitaria il libro di Zöllner sulla *Natura delle comete*. Il 25 ottobre Nietzsche scrive a Rohde, dopo aver ricevuto la di lui risposta a Wilamowitz: «Non riesco a descrivere con le parole quel che mi hai dato oggi; sarei stato assolutamente incapace di darlo io a me stesso, povero caro amico. Doverti occupare così a lungo di quel giovanotto! Ora capisco ancor più quanto quell'attacco è stato nauseante e fastidioso, giacché sento come tu ne hai sofferto. Ma ora il tuo lavoro si espande nel vasto mondo e si trascina dietro il giovanotto annegato. L'effetto che puoi attendertene deducilo dalle notizie che mi sono arrivate ... A Lipsia si è diffusa questa sola voce sul mio scritto; quale essa sia lo ha rivelato a Bonn il buon Usener, che io stimo molto, davanti ai suoi studenti che glielo avevano chiesto: 'Si tratta di assurdità belle e buone, che non servono a nulla: uno che ha scritto roba del genere è morto per la scienza'. È come se avessi commesso un delitto; per dieci mesi sono stati tutti zitti, perché tutti credevano davvero di essere così al di sopra della mia opera, da non doverci spendere parola ... E ora il tuo lavoro, con la sua generosità e la sua bellicosa alleanza, piomba in mezzo a quel popoluccio gracidante: che spettacolo! Romundt e Overbeck, gli unici cui fino a ora ho potuto leggerlo, sono fuori di sé dalla gioia per il tuo lavoro magistrale».

Dal 22 al 24 novembre Nietzsche è a Strasburgo con i Wagner.

A Rohde: «... leggi il penultimo volume delle opere complete di Grillparzer su argomenti estetici: è quasi sempre uno dei *nostri*!» (7 dicembre).

Nietzsche rinuncia a completare e a pubblicare le sue conferenze «Sull'avvenire delle nostre scuole», e scrive a Malwida von Meysenbug: «Ora Lei avrà letto le conferenze e si sarà spaventata della brusca interruzione della storia dopo un preludio così lungo, quando si fa sentire sempre più forte la sete di proposte e di pensieri veramente nuovi. In questa lettura si resta a gola secca, e alla fine non c'è nulla da bere! A rigore quello che avevo immaginato per l'ultima conferenza – una scena notturna illuminata in modo vario e assai stravagante – non è adatto al mio pubblico basileese, e certo è stato un bene che le parole non siano uscite dalla mia bocca» (20 dicembre).

Natale 1872 - primi di gennaio 1873, Naumburg

Nietzsche si reca a Naumburg per trascorrervi le ferie natalizie. Fa musica con Gustav Krug. Assiste per la prima volta a Weimar alla rappresentazione del *Lohengrin*. Fa visita ai Ritschl a Lipsia. Per Natale ha dedicato a Cosima Wagner il suo manoscritto: «Cinque prefazioni per cinque libri non scritti».

1873, gennaio - 6 aprile, Basilea

Pochi giorni dopo il suo ritorno a Basilea, Nietzsche si ammala; lamenta inappetenza e uno stato influenzale; è curato dal collega e amico Immermann. Nella seconda settimana di gennaio visita di Gersdorff. Lavora, utilizzando i consigli di Rohde, alla seconda edizione della *Nascita della tragedia* (questa sarà pronta nel 1874, ma uscirà solo nell'estate del 1878, presso Schmeitzner). A Rohde: «... ero ammalato e a letto, quando è giunta la tua prima lettera, e non sono ancora guarito, oggi che è arrivata la tua seconda lettera ... Sto pensando all'organizzazione di un'associazione wagneriana svizzera ... Sono molto soddisfatto che la signora Wagner legga con gioia le mie 'prefazioni' ... La più importante è la prima 'Sul *pathos* della verità' ... Una piccola opera assai curiosa, che dice cinquanta cose sbagliate e cinquanta vere e giuste ...: Paul de Lagarde, *Sui rapporti dello Stato tedesco con la teologia, la Chiesa e la religione* ... Leggo anche Hamann e ne sono molto edificato: si penetra nel periodo della incubazione della cultura dei nostri poeti e pensatori tedeschi. Molto profondo e intimo, ma indegnamente non artistico. Per il resto mi sono messo di nuovo a scrivere sugli antichi filosofi greci ...» (31 gennaio). L'ultimo accenno di Nietzsche è da riferire all'opera sua, rimasta manoscritta, *La filosofia nell'epoca tragica dei Greci*. Da Rohde, che in quei giorni si era incontrato ad Amburgo coi Wagner, Nietzsche aveva appreso: «... la signora Wagner ... ti prega, inoltre, di perdonarla per non aver risposto al tuo invio ... Ti scriverà ella stessa ... quanto apprezzi le tue 'prefazioni'. Mi è parso che la più importante fosse per lei quella sulla gara omerica, o almeno fosse quella sulla cui scia a lei piacerebbe di più vederti andare avanti: in parte perché, come mi ha spiegato in modo aforistico e (per il poco tempo) frammentario, con Schopenhauer la filosofia vera e propria ha raggiunto i suoi confini, in parte perché – secondo lei – le idee che hai esposto, se fossero maggiormente sviluppate, potrebbero essere un mezzo per la tua riabilitazione *filologica*. Ma questo, come noi sappiamo, è un errore» (26 gennaio).

Il 17 gennaio esce sul «Musikalisches Wochenblatt» di E. W. Fritzsch (organo di Wagner e dei wagneriani) una breve nota di Nietzsche in difesa di Wagner, contro il redattore del «Neues Reich», Alfred Dove.

In febbraio Nietzsche compone per le nozze Monod-Herzen a Firenze (6 marzo) una «Monodie à deux», che in realtà è la rielaborazione di un brano dell'«Oratorio di Natale» progettato da Nietzsche, e in parte schizzato, nel 1861.

Wagner: «... Vengono i momenti in cui posso concentrarmi

profondamente, e allora penso anche a Lei e La vedo, così, tra me e Fidi» (27 febbraio).

In marzo esce una controreplica di Wilamowitz alla difesa della *Nascita della tragedia* scritta da Rohde: Nietzsche e Rohde sono concordi nel non rispondere nuovamente.

Il 28 marzo Nietzsche prende in prestito dalla biblioteca universitaria di Basilea una serie di opere scientifiche, di fisica, chimica, cosmologia, tra l'altro anche la *Philosophia naturalis* di Boscovich e *Denken und Wirklichkeit* di A. Spir.

6-13 aprile, Bayreuth, Norimberga

Nietzsche trascorre tutta la settimana prima di Pasqua (dal 6 al 12 aprile) con Rohde a Bayreuth. Porta con sé il manoscritto della *Filosofia nell'epoca tragica dei Greci*, e ottiene il permesso di dedicare questa sua opera (poi tuttavia non pubblicata) a Cosima Wagner. Riguardo alla *Filosofia nell'epoca tragica dei Greci* Nietzsche aveva scritto qualche giorno prima a Gersdorff: «L'insieme è ancora assai lontano dalla forma che si addice a un libro; divento sempre più severo verso me stesso e dovrò lasciar passare ancora molto tempo, per poter rischiare un'ulteriore stesura (la *quarta* sul medesimo tema). Fui anche costretto a condurre a questo scopo gli studi più singolari; si presentò persino la matematica, senza incutere paura, poi la meccanica, la teoria chimica degli atomi eccetera. Mi sono di nuovo magnificamente convinto di che cosa sono e furono i Greci. La strada da Talete sino a Socrate è qualcosa di portentoso» (5 aprile).

A Bayreuth si parla inoltre del libro di Strauss *La vecchia e la nuova fede*: «Tra noi abbiamo una cattiva opinione di tutto ciò che in questi tempi grami incontra successo e accoglienze immediate: e il libro di David Strauss, che in pochi mesi ha avuto quattro edizioni, se non altro secondo questo canone dovrebbe essere molto cattivo», scrive Nietzsche a Cosima ancora nell'aprile, dopo la visita a Bayreuth.

Nietzsche trascorre la Pasqua da solo a Norimberga.

Metà aprile - metà luglio, Basilea

Nietzsche a Wagner: «... vivo rimuginando continuamente i ricordi delle giornate di Bayreuth, e le molte cose nuove imparate e vissute in brevissimo tempo si dispiegano con ricchezza sempre più grande davanti a me . . . La prego, mi prenda soltanto come uno scolaro, magari con la penna in mano e il quaderno davanti, e per di più uno scolaro con un ingegno molto lento e niente affatto versatile. È vero, io divento di giorno in giorno più melanconico, quando sento come vorrei aiutarLa, esserLe utile e come invece sono assolutamente incapace di farlo, sicché non posso neppure contribuire a distrarLa e rasserenarLa. Ma forse quando avrò fatto quel che ora ho sottomano, cioè un'opera contro il famoso scrittore David Strauss, ciò sarà possibile. Ho letto ora la sua *Vecchia e nuova fede* e sono rimasto annichilito dall'ottusità e dalla volgarità sia dell'autore, sia del pensatore. Una bella raccolta di brani della specie più detestabile dovrà far vedere una buona volta che cosa sono realmente questi pretesi 'classici'. Durante la mia assenza l'opera del mio inquilino Overbeck 'sul cristianesimo della nostra teologia' ha fatto buoni progressi, essa ha un carattere talmente aggressivo contro tutti i partiti e d'altra parte è così inconfutabile e onesta, che anche lui, dopo la sua pubblicazione, sarà messo fuori legge . . . Un po' alla volta Basilea diventa davvero la pietra dello scandalo» (18 aprile).

Il 24 aprile primo schizzo dell'«Inno all'amicizia», composizione musicale.

Nietzsche fa la conoscenza di Paul Rée, un amico di H. Romundt. Ai primi di giugno Elisabeth Nietzsche a Basilea, così pure Gersdorff.

Nietzsche comincia ad essere sofferente agli occhi. Deve fare una cura di atropina. È assistito da Gersdorff e da sua sorella. (Tra il maggio e il settembre del 1873 esistono solo due brevissime lettere scritte da Nietzsche). Letture comuni con Gersdorff, tra l'altro *Padri e figli* di Turgenev. Nietzsche stima «il talento psicologico» di P. Rée.

Metà luglio - metà agosto, Flims (nei Grigioni)

Con Gersdorff a Flims, l'aria di montagna giova agli occhi di Nietzsche. Esce, ai primi di agosto, la prima «Considerazione inattuale»: *David Strauss l'uomo di fede e lo scrittore*. Recensione positiva di Karl Hillebrand. Cosima Wagner legge insieme a Malwida von Meysenbug la prima «Inattuale», scrive poi a Gersdorff (che tiene la corrispondenza di Nietzsche) in proposito: «Il ritratto del filisteo è veramente eccellente, magnifico il sentimento della non-cultura attuale e delle sofferenze degli uomini che aspirano a una cultura».

Nietzsche detta a Gersdorff *Verità e menzogna in senso extramorale*

Metà agosto - 29 ottobre, Basilea

In condizioni migliori Nietzsche torna a Basilea. Il 14 settembre, dopo aver passato tutta l'estate con Nietzsche malato, Gersdorff lascia Basilea. Il 18 settembre Nietzsche, dopo sei mesi, torna a scrivere lettere, la prima è per Wagner: «Nutro qualche timore per l'inverno, perché mi è proibito leggere o tenere lezioni alla luce artificiale. Insomma non mi resta da fare altro che meditare: e ciò che medito è la mia seconda 'Inattuale'. Il piano è di scriverne 12, ed è già abbozzato. Il mio primo fascicolo ha provocato qui un effetto indescrivibile; è nata una letteratura giornalistica follemente ostile contro di me, ma *letto* l'hanno tutti». Wagner risponde, lieto di «rivedere» la scrittura di Nietzsche, manifestando ancora preoccupazioni per la salute del suo amico; aggiunge tra l'altro: «Le ripeto l'idea che poco tempo fa ho manifestato ai miei, che cioè prevedo l'epoca in cui dovrò difendere il Suo libro [la 'Inattuale' su Strauss] contro di Lei. L'ho preso di nuovo tra le mani e Le giuro, per Dio, che La ritengo l'unica persona che sappia ciò che io voglio!» (21 settembre).

Ai primi di ottobre, visita di Rohde a Basilea. Il 18 ottobre Nietzsche è invitato a rivolgere, per incarico del comitato patrocinatore, un appello al popolo tedesco a favore dell'impresa di Bayreuth. In un primo momento egli si rivolge a Rohde, chiedendogli se può scrivere l'appello in sua vece. Alla fine, il 22 ottobre, scrive egli stesso l'*Appello ai Tedeschi*, da presentare a Bayreuth, al convegno dei delegati delle associazioni wagneriane e dei membri del comitato patrocinatore dell'impresa di Bayreuth.

Lettera a Wagner: «Questo, amato maestro, è il mio schizzo ... Se pressappoco corrisponde al suo scopo (fare arrabbiare i cattivi e *attraverso questa ira* raccogliere e infiammare i buoni), mi starebbe molto a cuore, per evidenti motivi, che si procedesse a una traduzione francese, italiana, e altresì inglese» (25 o 26 ottobre).

30 ottobre - 2 novembre, Bayreuth

Nietzsche al convegno di Bayreuth: il suo «appello» viene respinto dai delegati, perché ritenuto troppo «pessimistico». Wagner gli dona la raccolta delle sue opere in nove volumi. I Wagner rimangono molto preoccupati per l'aspetto di Nietzsche, ma più ancora per il suo stato d'animo.

novembre - dicembre, Basilea

Le condizioni di salute di Nietzsche, in particolare gli occhi, peggiorano di nuovo. Ciò nonostante egli continua a lavorare alla seconda «Inattuale». Il 21 novembre chiede a Rohde di aiutarlo nella prossima lettura di bozze. Il 28 novembre Cosima Wagner scrive una lettera assai allarmata a Rohde, chiedendo notizie di Nietzsche: «Il suo appello era splendido – l'unica parola giusta e bella – ma a chi è permesso dirla? In questi giorni ho ripreso tra le mani tutti i quaderni che ho del nostro amico, le conferenze, le prefazioni, l'abbozzo per la *Nascita della tragedia* [cioè «La nascita del pensiero tragico»] e mi sono sentita presa da una gioia così profonda per la pienezza e la profondità di queste cose . . . Mio padre [Franz Liszt] . . . mi ha scritto che ha letto con passione le 'Considerazioni inattuali', e mi ha incaricato di esprimere al suo autore tutta la sua ammirazione e simpatia».

Ai primi di dicembre Gersdorff è di nuovo a Basilea. Scrive per Nietzsche il manoscritto della seconda «Inattuale» da inviare in tipografia.

Natale 1873 - primi di gennaio 1874, Naumburg

Per le ferie di Natale Nietzsche è a Naumburg: «sono stato malato, a letto – qui in patria; la vecchia litania!» (a Gersdorff, 26 dicembre). A Bayreuth Cosima Wagner e Malwida von Meysenbug ricordano insieme Nietzsche. Malwida «aveva messo sotto l'albero di Natale le opere di Hölderlin, e subito colgono, ambedue, i singolari rapporti tra Hölderlin e Nietzsche, che esistono senza dubbio e senza dei quali non è possibile intendere Friedrich Nietzsche, come non è possibile intenderlo senza Novalis, che è il punto di partenza del suo svolgimento, per quanto ciò possa sonare paradossale» (testimonianza di Dumoulin-Eckart, in base ai diari di Cosima).

Nietzsche si reca a Lipsia per consegnare a Fritzsch il manoscritto della seconda «Inattuale». Va a trovare Ritschl e su questa visita scrive a Rohde: «in mezz'ora hanno sparato rapidamente un bel po' di parole contro di me, senza che io mi lasciassi colpire,

– alla fine hanno concluso che sono presuntuoso e che li disprezzo. L'impressione complessiva è stata sconfortante: il vecchio Ritschl si è messo ad imprecare contro Wagner come poeta, poi ancora contro i Francesi (io passo per ammiratore dei Francesi), alla fine, in base a delle voci, ma ferocemente, ha detto male del libro di Overbeck. Sono venuto a sapere che la Germania si trova negli anni della scapestratezza: sicché anche io mi sono preso il diritto di essere un po' scapestrato (si voleva così rimproverarmi la mia smoderatezza e rozzezza contro Strauss)» (31 dicembre).

NOTE

SIGLE USATE NELLE NOTE

GA	Grossoktav-Ausgabe, l'edizione degli scritti di Nietzsche curata dall'Archivio Nietzsche (Leipzig, 1895 sgg.)
GAK	Volumi di GA curati da Fritz Koegel
GT	*La nascita della tragedia*
DS	*David Strauss, l'uomo di fede e lo scrittore*
DW	*La visione dionisiaca del mondo*
HL	*Sull'utilità e il danno della storia per la vita*
BA	*Sull'avvenire delle nostre scuole*
PHG	*La filosofia nell'epoca tragica dei Greci*
WL	*Su verità e menzogna in senso extramorale*
CV	*Cinque prefazioni per cinque libri non scritti*
MA	*Umano, troppo umano*
U (I, II, III)	Serie di quaderni manoscritti di contenuto filosofico del periodo basileese
D 9	Manoscritto di PHG
Mp XII 4	Appunti per PHG e WL

NOTE AGLI SCRITTI DAL 1870 AL 1873

Il dramma musicale greco

La stesura di questa conferenza, tenuta a Basilea il 18 gennaio 1870, si trova in U I 1, 2-57. Nella costituzione del testo abbiamo tenuto presente la prima edizione postuma di questo scritto: F. Nietzsche, *Das griechische Musikdrama*, Vortrag gehalten in Basel am 18. Januar 1870. Erste Jahresgabe der Gesellschaft der Freunde des Nietzsche-Archivs, Leipzig 1926. In U I 1 il testo di questa conferenza e della seguente *Socrate e la tragedia* è preceduto dai titoli: «Due conferenze pubbliche / *sulla tragedia greca* / del / Dr. F. Nietzsche / Professore ordinario di filologia classica / Basilea 1870 / Prima conferenza / *Il dramma musicale greco*».

1. Il 27 novembre 1869, Nietzsche aveva preso in prestito dalla biblioteca universitaria di Basilea l'opera di A. Feuerbach: *Der vatikanische Apollo*.

2. Espressione orfica, testimoniata da Platone, *Fedone* 69 c; cfr. *Orphicorum fragmenta* (Kern), frammenti 5; 235.

3. Cfr. *De arte poetica*, v. 189.

4. Qui Nietzsche intende ancora δρᾶμα nel senso dell'agire; cfr. in contrario *Il caso Wagner*, nota al paragrafo 9.

Socrate e la tragedia

La stesura di questa conferenza, tenuta a Basilea il primo febbraio 1870, si trova in U I 1, 67-129. Nella costituzione del testo abbiamo tenuto presente la prima edizione postuma di questo scritto: F. Nietzsche, *Sokrates und die Tragödie*, Vortrag gehalten in Basel am 1. Februar 1870. Zweite Jahresgabe der Gesellschaft der Freunde des Nietzsche-Archivs, Leipzig, 1927. In U I 1 il testo di questa conferenza è preceduto dal titolo: «Seconda conferenza / *Socrate e la tragedia* / Basilea, 1° febbraio 1870».

1. Cfr. Aristofane, *Rane*, vv. 58-67. Euripide muore nel 406, ed è questo avvenimento che fornisce lo spunto alle *Rane*, rappresentate nel 405. Propriamente Aristofane, anziché di crauti, parla di una zuppa di piselli o fagioli.

2. Cfr. Aristofane, *Rane*, v. 941.

3. Cfr. Aristofane, *Rane*, vv. 956-958.

4. Cfr. Aristofane, *Rane*, vv. 959-961.

5. Cfr. Aristofane, *Rane*, vv. 971-979.

6. Questa parte della conferenza, dall'inizio sin qui, è una stesura preparatoria di GT, inizio del paragrafo 11, pp. 75-78.

7. Cfr. Aristofane, *Rane*, vv. 1119-1122.

8. Le due pagine precedenti sono una stesura preparatoria di GT, parte del paragrafo 12 (cfr. nella nostra edizione le pp. 85-87).

9. Cfr. Diogene Laerzio, II, 5, 2.

10. Per l'ultimo capoverso del testo, cfr. GT, paragrafo 13, pp. 89-90.

11. Cfr. GT, pp. 91-92.

12. Cfr. Platone, *Gorgia*, 502 b-c.

13. Cfr. Aristofane, *Rane*, vv. 1491-1499.

14. Cfr. GT, paragrafo 14, pp. 97-98.

La visione dionisiaca del mondo

Questo scritto si trova in U I 2, 2-46, e fu pubblicato per la prima volta in: F. Nietzsche, *Die dionysische Weltanschauung*, Dritte Jahresgabe der Gesellschaft der Freunde des Nietzsche-Archivs, Leipzig, 1928. *La visione dionisiaca del mondo* fu scritta nel giugno-luglio 1870; più tardi, nell'inverno 1870-71, Nietzsche pensò di farne il primo capitolo dell'opera progettata «Origine e scopo della tragedia», con il titolo: «Capitolo I. *La nascita del pensiero tragico*» (il medesimo titolo che aveva la stesura ulteriore e parziale di DW: cfr. «Sulla composizione»). In questo secondo momento egli stabilì una nuova divisione dello scritto in sette paragrafi.

1. In corrispondenza di queste parole, Nietzsche ha annotato sul margine di U I 2: «l'orrore, *Mondo come volontà e rappresentazione*, I, p. 416» (la citazione si riferisce all'edizione Frauenstädt di Schopenhauer).

2. Cfr. Goethe, *Zahme Xenien*, III.

3. Questo passo è una stesura preparatoria di GT, fine del paragrafo 1, pp. 25-26.

4. Cfr. GT, p. 29.

5. Cfr. Euripide, *Baccanti*, vv. 677-711. Mentre DW dà una parafrasi in prosa del passo di Euripide, in *La nascita del pensiero tragico* Nietzsche dà una traduzione in versi tedeschi di *Baccanti*, vv. 692-713.

6. Questo passo è una stesura preparatoria di GT, fine del paragrafo 3, p. 34.

7. Nietzsche annota a questo punto in U I 2: «*Mondo come volontà e rappresentazione*, I, p. 237» (la citazione si riferisce all'edizione Frauenstädt di Schopenhauer, dove si tratta appunto del sublime).

Cinque prefazioni per cinque libri non scritti

Questo scritto si trova in U I 7, 1-125. Una stampa in facsimile fu fatta da W. Keiper, Berlin, 1943. Le *Cinque prefazioni* sono state pubblicate per la prima volta nella loro interezza da K. Schlechta, F. Nietzsche, *Werke*, III, pp. 265-299, München, 1956.

1. Questo passo è una stesura preparatoria di HL 2, pp. 17-18 di questa edizione.

2. Gli ultimi tre capoversi sono una stesura preparatoria di PHG, paragrafo 8; cfr. le note relative.

3. Questo passo è una stesura preparatoria di WL, inizio.

4. Questa prefazione ha come stesura preparatoria la seconda prefazione di BA.

5. Cfr. Orazio, *De arte poetica*, vv. 1-5.

6. Cfr. Pindaro, *Pitiche*, VIII, v. 95.

7. Cfr. Plutarco, *Vita di Pericle*, 2.

8. Cfr. Omero, *Iliade*, I, vv. 47-52.

9. Cfr. *Massime e riflessioni*, 495.

10. Traduzione: «quella stessa salute di cui si vantano, non la raggiungono con la solidità, bensì con il digiuno». Cfr. Tacito, *Dial. de orat.* (Furneaux), 23, 3-4. Il passo è citato anche in DS II.

11. Cfr. Egesia di Magnesia, FGH (Jacoby), 142, 5.

12. Cfr. Tucidide, III, 70-85. Si veda anche «Il viandante e la sua ombra», 31, in MA, vol. II.

13. Cfr. Pausania, *Descrizione della Grecia*, IX, 31, 4.

14. Cfr. Esiodo, *Opere e giorni*, vv. 11-26.

15. Cfr. Aristotele, *Retorica*, 1388 a 16; 1381 b 16-17; *Etica Nicomachea*, 1155 a 35-b 1.

16. Cfr. Aristotele, *Frammenti* (Ross), *De poetis*, fr. 7 (da Diogene Laerzio, II, 5, 46).

17. Cfr. Plutarco, *Vita di Temistocle*, 3.

18. Cfr. Tucidide, I, 90-93.

19. Cfr. Plutarco, *Vita di Pericle*, 8.

20. Cfr. Eraclito (Diels-Kranz), fr. 121.

21. Cfr. Erodoto, *Storie*, VI, 133-136.

Un messaggio per l'anno nuovo all'editore del settimanale «Nel nuovo Reich»

Questo breve scritto fu pubblicato da Nietzsche: *Ein Neujahrswort an den Herausgeber der Wochenschrift «Im neuen Reich»*, in «Musikalisches Wochenblatt», Organ für Musiker und Musikfreunde. IV Jahrg. 3, Fritzsch, Leipzig, am 17. Januar 1873, p. 38.

La filosofia nell'epoca tragica dei Greci

Questo scritto si trova in U I 8, 3-104 (le correzioni posteriori di mano di Nietzsche sono in D 9), ed è stato pubblicato in GAK X 1-89 e in GA X 5-92.
Schizzi e piani: 19[89.184.189.190.214.315.316.325]; 21[5.6.9.11. 13-18]; 22[1.20.21]; 26[1.8.9]; appunti per una continuazione: 22[26-35.39-41].
Prima prefazione: scritta da Nietzsche su una pagina di D 9.
Seconda prefazione: scritta dalla madre di Nietzsche (presumibilmente nell'inverno 1874-1875) su una pagina di D 9.

1. Cfr. Goethe, *Divano occidentale-orientale*, «Libro del malumore», *Tranquillità d'animo del viandante* (trad. it., Torino, 1959, p. 92).

2. Cfr. HL 5 (in questa edizione, p. 42).

3. Cfr. Aristotele, *Etica Nicomachea*, 1141 b 3-8.

4. Cfr. Anassimandro (Diels-Kranz), fr. 1.

5. Nietzsche cita Schopenhauer dall'edizione Frauenstädt. (Al margine del manoscritto per la stampa Nietzsche ha annotato «II 22», volendo probabilmente ricordare il capitolo di questa seconda parte dei *Parerga*. Il capitolo però è 12, non 22). Cfr. la traduzione italiana, Milano, 1983, tomo II, p. 396.

6. Cfr. Eraclito (Diels-Kranz), frammenti 91; 12; 49 a.

7. Cfr. Eraclito (Diels-Kranz), frammenti 8; 10; 51; 88; 126.

8. Cfr. Aristotele, *Topici*, 159 b 31; *Fisica*, 185 b 20; *Metafisica*, 1005 b 25; 1010 a 13; 1012 a 24; 1062 a 32; 1063 b 24.

9. Nietzsche cita dall'edizione Frauenstädt.

10. Così secondo il testo di Schopenhauer. Nietzsche cambia in «da quello».

11. Cfr. Eraclito (Diels-Kranz), fr. 125.

12. Cfr. Eraclito (Diels-Kranz), frammenti 80; 53; e inoltre Diogene Laerzio, IX, 8.

13. Nietzsche cita dall'edizione Frauenstädt.

14. Cfr. Eraclito (Diels-Kranz), frammenti 90; 66; 64; 118; Aristotele, *De anima*, 405 a 24.

15. Cfr. Diogene Laerzio, IX, 9-10; Eraclito (Diels-Kranz), frammenti 30; 31; 12.

16. Cfr. Eraclito (Diels-Kranz), fr. 65.

17. Cfr. Eraclito (Diels-Kranz), frammenti 102; 51; 8; 54.

18. Cfr. Eraclito (Diels-Kranz), fr. 52.

19. Cfr. Eraclito (Diels-Kranz), frammenti 1; 2; 72.

20. Cfr. Eraclito (Diels-Kranz), frammenti 117; 77.

21. Cfr. Eraclito (Diels-Kranz), fr. 107.

22. Cfr. Eraclito (Diels-Kranz), frammenti 79; 83.

23. Cfr. Eraclito (Diels-Kranz), fr. 97.

24. Cfr. Eraclito (Diels-Kranz), fr. 9.

25. Cfr. Eraclito (Diels-Kranz), fr. 52.

26. Cfr. Eraclito (Diels-Kranz), frammenti 40; 129 (dubbio).

27. Cfr. Eraclito (Diels-Kranz), fr. 101.

28. Cfr. Eraclito (Diels-Kranz), fr. 93.

29. Cfr. Eraclito (Diels-Kranz), fr. 92.

30. Questo passo è un fraintendimento di Eraclito (Diels-Kranz), fr. 29.

31. Cfr. Parmenide (Diels-Kranz), fr. 18, 1-3.

32. Cfr. Parmenide (Diels-Kranz), fr. 1, 27.

33. Cfr. Eraclito (Diels-Kranz), fr. 49 a.

34. Questa non è una citazione di Eraclito, bensì di Parmenide: cfr. fr. 6, 8-9 (Diels-Kranz).

35. Cfr. Parmenide (Diels-Kranz), fr. 6, 5.

36. Cfr. Parmenide (Diels-Kranz), fr. 6, 7.

37. Cfr. Parmenide (Diels-Kranz), fr. 8, 5.

38. Cfr. Parmenide (Diels-Kranz), fr. 8, 7-13.

39. Cfr. Parmenide (Diels-Kranz), fr. 8, 19-21.

40. Cfr. Parmenide (Diels-Kranz), fr. 8, 22-26.

41. Cfr. Parmenide (Diels-Kranz), fr. 8, 42-44.

42. Cfr. Parmenide (Diels-Kranz), fr. 7, 3-5.

43. Cfr. Aristotele, *Analitici Secondi*, 92 b 4-11; b 19-25; 93 a 26-27; 91 a 1-6.

44. Cfr. Kant, *Critica della ragione pura* (edizione dell'Accademia), III, 80; traduzione italiana, Torino, 1957, p. 115.

45. Cfr. Kant, *Critica della ragione pura* (edizione dell'Accademia), III, 62 nota; traduzione italiana, Torino, 1957, p. 93.

46. Quest'opera (*Denken und Wirklichkeit*, 2 volumi, prima edizione, Leipzig, 1873) di Afrikan Spir (1837-1890) fu presa in prestito per tre volte da Nietzsche alla Biblioteca universitaria di Basilea, fra il 1873 e il 1875. Più tardi Nietzsche acquistò la seconda edizione (1877).

47. Cfr. Anassagora (Diels-Kranz), fr. 4.

48. Cfr. Aristotele, *Phys.*, 203 a 20; *De caelo*, 302 a 31; *De generatione*, 314 a 19; *Metaph.*, 984 a 13; 988 a 27.

49. Cfr. Aristotele, *Phys.*, 187 a 20-23; *Metaph.*, 1069 b 20-22.

50. Cfr. Kant, *Storia naturale del cielo* (edizione dell'Accademia), I, 225-226; 229-230. Nietzsche ha cucito assieme, nella sua citazione, due passi della prefazione di quest'opera di Kant.

51. Cfr. Aristotele, *Etica Eudemia*, 1216 a 11-14.

52. Cfr. Orazio, *Odi*, III, 1, 1.

53. Cfr. Platone, *Fedro*, 269 e-270 a.

54. Cfr. Aristotele, *De partibus animalium*, 687 a 7-12.

55. Cfr. Platone, *Fedone*, 97 b-98 c.

56. Nietzsche cita dall'edizione Frauenstädt.

Su verità e menzogna in senso extramorale

Questo scritto si trova in U II 2, 1-32, ed è stato pubblicato in GAK X 161-179 e in GA X 189-207. Cfr. 19[229.230.258]; 22[43.44]; 26[11].

1. La stesura preparatoria di questo passo sta nella parte finale di CV1.

2. Allusione al fatto che il figlio di Lessing, nato il 25 dicembre 1777, morì due giorni dopo.

3. Qui, come poco sopra, si allude alla nota dottrina schopenhaueriana: cfr. Schopenhauer (Frauenstädt), II, 179-181, 207-208; III, 229, 284, 315-316, 322-323, 738; IV, 48-50, 69-78; V, 276; VI, 49.

4. Cfr. Schopenhauer (Frauenstädt), III, 119.

5. Cfr. Aristofane, *Uccelli*, v. 819.

6. Cfr. Pascal, *Pensées*, VI, 386 (Brunschvicg).

7. Schema per la continuazione in Mp XII 4: «Per entrambi una verità priva di conseguenze è indifferente. Il filosofo appare come qualcosa di *prodigioso.* Il filosofo come fenomeno abnorme. Perciò è un viandante solitario. In fondo quindi è casuale entro un popolo? Quando si rivolge contro la cultura, è distruttivo. Dimostrare che i filosofi greci non sono greci in ogni modo».

Appello ai Tedeschi

Questo scritto si trova in D 6, nella forma di manoscritto per la stampa. L'*Appello ai Tedeschi*, dopo una stampa in facsimile (Salzburg, 1952), fu pubblicato da K. Schlechta: F. Nietzsche, *Werke*, III, pp. 303-307.

1. Cfr. la lettera di Schiller a Goethe del 29 dicembre 1797.

PICCOLA BIBLIOTECA ADELPHI

ULTIMI VOLUMI PUBBLICATI:

370. Simone Weil, *Lettera a un religioso* (3ª ediz.)
371. Tommaso Landolfi, *Dialogo dei massimi sistemi*
372. Heinrich von Kleist, *Käthchen di Heilbronn*
373. Ennio Flaiano, *La solitudine del satiro* (2ª ediz.)
374. William S. Burroughs, *La Febbre del Ragno Rosso*
375. Immanuel Kant, *Che cosa significa orientarsi nel pensiero*
376. Lev Tolstoj, *La morte di Ivan Il'ič, Tre morti e altri racconti* (2ª ediz.)
377. Leonardo Sciascia, *Pirandello e la Sicilia*
378. Gerald Durrell, *Il picnic e altri guai*
379. Jeremias Gotthelf, *Il ragno nero*
380. Carl Schmitt, *Donoso Cortés*
381. Colette, *Il kepì*
382. Anselm von Feuerbach, *Kaspar Hauser* (2ª ediz.)
383. Guido Ceronetti, *Cara incertezza*
384. William Faulkner, *Una rosa per Emily* (3ª ediz.)
385. Anonimo del XVII secolo, *La famosa attrice*, a cura di C. Garboli
386. Alberto Arbasino, *Lettere da Londra*
387. Tommaso Landolfi, *Il Mar delle Blatte e altre storie* (2ª ediz.)
388. Alfred Döblin, *Traffici con l'aldilà*
389. Anna Maria Ortese, *Corpo celeste*
390. Arthur Schopenhauer, *L'arte di essere felici* (16ª ediz.)
391. Fernando Pessoa, *Pagine esoteriche* (3ª ediz.)
392. Adam Phillips, *Monogamia*
393. Zvi Kolitz, *Yossl Rakover si rivolge a Dio* (4ª ediz.)
394. Giorgio Manganelli, *Le interviste impossibili*
395. C.S. Lewis, *Il cristianesimo così com'è*
396. Ivan Turgenev, *Mumù e altri racconti*
397. Antonio Gnoli-Franco Volpi, *I prossimi Titani*
398. V.S. Naipaul, *Una civiltà ferita: l'India*
399. Alberto Arbasino, *Passeggiando tra i draghi addormentati*
400. Leonardo Sciascia, *La Sicilia, il suo cuore - Favole della dittatura*
401. Lilian Silburn, *La kuṇḍalinī o L'energia del profondo*
402. Gershom Scholem, *Il Nome di Dio e la teoria cabbalistica del linguaggio* (3ª ediz.)
403. *La preziosa ghirlanda degli insegnamenti degli uccelli*
404. Colette, *Julie de Carneilhan*
405. Elémire Zolla, *Che cos'è la tradizione*
406. Martin Heidegger, *Il concetto di tempo* (4ª ediz.)

407. Henri de Latouche, *L'album perduto*
408. Edgardo Franzosini, *Bela Lugosi*
409. Sergio Quinzio, *I Vangeli della domenica* (2ª ediz.)
410. Arthur Schopenhauer, *L'arte di farsi rispettare* (8ª ediz.)
411. Albert Caraco, *Breviario del caos* (2ª ediz.)
412. Ingeborg Bachmann, *Il dicibile e l'indicibile* (2ª ediz.)
413. Aleksandr Puškin, *La dama di picche e altri racconti* (2ª ediz.)
414. René Daumal, *Il lavoro su di sé*
415. Vladimir Nabokov, *L'occhio* (2ª ediz.)
416. Tommaso Landolfi, *Tre racconti* (2ª ediz.)
417. V.S. Pritchett, *Amore cieco* (4ª ediz.)
418. Alberto Savinio, *Infanzia di Nivasio Dolcemare*
419. Alberto Arbasino, *Paesaggi italiani con zombi*
420. *Carissimo Simenon · Mon cher Fellini.* Carteggio di Federico Fellini e Georges Simenon
421. Leonardo Sciascia, *Cronachette*
422. Mehmet Gayuk, *Il Gineceo*
423. Luciano Canfora, *Il mistero Tucidide* (3ª ediz.)
424. Jeremias Gotthelf, *Elsi, la strana serva* (2ª ediz.)
425. Meister Eckhart, *Dell'uomo nobile* (2ª ediz.)
426. Chiara d'Assisi, *Lettere ad Agnese · La visione dello specchio*
427. Simone Weil, *Lezioni di filosofia* (2ª ediz.)
428. James Hillman, *Puer aeternus* (4ª ediz.)
429. *Il libro dei ventiquattro filosofi* (2ª ediz.)
430. Jakob e Wilhelm Grimm, *Fiabe* (2ª ediz.)
431. W. Somerset Maugham, *In villa* (5ª ediz.)
432. Elena Croce, *La patria napoletana*
433. Adalbert Stifter, *Il sentiero nel bosco* (3ª ediz.)
434. Arthur Schnitzler, *Novella dell'avventuriero* (3ª ediz.)
435. Rudyard Kipling, *Il risciò fantasma e altri racconti dell'arcano* (2ª ediz.)
436. Manlio Sgalambro, *Trattato dell'età* (2ª ediz.)
437. Arthur Schopenhauer, *L'arte di insultare* (4ª ediz.)
438. V.S. Pritchett, *La donna del Guatemala*
439. Mazzino Montinari, *Che cosa ha detto Nietzsche*
440. François René de Chateaubriand, *Di Buonaparte e dei Borboni*, a cura di C. Garboli
441. Alberto Arbasino, *Le Muse a Los Angeles*
442. Eduard von Keyserling, *Afa*
443. Salustio, *Sugli dèi e il mondo*
444. Bruno Barilli, *Il Paese del melodramma*
445. Georges Bataille, *Il limite dell'utile*
446. Tim Parks, *Adulterio*

Stampato nell'aprile 2000
dal Consorzio Artigiano «L.V.G.» - Azzate

Piccola Biblioteca Adelphi
Periodico mensile: N. 277/1991
Registr. Trib. di Milano N. 180 per l'anno 1973
Direttore responsabile: Roberto Calasso